대한민국 교육의 불편한 진실

대한민국 교육의 불편한 진실
-이제는 그 실체를 말한다

2025년 7월 21일 초판 발행
2025년 8월 4일 2쇄 발행
2025년 9월 22일 수정 증보판 발행

지은이 _ 양영유
펴낸이 _ 안순철
기 획 _ 성두현
편 집 _ 임현수
마케팅 _ 박광현
펴낸곳 _ 단국대학교출판부
등 록 _ 1968.2.27 : No. 제03-00095호
주 소 _ 경기도 용인시 수지구 죽전로 152
전 화 _ 031-8005-2405
팩 스 _ 031-8021-7154

값 20,000원

ISBN 978-89-7092-852-4 03370

대한민국 교육의 불편한 진실

이제는 그 실체를 말한다

양영유

nosvos

프롤로그

아파트 엘리베이터에서 가끔 만나는 아이는 인사를 잘한다. 볼 때마다 키가 한 뼘씩 크는 것 같은 그 아이는 초등학교 5학년이다. 축구를 좋아하는 아이는 요즘은 그럴 시간이 없단다. 학교가 끝나면 곧장 학원으로 달려가 밤 8시까지 영어와 수학 공부를 한다고 했다. 2025년 봄, 주말에 우연히 만난 아이는 신이 나 있었다. 부모님과 캠핑하러 간다고 했다. 아이 얼굴은 밝았다. 행복해 보였다. 단 하루의 외출인 데 동심이 활짝 폈다.

교육은 그런 것이다. 아이의 마음을 열어주는 작은 정성이다. 정성은 마음에서 나온다. 그런데 우리 교육은 마음이 없다. 어른 주도, 관주도의 일방적 교육이다. 어른들은 교육을 입신양명(立身揚名) 수단으로 생각했고, 정부는 교육을 통치 수단으로 이용했다. 아이들의 마음을 외면했다. 아이들이 고단할 수밖에 없다. 대한민국 교육의 현실이다.

기자 생활을 31년 동안 했다. 상당 기간 교육을 담당했다. 학생의 마음을 다독이는 '공감의 기사'를 쓰려고 욕심을 부렸다. 하지만 현장은 그런 마음을 허락하지 않았다. 툭 하면 일이 터졌다. 교육부 장관은 시도 때도 없이 바뀌고, 입시는 요동치고, 사교육은 기승을 부리고, 이념 갈등은 첨예하고, 현장은 좌충우돌하고, 대학은 나태하고,

교육부는 오만했다. 답답했다. 머리는 차갑고 가슴은 따뜻한 저널리스트가 되겠다는 초심은 현실에 묻혔다.

집 책상을 정리하다 낡은 취재수첩을 발견했다. 기자 시절의 흔적이 고스란히 남아 있었다. 신문사를 나오면서 일부를 정리한 게 아쉽기도 했다. 그래도 몇 권이라도 간직했던 건 다행이었다. 교육부 출입기자 시절의 에피소드가 여기저기 들어 있었다. 기사로 쓰지 않았거나 쓰지 못한 내용이었다. 취재원 실명이 적혀 있었다. 다 그리운 분들이다.

기자 시절 현장을 파고들었다. 현장에 답이 있다고 생각했다. 현장에서 많은 취재원을 만났다. 이상과 현실이 충돌했다. 언론과 취재원과의 공생관계(symbiotic relationship), 언론과 취재원과의 적대관계(hostile relationship)가 번민의 똬리를 틀곤 했다. 취재수첩에는 그런 흔적이 곳곳에 배어 있었다. 자유인이 됐으니 정리할 필요가 있다고 생각했다. 초심을 되찾고 싶었다. 신문기자는 입이 아니라 글로 말하는 것이라고 했던가.

* * *

2020년 가을, 고등교육에 대한 호기심이 정점에 달해 언론계를 떠났다. 대학 속으로 몸을 던져 제2의 삶을 시작했다. 기자 때 대학 총장을 많이 인터뷰하고 대학교수와도 자주 교류했다. 한국대학홍보협의회 총회에 자주 참석해 홍보팀장들과 많은 얘기를 나눴다. 고등교육의 실상을 누구보다도 잘 안다고 생각한 것이 새로운 도전의 계기가 됐다.

대학은 생각했던 것과는 달랐다. 사람 만나는 직업인의 일상이 바뀌니 캠퍼스는 중세의 요새 같다는 생각이 들었다. 현대판으로 보면 대학 본부는 지식 유통회사, 단과대는 대형마트, 학과는 소형마트 같았다. 서로 유기적일 듯하지만 그렇지도 않아 보였다. 대학 본부가 융복합과 현장성을 강조해도 단과대와 학과가 움직이지 않으면, 특히 교수가 움직이지 않으면 앞으로 나가지 못한다는 걸 여러 대학의 실상을 통해 체감했다. 국내 대학들은 글로벌로 뻗어 나가지 못했고, 교수들은 작은 강의실에 갇혀 있었다.

서울 유명 사립대에서 25년 동안 강단에 선 60대 교수는 "주전공을 가르쳐 보지도 못하다 정년이 임박해서야 강의를 맡았다"고 했다. 같은 전공의 선배 교수가 정년 퇴임할 때까지 20년을 기다리고 기다린 끝에 겨우 주전공을 맡았다는 고백이다. 이게 대학의 현실이다.

취재의 큰 짐을 내려놓아서인지 현장이 더 잘 보였다. 초·중·고교 교육과 대학 교육의 부조화, 사교육계의 은밀한 마케팅, 대학입시의 두 얼굴, 교육 관료의 보신주의, 대학의 고민, 인공지능 디지털 교과서(AIDT)와 의대 정원 파동까지 매의 눈으로 관찰했다.

교육 현장을 둘러보고 교육계 인사들을 만나며 나름대로 다양한 논문을 썼다. 평생 기자로 살아왔고 대학에서 미디어커뮤니케이션학부 학생을 가르치고 있으니 당연히 저널리즘이 주요 연구 영역이지만, 교육 관련 이슈를 여럿 다뤘다. 역대 정부의 교육정책 보도 프레임을 비롯해 SKY캐슬이 재현한 한국 교육의 현실, 수능 영어 절대평가 도입에 따른 대학 영어교육 변화, 국가교육위원회 설치에 대한 국회의원 인식, 인공지능(AI) 시대의 영어교육 등을 혼자 또는 함께 썼다. 그런 과정에서 대한민국의 치열했던 교육 열풍, 학력과 학벌 문화, 역대 교육부 장관의 정책, 관료들의 고충, 그리고 정부 정책의 중요성을 반추했다.

* * *

이 책 『대한민국 교육의 불편한 진실-이제는 그 실체를 말한다』는 교육기자를 지낸 아마추어 학자의 얕은 성찰이 담긴 '자기 고백서'다. 취재수첩과 노트북 컴퓨터의 내용물을 되살리고 대학에서 학생을 가르치고 연구하며 느낀 대한민국 교육의 어제오늘을 여과 없이 담았다. 제목이 말하듯 불편한 진실과 그 실체의 주인공은 불편해하실 수 있다. 초고에 실명을 쓰고도 다시 익명으로 바꾸며 고민했다. 필자의 지적과 제안에 공감하는 분도, 어리석은 주장이라는 분도, 당치도 않은 얘기라고 비판하는 분도 있을 것이다. 모두 필자의 아둔함과 부족함의 소치다.

원고를 정리하는 동안 계엄과 탄핵, 조기 대선, 새 정부 출범의 시간을 마주했다. 이재명 정부도 다양한 교육정책을 펼칠 것이다. 정책의 성공 열쇠는 '국민의 공감'이다. 공감을 얻지 못하는 정책은 국민에게 고통만 안겨줬다는 교훈은 이 책의 '교육부 장관 수난사'와 '문재인·윤석열 정부의 교육 평가' 부분에 들어 있다.

새 정부는 교육을 교육으로 보지 않고, 정치와 권력으로 보아 온 역대 정부의 실패를 반복해서는 절대 안 된다. 특히 고등교육 정책은 코페르니쿠스적 발상의 전환이 필요하다. 대학이 정부에 양도할 수 없는 유일한 것을 단 하나만 꼽으라면 바로 '자율'이다. 미국 연방법원이 1957년에 "대학은 신성불가침한 자유가 있다. 교수 임용, 교육과정 결정, 교수 방법 선정, 신입생 선발은 오로지 대학만이 자율로 결정할 수 있다"라고 판결한 이유이기도 하다.

역대 정부는 미국 명문 대학의 '원천'이 자율이라는 점을 간과한 면이 있다. 역대 정부와 교육부 장관은 규제의 끈을 놓지 않았다. 목욕탕에서 만난 김진표 장관부터 교육부 장관을 두 번 역임한 이주호 장관까지 역대 장관의 내면과 에피소드를 이 책에 담은 까닭이다.

이 책은 학술서도, 연구서도 아니다. 필자의 현장 취재 경험과 교육계 인사와의 만남, 교육 현장의 어제와 오늘, 그리고 대학입시와 대학의 속살을 보면서 우리 교육의 꼬인 실타래를 함께 풀어가자는 '교육 동행 여정서'다. '아이들이 행복한 교육', '국민의 마음을 얻는 공감 교육'은 역대 어느 정부도 구현하지 못했다. 이제는 바뀌야 한다. 동네에서 마주치는 꼬마의 얼굴이 환해지는 교육으로 말이다. 대한민국 교육의 미래를 책임진 이재명 정부와 교육계에 던지는 소박한 화두다.

2025년 7월 초판을 내고 일부 내용을 수정·보완해 8월 초 2쇄를 내놓았음에도 여전히 미진한 부분이 있었다. 무더운 여름만큼이나 불편했다. 고맙게도 교육계의 많은 지인이 책을 열독하시고 '불편한 실체'에 대한 진솔한 정보를 얹어주셨다. 그래서 다시 내용을 다듬고 보완해 9월 가을의 길목에서 수정 증보판을 내게 되었다. 이 책 '대한민국 교육의 불편한 진실'에 담긴 통시적인 성찰을 따끔하게 평가하시고 따뜻한 격려를 전해주신 여러분께 진심으로 감사드린다.

2025년 9월 중순

양 영 유

차례

III. 대학입시의 두 얼굴 ______ 157

IV. 대학의 시간 ______ 209

I

교육부 장관 수난사

대한민국 교육을 이끄는 교육부 장관의 역할과 책무는 막중하다. 교육부 장관의 소신과 철학, 정책 비전은 미래 인재 양성 방향의 나침반이다. 교육부 장관은 명예로운 자리인 동시에 부담이 많은 자리이기도 하다. 필자가 만났던 장관들은 이구동성으로 "장관직을 수행하는 동안 두 다리 쭉 뻗고 잔 적이 거의 없다"라고 했다. 일도 많고 이슈도 많은 데다 국민이 즉각 체감하는 분야가 교육이어서 그런 말을 한 것 같다.

교육부 장관은 부총리직 겸직을 오락가락했다. 교육부총리제는 2001년 김대중 정부가 도입했다가 이명박 정부가 2008년 2월 정부조직법을 개편해 폐지했다. 그리고 박근혜 정부 때인 2014년 5월 세월호 사건을 계기로 6년 만에 부활했다.

2014년 5월 27일 오전 청와대 국무회의에서 박근혜 대통령은 정부 조직 개편의 필요성을 다음과 같이 말했다.

> "이번에 교육 · 사회 · 문화를 총괄하는 부총리를 두어서 정책 결정의 효율성과 책임성을 높이고자 합니다. 지난 1년여 동안 국정을 운영하면서 국무회의나 총리 주재 국가정책조정회의만으로는 분야별 정책을 조정하는 데 부족함이 있다는 생각을 해왔습니다. 경제정책 분야는 부총리가 경제장관회의를 통해서 경제정책을 총괄 조정해 왔고, 외교 · 국방 · 안보의 경우는 국가안보실장이 컨트롤 역할을 해 왔는데, 그 외에 비경제정책 분야는 그러지 못했습니다. 총리는 법질서와 공직사회 개혁, 사회 안전, 비정상의 정상화 국정 아젠다를 전담해 소신을 갖고 국정을 운영하도록 하고, 경제부총리는 경제 분야를, 교육 · 사회 · 문화 부총리는 그 외의 분야를 책임지는 체제를 갖추고자 합니다. 이 같은

내용도 정부조직법(안)에 담았으면 합니다."

연합뉴스, 2014년 5월 27일 보도

이에 따라 부활한 교육부총리제는 이재명 정부 초기까지 이어지다 다시 폐지된다. 정부는 부총리급인 교육부 수장을 장관직으로 낮추는 대신 과학기술정보통신부 장관을 부총리급으로 격상하는 정부조직 개편안을 확정했다. 사실 교육부총리의 역할은 그동안 기대에 부응하지 못했다. 유치원에서 대학까지 복잡다기한 교육 현안을 꿰뚫고 소신 있게 업무를 수행했는지, 사회 분야를 총괄하는 컨트롤타워 역할을 원활히 수행했는지 의문이기 때문이다. 게다가 내각 조각 때 교육부 장관직은 교육의 상징성과 특수성 때문에 인사 폭이 좁은 구조적 한계를 드러냈다.

윤석열 정부 당시만 봐도 그랬다. 출범 초기부터 부총리 겸 교육부 장관 인선은 난항이었다. 한국외국어대 총장 출신인 김인철 후보자는 인사청문회를 앞두고 개인적 문제로 사퇴했다. 박순애 서울대 행정대학원 교수는 장관 취임 34일 만에 '만 5세 취학' 파동으로 불명예 퇴진했다. 교육부 장관직이 개인이 쌓아온 평생의 명예를 한순간에 날려 버릴 수도 있는 자리일 수도 있는 것이다. 그 후 기용된 이주호 장관은 이명박(MB) 정부 때도 장관을 지낸 인물이다. 사회부총리로서 의정 갈등을 비롯한 제반 사회 현안을 제대로 조율했는지는 국민이 평가할 것이다. 이주호 부총리는 탄핵정국에 한 달여 동안 대통령 권한대행도 맡았다. 사상 초유의 일이었다.

이재명 정부에서도 교육부 장관 인선은 난항이었다. 초대 이진숙 후보자(전 충남대 총장)는 자녀 조기 유학 논란과 논문 표절 의혹 등 여러 흠결이 불거져 지명이 철회됐다. 대통령실은 장고 끝에 최교진 세종시 교육감을 지명했는데 또다시 논란이 거셌다. 전교조 교사 출신의 최 후보자는 음주운전 전력과 이념 편향, 부실 석사학위 취득, 교육감직 수행 당시 부적절한 인사 등 여러 논란이 도마에 올랐다.

이재명 대통령은 취임 100일을 맞은 2025년 9월 11일, 최교진을 제62대 교육부 장관에 임명했다. 전임 이진숙 후보자의 낙마가 최 장관에게는 관운이 된 셈이다. 1953년 충청남도 보령생인 최교진 장관은 '포노 사피언스(Phono Sapiens)' 알파 세대의 미래와 고등교육의 대혁신을 책임질 진짜 '실력'의 검증대에 올랐다.

▮ 장관 재임 평균 14.9개월로 단명

교육부에 따르면 교육부 장관의 평균 재임 기간은 14.9개월이다. 이기준 전 장관은 역대 최단기간인 취임 6일 만에 2005년 낙마했다. 서울대 총장 시절 판공비 과다 지출로 도덕성 논란이 거셌고, 장남의 이중 국적과 병역 문제 비판을 견디지 못했다. 고(故) 송자 장관은 2000년 김대중 정부 시절 24일 만에 사퇴했다. 가족의 국적 문제 등 잇따른 도덕성 시비가 발목을 잡았다.

2006년 노무현 정부 시절에 김병준 장관도 조기 퇴진했다. 당시 필자는 김병준 후보자를 인사청문회 준비 사무실에서 단독으로 만나 인터뷰한 적이 있다. 소신도 뚜렷하고 행정 경험도 많아 자신감이 넘쳤지만, 결국 논문 표절 의혹으로 장관 취임 12일 만에 사퇴 의사를 밝히고 18일 만에 물러났다.

1948년 정부 수립 이후 제1대 안호상 문교부 장관부터 제61대 이주호 교육부 장관까지 역대 장관의 평균 재임 기간은 1년 3개월 남짓이라는 건 생각해 볼 문제다. 그 짧은 기간 동안 무슨 일을 할 수 있으며, 어떤 성과를 낼 수 있을까. 교육정책은 국민의 반응이 '뜨거운 분야'인데 능력과 도덕성과 비전이 부실해 '명예의 무덤'이 되기도 했다. 박근혜 정부 시절 황우여 장관은 국정교과서 문제로, 문재인 정부 시절 김상곤 장관은 대입 문제로 하차했다. 물론 장수한 장관도 있다. 이명박 정부 때 이주호 장관(2010년 8월 30일~2013년 3월 10일)과 문재인 정부 때 유은혜 장관(2018년 10월 2일~2022년 5월 9일), 그리고 윤석열 정부 때 이주호 장관(2022년 11월 7일~2025년 7월 29일)이다. 대한민국 교육부 장관의 '단명' 흑역사를 '장수' 역사로 바꾼 두 인물이지만 평가는 엇갈린다. 지금부터 필자가 경험한 김진표 장관부터 이주호 장관까지 그 면면을 살펴본다.

필자가 경험한 역대 교육부 장관

차수	장관	정부(부처명)	재임 기간
48대	김진표	노무현(교육인적자원부)	2005.01.28~2006.07.20
49대	김병준	노무현(교육인적자원부)	2006.07.21~2006.08.08
50대	김신일	노무현(교육인적자원부)	2006.08.09~2008.02.28
51대	김도연	이명박(교육과학기술부)	2008.02.29~2008.08.05
52대	안병만	이명박(교육과학기술부)	2008.08.06~2010.08.30
53대	이주호	이명박(교육과학기술부)	2010.08.30~2013.03.10
54대	서남수	이명박(교육과학기술부)	2013.03.11~2013.03.22
55대	서남수	박근혜(교육부)	2013.03.23~2014.08.07
56대	황우여	박근혜(교육부)	2014.08.08~2016.01.12
57대	이준식	박근혜(교육부)	2016.01.13~2017.07.04
58대	김상곤	문재인(교육부)	2017.07.05~2018.10.02
59대	유은혜	문재인(교육부)	2018.10.02~2022.05.09
60대	박순애	윤석열(교육부)	2022.07.05~2022.08.08
61대	이주호	윤석열(교육부)	2022.11.07~2025.07.29

자료: 교육부

목욕탕에서 만난 김진표

김진표 전 국회의장은 노무현 정부 때 교육부총리 겸 교육인적자원부 장관(2005년 1월 28일~2006년 7월 20일)을 역임했다. 경제부총리를 지낸 정통 경제 관료 출신이 교육부를 맡게 된 것은 이례적이었다. 김진표 교육부총리는 1974년 행정고시에 합격해 국세청에서 공직을 시작했다. 재정경제부 핵심인 세제실장과 차관 등 요직을 거쳤고, 김대중 정부 시절 대통령비서실 정책기획수석, 국무조정실 실장으로 일했다.

김진표 부총리는 노무현 정부 시절 공직 생활의 꽃을 피웠다. 대통령직인수위원회 부위원장을 지내더니 재정경제부 장관을 역임했다. 그런 그가 2005년 1월 교육인적자원부 장관에 발탁되자 언론은 "노무현 대통령이 '깜짝 인사'를 했다"고 평가했다. 이기준 전 장관의 조기 낙마에 교육 관련 경력이 없는 '경제통'인 김진표 열린우리당 의원을 임명한 것은 파격이었기 때문이다.

김진표는 경제부총리를 지낸 정통 경제 관료 출신으로 교육부 수장을 맡았다.

김진표 부총리는 30년간 정통 경제 관료의 길을 걸어오다 2004년 4·15총선에서 정치인으로 변신했다. 총선 출마 당시 "대학은 기업이 원하는 이공계 인력을 제때 공급할 수 있도록 맞춤식 주문생산이 가능한 구조로 바뀌어야 한다"고 강조했다. 그는 2003년 9월 "경기도 성남시 판교신도시의 성공을 위해 학원단지를 만들겠다"고 말했다. 국회에서는 "집값을 해결하기 위해 서울 강북 등에 특수목적고와 자립형 사립고를 많이 세워 강남으로 학부모들이 몰리는 현상을 해소해야 한다"고 주장했다. 이에 앞서 김진표는 경제부총리 재직 때 "서울 강남 집값 상승의 원인은 교육정책 실패 때문"이라며 여러 정책을 내놓았다가 교육부와 교원단체의 반발을 사기도 했다.

그런 김진표를 노무현 대통령이 선택한 것은 노 대통령이 평소 "대학도 산업이다. 기업의 요구에 맞춰 대학을 개혁하기 위해서는 경제 마인드를 갖춘 사람이 필요하다"라고 강조한 것과 궤를 같이한다. 상고 출신인 노무현 대통령은 역대 어느 대통령보다도 대학 총장에게 깍듯했다. 총장들과의 청와대 회동에서는 직접 마중 나와 일일이 악수하며 영접했다. 그런 노무현 대통령이 김진표를 낙점한 것은 교육에 경제 논리를 도입하려는 의도로 읽혔는데 진보 정권에서는 의외의 인사였다.

김진표 부총리는 2005년 1월 27일 임명 직후 가진 기자회견에서 "초·중·고 교육은 공교육을 튼튼히 해서 신뢰를 얻어야 한다. 대학은 교육개혁을 통해 글로벌 시대에 걸맞는 훌륭한 인재를 키워내도록 노력하겠다"고 강조했다. 김 부총리는 "고교등급제, 대학별 본고사, 기여입학제 금지 등 '3불(不) 정책'은 하나하나 따져 봐야 하는 사안"이라며 말을 아꼈다. 당시는 3불 정책이 사회적 논란이었다. 김 부총리는 관료 출신답게 신중했다. 세평을 의식한 듯 그는 "교육을 경제적인 효율성만으로 재단할 생각은 없다. 교육의 공공성과 효율성이 조화될 수 있도록 논의하겠다"고 밝혔다.

김진표 부총리의 교육관을 응축한 표현은 그의 취임사다. 그는

"중·고등학교 교육에서는 형평성과 수월성 교육의 조화를 추구하는 데 역점을 두고 정책을 추진하겠다. 평준화 제도의 기본 골격을 유지하면서 수월성 교육을 강화해 학교 교육의 신뢰를 회복할 수 있도록 최선을 다하겠다"고 말했다. 당시 외국어고와 자사고가 평준화에 반하는 교육 문제로 시끌시끌하던 터에 김진표는 평준화 교육과 수월성 교육을 강조했다.

2005년 당시는 소득 2만 달러의 꿈을 향해 달리는 시기였다. 취임사에서 보듯 김진표 부총리는 '자율경쟁'과 '시장원리'의 중요성을 강조했다. 교육이든 경제든 수요공급 원칙에 따른 경쟁을 통해 발전한다는 소신이다. 보수 정권의 장관으로 착각할 정도였다. 필자가 당시 재경 공무원들에게 물어보니 "30여 년간 정통 재무 관료로 일하면서 몸에 밴 철학"이라고 했다.

경제부총리(2003년 2월~2004년 2월)를 마친 뒤 2005년 1월 또다시 교육부총리로 입각한 그는 경제발전과 교육의 경쟁력을 연계시켰다. 학교에 자율권을 확대하고 교육 수요자인 학생과 학부모 입장에서 개혁해야 한다고 강조했다. 그런 소신의 대표적 실천 과제가 '자립형사립고(자사고)'다. 김 부총리는 자사고 확대를 주장해 왔다.

경제부총리 재직시절인 2003년엔 "강북에 특목고와 자사고를 설립해야 한다"고 말했다. 그런 김진표의 소신은 확고부동한 듯했다. 그는 2004년 12월 22일 천주교 수원교구청 이용훈 주교를 만나 "자사고를 20곳 정도로 확대 운영할 필요가 있다고 본다"고 말했다. 구체적인 계획을 2005년 2월 중 발표하고 같은 해 3월까지 시도교육청별로 한두 곳을 지정해 2007학년도부터 신입생을 모집하겠다고 했다. 하지만 그는 입장을 바꿨다. 2005년 1월 18일 노무현 대통령이 '양극화 해소를 통한 사회통합'을 골자로 한 신년연설이 결정적이었다.

▌노무현 "빈곤 대물림 없도록" 발언에 김진표 자사고 접어

노무현 대통령은 "빈곤이 대물림되는 일이 없도록 하겠다"고 했다. 당시 필자는 이 발언을 "교육의 양극화를 잡겠다"라는 뜻으로 받아들였다. 자사고를 확대하면 양극화가 더 심화하니 진보 정권의 본연의 색으로 돌아갈 것 같았다. 자사고 확대는 어려울 것이란 감이 왔다. 아니나 다를까. 김 부총리는 2005년 2월 8일 업무계획 설명회에서 "자사고로 전환할 수 있는 학교는 두세 개 정도에 불과하고 확대가 어려운 배경이 있다"고 말을 바꿨다. 노무현 대통령의 신년연설 이후 소신을 바꿀 수밖에 없었던 것 같았다. 그러더니 EBS 생방송 토론회(2005년 2월 11일)에서는 "평준화는 학교 선택권이 제한되고 학생의 만족도도 떨어진다. 그렇다고 자사고가 답은 아니다"라고 말했다. 교육 때문에 빚어지는 부동산 문제의 대책으로 자사고를 늘려나가야 한다던 기존의 입장을 선회했다.

그러자 교육계에선 "김진표 부총리는 노무현의 충실한 코드"라는 지적이 나왔다. 자사고 신청을 받아보지도 않고 가능한 학교가 두세 개밖에 안 된다면서 여론을 호도한다는 것이었다. 결국 자사고를 확대한다던 김 부총리의 장담은 공수표가 됐다.

그런데 김 부총리는 갑자기 공영형 혁신학교를 꺼내 들었다. 자사고 확대에 대한 소신이 꺾이자, 평준화 교육의 보완책으로 공영형 혁신학교(나중에 개방형 자율학교로 변경)를 얘기했다. 처음에는 공모로 뽑은 교장과 교사가 학생을 지도하고, 학생 실력에 따라 학년 이동(무학년제)이

가능하다고 했다. 수업료는 기존 공립학교 수준이었다. 외국어고와 자사고 진학을 원하는 학생과 학부모에게 새로운 대안을 제시하겠다는 취지였다.

얼핏 평준화의 보완재가 될 것 같았지만, 그 후 흐지부지됐다. 실체도 명확하지 않고 계획도 불명확해 사회적 논란이 컸다. 그런 와중에 김 부총리는 "외국어고가 입시기관으로 변질됐다. 2010년부터 입학 자격을 전국 단위에서 광역 거주지로 제한한다"고 발표했다. 특히 자사고를 '귀족학교'로 몰아붙이며 소신인 시장원리와는 정반대의 입장으로 급선회했다,

▌교육부 기자실서 악수 안 하고 떠나

교육부 출입 기자였던 필자는 당시 '김진표의 교육 역주행' 기사를 연일 1면 톱으로 썼다. 김 부총리가 불쾌해했다는 말을 공보관실(현재 대변인실)을 통해 전해 들었다. "아무리 그래도 1주일에 세 번을 1면에 쓰면 어떡합니까? 저희도 난감합니다."(공보관실 관계자)

여론이 좋지 않은 상황에서 전국적으로 급식 사고가 발생했고 외국어고 논란도 불거졌다. 모든 언론이 달려들었다. 게다가 김 부총리의 딸 문제까지 불거졌다. 정작 딸은 외국어고에 보냈으면서 외국어고를 손보겠다고 했으니 불난 집에 기름을 부은 형국이었다.

2006년 6월 30일 김 부총리는 광화문 정부 중앙청사의 교육부 기자실을 찾았다. 굳은 얼굴로 기자 간담회를 하고 작별을 고했다. 김 부총리는 딸 문제를 이렇게 말했다.

"딸을 외고에 보낸 뒤 외고 학생들이 엄청난 사교육을 받는 현실

과 내신 불이익을 우려해 자퇴하는 학생들 얘기를 들었어요. 외고 정책이 잘못됐음을 절감했어요. 외고 지원 지역 제한 대책은 내 의지로 한 겁니다."

2006년 7월 1일 새 지방자치단체 출범을 코앞에 둔 시점이었다. 당시 자치단체장들은 너도나도 외고를 세우겠다고 공약했다. 그런데 김 부총리가 외고 축소 조치를 했으니, 일이 꼬일 상황이었다. 마침내 김 부총리는 여론의 거센 압박을 받았다. 김 부총리는 대통령에게 "다시 국회로 돌아가겠다"며 사임 의사를 밝혔다고 했다.

기자 간담회를 마치고 김 부총리는 출입 기자들과 일일이 악수를 했다. 그 순간, 필자와는 눈도 마주치지 않고 지나쳤다. '패싱'이었다. 아무리 중앙일보 기사에 속이 상했더라도 악수까지 외면할 줄은 몰랐다. 평소 기자들과 잘 어울리고, 친근감을 보였던 그였기에 뜻밖이었다. 정치부 근처에도 가지 않았던 필자는 다시 김진표 부총리를 만날 기회가 없을 것 같았다. 착잡했다. 그 모습을 지켜본 타사 후배 기자는 "양 선배, 좀 살살하지 그랬어요. (부총리가) 아프긴 아팠던 모양이죠? 속이 좁네요"라며 겸연쩍게 웃었던 기억이 난다.

김진표 부총리가 물러난 뒤로 교육부 기자실은 더 바빠졌다. 김병준 부총리의 조기 낙마, 그리고 김신일 장관의 '내신 확대'와 '로스쿨 문제' 등 노무현 정부 내내 영일이 없었다. 그러다 뜻밖에 김진표 부총리를 이듬해 봄에 만났다. 정말 우연이었다.

우연하고 어색한 목욕탕 조우

수도권 어느 골프장에서 라운딩을 마치고 목욕탕에 들어갔다. 이상하게도 안에는 사람이 없었고 나도 제일 먼저 들어갔다. 안경을 벗어 놓고 들어간 지라 욕탕의 수증기에 잘 보이지도 않았다. 그때, 욕탕 안에 한 사람이 앉아 반신욕을 하고 있었다. 간단히 샤워하고 탕 안으로 들어갔다. 그때까지 목욕탕에는 아무도 들어오지 않았다. 참 이상한 일이었다.

탕 안에서 곁눈질을 해보니 어디서 본 듯한 인상이었다. 잘 보이지 않아 눈을 찡그리고 다시 보니(안경을 벗으면 잘 보이지 않아 눈을 찡그리게 됨) 김진표 부총리였다. 그도 나를 쳐다봤다. 서로 놀랐다. 김 부총리는 아무 말도 하지 않았다. 그래서 먼저 인사했다.

"부총리님, 중앙일보 양영유입니다. 잘 지내셨어요? 운동하셨군요." 김 부총리는 "네, 잘 지내시지요"라고 짧게 말했다. 그리곤 더 이상 말을 하지 않았다. 아직 앙금이 남아 있는 건가? 순간, 머리가 복잡했다. 그렇다고 다른 얘기를 하기도 그랬다. 침묵이 흘렀다. 온탕의 열기에 온몸이 화끈거렸다. 김 부총리가 "먼저 갑니다"라고 말하고 탕을 나섰다. "네, 부총리님. 또 뵙겠습니다."

그게 마지막이었다. 그 후로 김진표 부총리를 직접 만난 적은 없다. 배포가 크고 화통할 것 같은 그였지만, 의외의 경험이었다. 김진표 부총리는 정치인으로 인생의 꽃을 피웠다. 교육부를 떠난 뒤에도 제18대, 19대, 20대, 21대 국회의원을 지냈다. 그리고 마침내 제21대 국회의장(2022년 7월~2024년 5월)을 역임했다.

노무현의 남자 김병준의 13일간의 드라마

김진표 교육부총리가 물러난 자리에는 김병준 부총리가 바통을 이었다. 김병준 부총리는 '노무현의 남자'라고 불릴 정도로 노 대통령의 신임이 두터웠다. 김 부총리는 청와대 정책실장 시절 '세금 폭탄' 발언 등 부동산 정책에 깊숙이 관여했다. 노무현 대통령이 2006년 7월 3일 김병준을 교육부총리로 지명하자 야당인 한나라당은 거세게 반발했다. 여당인 열린우리당 내부에서도 일부 부정적인 기류가 있었다. 김병준은 "내가 교육부총리 적임자"라며 되받아쳤다.

인사청문회 준비 중 김병준 부총리는 언론과의 접촉을 피했다. 취임하면 언론과 수시로 소통할 터이니 잠시만 참아달라는 거였다. 교육부 출입 기자였던 필자는 교육부 청문회 준비팀에게 "잠시만 인사드리고 가겠다"고 부탁했다. 인사청문회 준비 사무실은 광화문 정부중앙청사 인근 별관에 있었다. 거절당했다. 다시 찾아갔다. 또 부탁했다. 잘 아는 교육부 관료가 기사를 쓰지 않는다는 조건으로 마지 못해 잠시 시간을 내주었다. 그냥 인사나 하고 나올 참이었다.

노무현 전 대통령의 신임이 두터웠던 김병준.

2006년 7월 4일, 오후 4시쯤이었다. 하루 종일 청문회 준비를 한 김병준 부총리는 말벗이 필요했는지 의외로 반가워했다. 그가 미국 델라웨어대학교에서 행정학 박사학위를 취득한 사실이 떠올랐다. 2002년 필자가 미국 연수를 갈 때 델라웨어대에도 지원했었던 일을 말머리 삼았다.

"부총리님, 저도 델라웨어 동문이 될 뻔했습니다." 이 한마디에 대화 물꼬가 터졌다. 5분 약속받은 시간이 30분을 넘겼다. 교육정책 얘기도 오갔다. 논문 관련한 답답한 심정도 들었다. 대화를 마치고 바로 나와 기억나는 대로 수첩에 옮겨 적었다. 워딩 하나하나가 중요했다. 그리고 데스크에 보고했다. 바로 기사를 쓰라는 지시가 떨어졌다. "안 쓰기로 하고 만난 것"이라고 해도 당연히 소용이 없었다. "모르겠다. 일단 쓰고 보자." 바로 인근 커피숍으로 뛰어가 전광석화로 기사를 썼다. 1면 톱이었다. 다음은 당시 기사 내용이다.

"내가 교육부총리 적임자"

김병준 교육부총리 후보자는 4일 오전 11시 10분쯤 노타이 차림으로 정부 합동청사에 출근했다. 교육부 관계자들이 하루 종일 머물며 교육부 현황에 대해 설명을 했다. 그는 "직원들이 부담을 느낄 것 같아 매일 출근하지는 않겠다"면서 오후 4시30분쯤 퇴근했다. 다음은 김 후보자와의 일문일답.(※는 독자의 이해를 돕기 위한 편집자 주)

– 교육에 대해서 잘 모르는 분이 교육부총리가 됐다는 지적이 있다.
"나를 교육 문외한이라고 하는데 절대 그렇지 않다. 나는 교수를 했고, 교육 관련 논문도 쓴 적이 있다. 교육인적자원부는 교육뿐만 아니라 인적자원을 개발하는 곳이다. 나는 인적자원에 대해 교수 때는 물론 (청와대) 정책실장 때도 관심이 있었다. (웃으며) 내가 자평하는 건 좀 그렇지만 내가 오히려 (교육부총리의) 적임자라고 할 수 있다."

– 논문을 읽어봤는데 교육은 통제하면 안 된다고 돼 있던데.

"국가가 통제하면 화를 부른다. 교육뿐만 아니라 모든 분야가 그렇다. 하지만 시장에만 맡길 수는 없는 것 아닌가. 적절한 조정은 필요하다."

– 어떻게 노무현 대통령과 인연을 맺었는지.

"노 대통령과 인연을 맺은 건 공동체가 형성돼서다. 노 대통령이 어려운 처지에 있을 때 마음이 통해 도와준 것이 인연을 맺게 된 배경이다. 교육도 공동체가 중요하다. 학교와 교사와 기업이 함께 공동체를 형성해서 가야 한다."(※김 후보자는 1992년 노무현 대통령이 만든 지방자치실무연구소의 소장을 93년부터 맡아 연을 맺었다.)

– 일부 언론에 외국어고 지원 제한 정책을 철회할 것처럼 보도됐는데.

"나중에 종합적으로 입장을 정리해 밝히겠다고 했지, 정책을 바꾸겠다고 말하지 않았다."

– 외고 문제는 아주 관심이 높은 사안이다.

"나는 워크숍을 좋아한다. 정책실장 재임 때도 기자들과 워크숍을 여러 번 했다. 교육 현안이 아주 많은데 나중에 (기자들과) 워크숍을 통해 토론해 보자."

– 앞으로의 교육정책은.

"대학은 사회의 수요에 맞춰 인력을 양성해야 한다. 산학협력은 그래서 중요하다."(※김 부총리 후보자는 또 측근을 통해 '세금폭탄'이라는 발언을 자신이 하지 않았다고 밝혔음. 그는 '김 후보자가 이번 인사를 통해 심판을 받겠다고 했다'는 언론 보도에 대해서도 사실이 아니라고 밝혀 옴. 또 두 딸의 외고 진학과 장녀의 비동일계 진학에 대해서는 '당시에는 그런 제한이 없었다'며 문제가 되지 않는 것이라고 해명했음.)

『중앙일보』, 2006.07.05

▌청문회 준비 중 유일하게 필자와 30분 대화

김병준 부총리와의 짧은 대화는 이렇게 언론을 탔다. 가벼운 환담이었으나 전후 맥락을 조합하니 기사가 됐다. 다른 언론사는 난리가 났다. 교육부 공무원은 곤욕을 치렀다. 미안한 일이었다. 나중에 그

공무원과 더 친해졌다. 기자와 취재원과의 관계는 그런 것이다.

2006년 7월 18일 인사청문회장에서 김병준 부총리는 시달렸다. 전임 김진표 부총리도 딸 문제로 곤욕을 치렀는데 그도 비슷한 문제가 있었다. 쟁점은 두 딸이 대원외고와 대일외고에 각각 편법으로 편입했다는 의혹이었다. 정시 입학이 아닌 편입이었기에 공정성 논란이 일었다. 장녀는 해외 귀국자 수시입학제도를 통해 대원외고에 편입했고, 둘째 딸은 일본어 1급 자격을 받아 대일외고에 편입했다. 장녀는 불법 조기유학 경력이 편입에 활용됐다는 의혹도 불거졌다.

김병준 부총리는 이렇게 방어했다. "두 딸이 외국 생활에서 고통을 겪어 그런 경험이 있는 학생들이 많은 학교에서 공부하는 것이 좋겠다고 생각했다."

공직 전의 일이지만, 교육 수장으로서는 부적절하다는 비판을 받았다. 병역 문제 해프닝도 있었다. 한나라당 주호영 의원은 "병적기록부에 김 내정자의 학력이 중졸로 기록되어 있다. 그나마 법정 양식도 아니다. 신체 등급은 3등급으로 기록돼 있는데 방위병으로 복무했다. 병적기록부가 이상하다"고 물었다. 그러자 김 내정자는 "어렸을 때 네 번째와 다섯 번째 손가락 일부를 잃었다. 현역 복무가 불가능해 방위병으로도 근무하지 않았다"고 설명했다.

사실 당시 병적기록부는 엉터리였다. 김병준의 병적기록부에 학력이 중졸로 되어 있고 키나 몸무게 등 기본적인 사항도 기재돼 있지 않았다. 면장 직인이 찍혀야 할 곳에 병무청장 직인이 찍혀 있었다. 병무청이 병적기록부가 없어지자 다시 작성하는 과정에서 엉터리로 쓴 것이다. 이런 사실은 당시 여당이던 열린우리당 유기홍 의원이 직접 확인했다.

진땀을 뺀 김병준 부총리는 청문회 직후 정책으로 승부를 걸려고 했다. 전임 김진표 부총리가 2008학년도부터 외국어고 입학생 자격을 광역자치단체 출신으로 제한하겠다고 한 조치를 2010년까지 3년간 미룬다고 발표했다. 당시 외고 문제는 최대 화두였기에 학부모들의 관심을 끄는 데 성공했다.

국회 교육위원회는 2006년 7월 19일 야당의 비판과 우려를 담은 청문보고서를 채택했다. 김병준 부총리는 7월 21일 취임식을 갖고 제49대 교육부 장관의 업무를 시작했다. 김 부총리는 취임 직후 교육부 기자실을 찾았다. "앞으로 교육의 지평을 넓히고 싶다. 그동안 마음속에 담아 두었던 정책을 차근차근 내놓겠다. 대학 구조개혁도 강하게 추진하겠다." 의지가 강해 보였다.

▌취임 사흘 만에 '논문 표절 의혹' 일파만파

그런데 취임 사흘 만에 표절 논란이 터졌다. 국민일보가 "김 부총리가 국민대 교수 시절 제자 논문 표절 의혹이 있다"고 보도했다. 김 부총리가 국민대 행정학과 교수로 재직 중이던 1988년 한국행정학회에서 발행한 한국행정학보 6월호에 '도시재개발에 대한 시민의 반응-세입자를 중심으로'라는 논문을 게재했는데 표절 의혹이 있다는 내용이었다. 이 논문이 1년 전 제자 신모씨가 쓴 박사학위 논문과 상당 부분 유사하다는 의혹이었다. 김 부총리는 당당히 해명했다. "제자보다 논문을 먼저 썼는데 어떻게 나중에 쓴 논문을 표절할 수 있느냐. 오히려 제자가 자신의 논문을 원용했다." 그러고선 한국행정학회에 표절 여부에 대한 심의를 요청했다.

한 일간지의 의혹 제기는 낙종을 한 다른 언론사를 자극했다. 경쟁적으로 김병준 논문을 뒤지기 시작했다. 자고 나면 또 다른 의혹이 터졌다. 필자도 교육팀 기자와 눈이 충혈되도록 뒤졌던 기억이 난다. 마침 여름 방학 기간이어서 대학생 인턴기자를 활용했다. 여러 논문에서 깔끔하지 않은 부분을 찾아냈다. 다른 언론사도 마찬가지였다. 당시에는 논문 표절에 대한 기준이 마련돼 있지 않은 때였다.

후폭풍은 거셌다. 야당이던 한나라당은 "사퇴하라"며 맹폭했다. 그중에는 한나라당 비례대표였던 이주호 의원도 있었다. 김 부총리는 물러나지 않았다. 2006년 7월 27일 경기도에서 열린 전국 시도교육감협의회에 참석해 "외고 입학 제한을 2010년까지 연기하고 영어교육 혁신 방안을 마련하겠다"고 밝혔다. 당시 필자는 그의 일거수일투족을 기사로 썼다. 모든 기자가 그랬다. 김 부총리도, 기자도 피로감이 쌓이기 시작했다.

사퇴 여론이 거세자 김근태 열린우리당 의장과 한명숙 총리가 차례로 김병준 부총리를 만났다. 김 부총리는 완강했다. 평생 학자로서 '사형 선고'와 같은 표절 의혹을 받아들일 수 없다는 것이었다. 김 부총리는 논문 청문회까지 열었다. 인사청문회에 이어 특정 목적의 청문회를 별도로 연 건 처음 있는 일이었다.

2006년 8월 1일 국회에서 청문회가 열렸다. 이런 극적인 드라마가 또 있을까 싶다. 김병준 부총리는 도덕성 논란에서 벗어나려 사과도 하고 부인도 했다. 본인이 청문회를 요청했으니 하고 싶은 말을 했다. 그러나 버티지 못했다. 결국 그는 2006년 7월 21일 노무현 대통령한테 임명장을 받은 지 13일 만인 8월 2일 물러났다. '왕의 남자'의 씁쓸한 퇴장이었다.

▮ 김병준의 낙마, 교육정책 추진에 아쉬움도

다음은 당시 필자가 중앙일보에 "김 부총리의 13일간의 드라마"라는 제목으로 쓴 기사의 일부다.

> "김 부총리는 7월 27일 밤 중대 고비를 맞았다. 두뇌한국(BK)21사업의 최종 보고서를 중복으로 제출했다는 의혹이 제기된 것이다. 연구비 중복 수령 논란(본지 7월 29일자 1면)도 큰 타격이었다. BK사업 전에 학술진흥재단에서 연구비를 받아 쓴 논문을 BK사업 실적으로 제출한 또 다른 '자기 표절'이 확인된 것이다.
>
> 김 부총리는 기자간담회를 자처해 "실무자의 단순한 행정적 실수"라고 사과했다. 그러나 여론은 급속히 등을 돌렸다. 다음날 민주화를 위한 교수협의회와 전국교수노조 등이 "도덕성에 치명적인 결함이 있다"며 자진 사퇴를 촉구하는 성명서를 냈다. 한국교총, 전교조, 학부모단체 등의 성명이 잇따랐다. 진보와 보수를 망라해 일제히 문제 삼고 나선 것이다. 논문 이중 게재, 연구비 중복 수령, 자기 표절 등 또 다른 의혹들도 고구마 줄기처럼 이어졌다.
>
> 김 부총리는 반전을 시도했다. 일요일인 7월 30일 출근해 '사실을 밝힙니다'라는 장문의 해명서를 내고 대대적인 공세를 시작했다. 언론을 고소하겠다고 하고, 국회에 청문회도 요청했다. 정면 돌파를 선택한 것이다.
>
> 8월 1일 열린 국회교육위에서 그는 "나는 떳떳하다" "증거를 대라"며 의원들과 정면 충돌했다. 교육위가 끝난 뒤에는 "사퇴는 무슨 사퇴냐"라며 자신감도 내보였다.

그러나 8월 2일 아침 논문 중복 규제 규정을 어긴 위증 사실이 본지에 보도됐다. 열린우리당 김근태 의장은 이날 오전 그의 사퇴를 공개적으로 요구했다. 김 부총리는 아침 일찍 노 대통령을 만나 사퇴 의사를 전달했다. 화려한 '왕의 남자'로 시작된 드라마는 13일 만에 '만신창이 남자'로 막을 내렸다."

만일 '노무현의 남자' 김병준이 당시 교육 수장에서 낙마하지 않았더라면 교육부는 힘을 받아 새로운 정책을 힘 있게 펼쳤을지도 모른다. 김병준 부총리는 자신감이 넘쳤고, 행정에 밝았고, 대학구조개혁 의지가 강했고, 교육에 대한 남다른 소신을 보였다. 13일 동안에는 그런 인상이었다.

1954년 경북 고령에서 태어나 대구상고와 영남대를 졸업했다. 미국 델라웨어대학교에서 정치학 박사학위를 받고, 1986년 국민대 행정정치학부 교수로 부임했다. 김병준 부총리는 교육부를 떠난 뒤 대학에 복귀했다. 퇴임한 뒤 자유한국당 비상대책위원장, 사회공동모금회 중앙회 회장, 전경련 회장 직무대행을 역임했다.

온유한 김신일, 강단의 김신일

2010년 봄날이었다. 여의도에서 김신일 전 교육부총리(2006년 8월 9일~2008년 2월 28일)와 오찬을 했다. 당시 필자는 중앙일보 정책사회부장을 맡고 있었다. 김신일 부총리가 교육부를 떠난 지 2년 만의 만남이었다. 그는 따뜻했다. "여전히 바쁘지요? 언론인은 고단한 직업이니 건강도 잘 챙기세요"라는 덕담을 해주셨다.

교육부 출입기자 시절, 까칠하게 기사를 썼던 터라 개인적으론 불편한 마음도 있었다. 평생 교육학자로 살다 공직사회에 잠시 몸을 담는 동안 언론의 거친 공격에 자존심도, 인격적으로도 많은 상처를 입었을 그였다.

식사하던 중 자연스럽게 "교육부 계실 때 송구했습니다"라고 운을 뗐다. 그랬더니 "언론인은 당연히 까칠해야지요. 그래도 언론이 지적해 줘서 많은 도움이 됐어요. 계속 좋은 글 쓰세요"라고 격려해 줬다. 지인들과 사적으로 가진 모임이라서 얘기는 화기애애했다.

학자적 소신을 지킨 김신일.

그때 핸드폰이 울렸다. 낮 12시 30분쯤이었다. 통상 점심시간에는 웬만한 일이 아니면 전화를 걸지 않는 게 예의다. 그런데 신문사 선배니 안 받을 수가 없었다.

"어디야, 당장 들어와."

"점심 중인데요. 급하지 않으시면 오후 2시 이후 뵙겠습니다."

"당장 들어오라고."

"무슨 일인지, 전화로 말씀하세요. 제가 장관하고 식사 중입니다."

"장관이 나보다 높아? 들어오라고."

목소리가 거칠어 앞자리에 앉은 김신일 부총리도 들었다.

"양 부장, 들어가 봐요. 중요한 일 같은데. 난 괜찮아요. 다음에 편할 때 또 보죠."

언론인의 일상, 참 면목이 없었다. "송구합니다"라고 말하고 자리를 떴다. 김신일 부총리는 덕망 있고 따뜻한 학자였다.

황급히 회사에 들어갔다. 그런데 사적인 일이었다. 그때의 황망함은 지금도 잊지 못한다. 김신일 부총리 하면 그때의 '점심 사건'과 함께 '로스쿨 사건'이 선명하게 떠오른다.

▮ 김신일과 이명박 의외로 친분 두터워

서울대 교육학과 교수였던 김신일 부총리는 의외로 이명박(MB) 전 대통령과 가까운 사이였다. 2007년 한국교총이 주최한 교육정책 토론회. 이명박 한나라당 대선 후보는 김신일이 '가장 친한 친구'라고 말했다. 모두 깜짝 놀랐다. "아니, 어떻게 친한 사이지?"

당시 이명박 후보는 "김신일과는 과거엔 한 달에 한 번씩 만났는데 요즘은 통 만나지 않고 있다. 그 이유는 말하지 않겠다"라고 했다. 흥미로워 취재해 보니 김신일은 1990년대부터 2006년 노무현 정부의 교육부총리가 되기 전까지 이명박의 교육 자문 역할을 했다. 김신일 부총리는 서울대 교수 시절에 이명박의 싱크탱크인 '국제정책연구원'에서 이사를 맡아 도와줬다.

두 사람은 1941년생 동갑내기다. 필자는 두 사람을 직접 취재한 경험이 있다. 이명박 전 대통령은 그가 서울시장(2002~2006)일 때 서울시청 출입 기자로, 김신일 전 부총리는 교육부 출입 기자로서 자주 만날 기회가 있었다. 가난한 시절을 보낸 두 사람은 교육에 대한 열정이 남다른 것 같다는 인상을 받았다. 그러니 잘 통(通)했을 터이다.

하지만 두 사람의 교육관은 정반대로 바뀌어 있었다. MB는 "교육개혁의 핵심은 자율이다. 대입을 자율화하고 교육부를 축소하겠다. 우수 인재 교육 강화를 위해 자율형 사립고도 100개 만들겠다"라고 공약했다. 반면 노무현 정부에서 입각한 김신일 부총리는 2007년 봄에 3불 정책(본고사·고교등급제·기여입학제 금지) 홍보 '전국 순회'를 하더니, 특목고를 공교육 망치는 사교육의 주범으로 몰아붙였다. 교육부 조직도 더 늘렸다. 두 사람이 만나지 않는 이유가 여럿 있겠지만 달라진 입장이 그중 하나였을 수도 있다고 생각했다.

학자 소신과 현실이 달랐던 '김신일의 교육 생각'

2006년 2월 서울대 교수를 정년퇴임 한 김 부총리는 명망 있는 학자였다. 그가 쓴 『교육사회학』은 서울대 사범대생뿐 아니라 전국의 교사 지망생에게 필독서였다. 한국교육사회학회와 한국평생교육학회 회장을 역임해 학계 활동도 왕성했다. 30여 년간 강단에 서 제자도 많았다. 하지만 부총리를 역임하면서 득보다 실이 더 많았는지도 모른다.

김신일이 교육부 수장이 됐을 때는 노무현 정부 말기였는데 교육부는 일에 파묻혔다. 3불 정책 강요→대입 내신 반영률 파동→로스쿨 정원 진통→특목고 체계 개편까지 바람 잘 날이 없었다. 김신일은 교수 때는 "교육은 자율이 핵심"이라고 강조했다. 그러나 부총리가 되고 나서는 소신을 접을 수밖에 없는 상황이 됐다. 딱한 마음이 들었다. 학자 시절엔 덕망 있는 교수로, 또 가끔은 암벽등반을 하며 건강을 다졌던 그였지만 장관 자리가 심신을 지치게 한 정권 말기였다.

그가 교육부 장관이 됐을 때 그의 저서 『서울대 김신일 교수의 교육생각』(2006년 2월·학지사)을 읽었다. 다음 내용이 인상적이었다. "교육문제에 관한 논의가 전문 학자나 정부 관료들에게 독점되면 한 나라의 교육은 건강하게 발전할 수 없다…교육정책을 대통령 임기와 연계시키지 말아야 한다. 장기적으로 추진해야 할 정책을 임기 내에 열매를 따기 위해 무리하게 추진했기 때문에 실패하였다."

구구절절이 옳은 말이었다. 특히 장기적으로 추진해야 할 정책을 임기 내에 완성하려다 실패한다는 얘기는 노무현 정부의 로스쿨(법학전문대학원) 사태를 예견한 것 같아 묘했다. 평생 쌓은 학자의 명망이 흔들리는 순간, 김신일 부총리는 뜻밖의 강단을 보였다. 노무현 대통령이 경상남도 지역에 '로스쿨 추가 지정'을 강압하자 거부했다. 그리고 사표를 냈다. 2008년 2월 4일이었다. 이명박 정부 출범을 20일 남겨둔, 당연히 20일은 더 장관직을 수행해야 할 시점이었다. 사표를 낸 김신일도, 괘씸죄로 사표를 즉각 수리한 노무현도 의외였다.

▮ 대노한 노무현, 김신일 사표 전격 수리

당시 상황은 이랬다. 김신일 부총리는 2008년 2월 4일 로스쿨 예비인가 대학을 발표했다. 전국 25개 대학이었다. 그런데 경상남도에 있는 대학이 없었다. 당시 청와대는 김 부총리에게 경상대를 포함할 것을 종용했다. 김 부총리는 따르지 않았다. 그는 "총정원을 증원하는 경우 지역 균형 발전을 최우선으로 고려해 예비 인가에서 제외된 지역에 추가로 선정하겠다"고 밝혔다. 청와대에는 "법학교육위원회에서 많은 논의를 거쳐 어렵게 결정한 것이다. 위원회가 워낙 어렵게 여러 가지를 감안해 만든 것이라 그걸 존중해 갈 것"이라고 강변했다. 당시 상황을 취재하던 나는 고심이 가득한 김 부총리의 모습을 보았다. 천호선 당시 청와대 대변인은 "경남이 제외된 것은 '1광역단체 1개교'의 최소 원칙에서 볼 때 보완할 필요가 있다"며 불쾌감을 표시했다.

그러자 김신일 부총리는 당시 문재인 비서실장에게 전화로 사의를 표명했다. 그날 저녁 노무현 대통령은 김 부총리의 사의 표명 보고를 받았다. 그리고 다음 날 아침인 2008년 2월 5일, 김신일 부총리의 사표를 수리했다. 당시는 2월 24일 정권 교체가 예정돼 있어 김 부총리가 그만둘 시점이 아니었다. 그런데 노무현 대통령은 즉각 사표를 수리했다. 얼마나 화가 났었는지 알 수 있다. 김신일의 강단에 로스쿨의 기조는 흔들리지 않았다. 만일, 그가 청와대를 비롯한 정치권의 압력을 견뎌내지 못했다면 로스쿨은 '누더기'가 됐을지도 모른다. 평생의 소신을 접을 수밖에 없었던 김신일은 마지막 순간에 학자적 양심과 자존감을 회복했다. 다행스러운 일이었다.

후일 김신일 부총리는 당시 상황을 이렇게 말했다. "워낙 압력이 거셌어요. 그래도 흔들리면 로스쿨 선정의 공정성이 흔들린다고 생각했어요. 사표 쓸 각오로 원칙을 지켰고 결국 사표를 썼어요. 정권 말기고 대통령 임기가 20일밖에 안 남은 상황이어서 사표를 수리할 줄은 몰랐어요. 노무현 대통령도 대단하지요."

김신일 부총리는 2008년 2월 5일 교육부를 떠났다. 2006년 9월 20일 교육부 수장에 오른 지 1년 4개월 만이다. 그는 이임식에서 "새 정부의 교육정책이 5·31 개혁의 흐름을 되돌리거나 특정 계층과 집단의 이익에 휘둘리는 일이 없기를 간절히 바란다. 무엇보다 대학입시는 상급학교가 하급학교를 지배하는 수단이 돼선 안 된다. 이 원칙이 앞으로 확실하게 지켜져야 한다"고 강조했다.

충북 청주 출신으로 청주고와 서울대 교육학과를 졸업한 뒤 40년 동안 교수로 일했던 학자의 마지막 당부였다. 그의 당부는 교육부에 녹아들지 않았다. 박근혜·이명박·문재인·윤석열 정부를 거치면서 교육정책은 특정 계층과 집단의 이익에 휘둘렸다. 대학입시는 상급학교가 하급학교를 지배하는 체제가 고착했다. 그리고 교육부는 퇴보했다.

특별교부금에 무너진 김도연

이명박(MB) 정부의 초대 교육과학기술부 장관은 김도연(2008년 2월 29일~2008년 8월 5일)이다. 김도연 장관은 경기고와 서울대 재료공학과를 졸업한 뒤 KAIST에서 석사 학위, 프랑스 블레즈파스칼대학에서 박사 학위를 받았다. 무기재료공학 분야 전문가로 200편이 넘는 논문을 발표했고 서울대 공과대 학장을 지냈다. 하지만 장관으로 발탁될 당시 교육계에선 무명씨에 가까웠다.

김도연은 서울대 공대 학장 때 대입 개혁과 차별화 교육을 강조한 적이 있다. 그래도 교육계는 그의 등용을 의외로 받아들였다. 당시 이명박 정부는 다른 인물을 발탁할 것으로 알려졌었다. 그런데 그 유력 후보자가 검증 과정에서 문제가 있었다는 설이 돌더니 김도연이 발탁됐다. 필자는 김도연 장관과는 연이 없었다. 인사청문회 전까지 개인적인 취재 통로가 별로 없었다. 답답했다. 김도연 장관은 인사청문회에서 이렇게 말했다.

공학도 출신 김도연 교육과학기술부 장관은 실용주의 학풍을 견지했다.

"이명박 대통령이 직접 전화를 걸어 장관을 맡아달라고 했습니다. 저는 '능력이 부족하다'고 고사했습니다. 대통령은 정부 조각에 교육과학기술부가 아주 중요하니 꼭 맡아달라고 계속 요청하시며 힘을 실어주셨습니다. 그래서 맡게 됐습니다."

▌공학도의 첫 교과부 장관, 한 지붕 두 가족

김도연 장관은 새로 탄생한 교육과학기술부를 이끌었다. 교육부와 과학기술부를 합쳐 교육과학기술부(교과부)가 된 만큼 조직의 덩치가 컸다. 만일, 두 부처가 합치지 않고 교육부가 그대로 있었다면 김도연은 장관이 안됐을 수도 있다. 교육부와 과학기술부를 합치는 과정에서 공학자 출신의 장관이 필요했을 수 있다.

교과부는 특이했다. 출입기자도 둘로 나뉘었다. 교육기자와 과학기자다. 교육기자는 과학 분야에 관심을 두지 않고, 과학기자는 교육 분야에 얼씬도 하지 않았다. 서로 '나와바리(영역)'를 건드리지 않았다. 교육과 과학의 화학적 융합이 잘 안됐듯, 기자단도 양분된 셈이다. 교육과학기술부의 실패를 예견하는 듯했다.

김도연 장관은 취임하자마자 여러 상황을 맞이했다. 수능 등급제 폐지와 내신 반영 자율화, 영어 공교육 강화, 학교 다양화, 교직사회 개혁은 그의 철학과 맞는 듯했다. 그렇지만 관료 조직을 이끌며 통폐합 후유증을 추스르는 것은 만만치 않았다. 획일적 관치에 익숙한 교육 관료와 과학 관료를 융합하고 이해가 첨예한 두 분야 업무를 조율해야 했다. 현안도 몰려왔다. 로스쿨 정원 배분 문제는 법정 소송으로 비화했고, 영어교육 개혁은 '아륀지' 파동으로 휘청거렸다. 초·중등 업무도 만만치 않았다. 게다가 당시는 전교조의 저항이 거셌다. 전교조는 MB의 교육정책을 '신자유주의 경쟁 정책'이라며 반기를 선언했다.

당시 교육계에선 이주호 청와대 교육과학문화수석이 교육을 좌지우지한다는 설이 파다했다. 대통령직인수위원회 교육 간사를 맡았던 이주호 수석은 "장관 따라 정권 따라 바뀌는 입시제도에 신물이 날 지경이다. 입시 고통을 해소하려면 대입을 자율화하고 다양한 학교를 많이 만들어야 한다"고 주장했다. 그의 이런 주장은 『평준화를 넘어 다양화로』(학지사, 2006)에 더 강력한 주장으로 세상에 알려진 터였다.

당시 공무원 사이에서는 "교육은 이주호, 과학은 김도연이 맡고 있다. 김도연은 사실상 과학 장관이다"라는 말이 나돌았다.

그러나 김도연 장관은 담대했다. 김 장관은 필자에게 웃으면 이런 농을 했다. "제 키가 1m 89cm입니다. 교육의 미래를 멀리 내다보라고 발탁했다고 생각해요." 그는 역대 정부의 국무위원 중 최장신이었다. 그의 높은 안목이 교육과 과학의 화학적 결합을 만들어 내고 새로운 성과를 낼 것으로 기대했다.

▮ 교수들 경쟁 기피 만연, 뒤처지면 퇴출시키자

2006년 10월 12일 서울 중구 태평로. 서울대 공대 학장이던 김도연은 제7회 인적자원개발 연구포럼(HRD-R&D)에서 '한국 이공계 대학 어디에 있나'라는 주제의 발표를 했다. 요지는 이랬다. "교수사회가 경쟁은 기피하고 무차별적 평등만을 추구하는 집단이기주의에 빠져 있다. 교수들이 실무경험이 부족해 이론과 공급자 중심의 전통적 교육을 하는 바람에 학문과 학생 수준을 떨어뜨리고 있다. 동료를 과잉보호하거나, 전공 간에 벽을 쌓고 교류를 거부하거나, 학부 교육에 열의를 보이지 않는 등 교수사회에 경쟁 기피 풍조가 만연하다."

열정적인 발표는 신선했다. “서울대 학장이 저런 자아 반성을 쏟아낼 수 있는 용기가 있다니 대학에 지성이 살아 있다”고 생각했다. 그가 당시 강조했던 포인트는 지금 되새겨 봐도 옳다. “과학기술논문인용색인(SCI) 논문 증가율이 세계 1위 수준이지만 연구 결과를 활용하지 못하고 있다. 실적 올리기에 급급해한다. 한국 대학이 세계적 수준으로 뻗어가려면 교수사회부터 변화해야 한다. 엄정한 평가를 통해 무능한 교수는 퇴출하는 혁신이 필요하다.” 대학에도 시장·경쟁 원리를 도입해 매너리즘에 빠진 교수를 걸러내고 연구를 활성화해야 한다는 그의 주장은 한 마디도 버릴 게 없었다.

그런 신선한 주장을 했던 김도연 장관이기에 담대하게 대학 사회의 변화를 이끌 것으로 기대했다. 대학 사회가 바뀌면 대한민국의 경쟁력이 그만큼 강해질 수 있다는 생각도 했다. 더구나 교육과 과학계를 아우르는 장관 아닌가.

▌교육관료 특별교부금 사건으로 조기 낙마 불운

사고는 엉뚱한 데서 터졌다. 바로 교과부의 ‘모교 특별교부금’ 사건이다. 2008년 5월 22일, 문화일보가 1면 톱으로 ‘교과부 간부들 모교에 나랏돈 퍼주기’라는 제목의 기사를 보도했다. 교과부 간부들이 5월 스승의 날을 전후해 자신이 졸업한 모교를 방문해 학교발전기금 명목으로 특별교부금 500만 원씩을 지원했다는 내용이다. 교육 관료들은 그동안 자신의 출세 소식도 알릴 겸 연례 행사로 스승의 날을 전후해 모교를 방문해 관행적으로 교부금을 전달해 왔다. 다른 학교가 아닌 모교에 나랏돈을 쥐어주는 것은 논란의 소지가 있음에도 관료들의 도덕 불감증이 관행이 됐던 시절이었다. 하필 그런 사실이 김도연 장관이 취임한 지 석 달 만에 알려진 것이다.

당시 이 기사를 보도한 문화일보 기자는 하필 교육부 기자실 자리가 필자 바로 옆이었다. 낙종한 기자의 신산함, 기자라면 누구나 느껴봤을 것이다. 물을 먹으면 다음엔 물을 먹여야 하는 게 기자들의 생존법칙이니 말이다. 김도연 장관은 "관료들의 관행적인 행사였다"는 말을 믿고 처음엔 대수롭지 않게 생각했던 모양이다. 교과부는 2008년 5월 22일 발표문을 통해 "모교만 지원한다는 비판과 지적은 겸허히 수용한다. 사회적 물의를 일으킨 점에 대하여 유감스럽게 생각한다"라는 내용의 유감을 표명했다.

하지만 국민적 정서에 반하는 안일한 대응이었다. 국민 세금을 마치 쌈짓돈처럼 생색내면서 모교에 지원한 것에 대해 "깊이 반성하고 다시는 그런 일이 발생하지 않도록 하겠다"고 머리를 조아렸어야 하는데 '유감'이란 표현을 써 여론이 나빠졌다. 교육계가 들고일어났다. 학부모들의 비난도 빗발쳤다.

그때 김도연 장관이 신속하게 대응했어야 했다. 직접 나서 대국민 사과를 하고 장관직을 걸고 잘못된 관행을 발본색원하겠다고 천명했더라면, 여론이 바뀌었을지도 모른다. 그런데 김 장관은 2008년 5월 24일 긴급 실·국장 회의를 소집해 "진심으로 사과한다"고 말했다. 물론 국민에게 사과한 것으로 이해가 되지만, 회의에 참석한 실·국장 앞에서 그런 언급을 한 것은 부적절했다. 그릇된 행동을 한 실·국장도 있는데 그 앞에서 사과하는 것이 말이 되느냐는 비판이 나왔다. 당시 김도연 장관에게 올곧게 방향을 제시하는 관료가 있었다면, 일이 꼬이지는 않았을 것이라고 필자는 생각했다.

결국 김도연 장관은 마이크 앞에 섰다. 5월 26일 기자간담회를 통해 “진상 파악을 해보니 학교 방문을 한 실·국장은 모두 7명이며, 이 중 간부 2명이 자녀학교를 방문한 후 특별지원금 지원을 약속하고 온 것으로 파악됐다. 모교를 방문했다는 자체만으로도 사회적 물의를 빚을 일인데 자녀학교를 방문했다는 것은 더더욱 문제다. 본인들이 책임을 통감하고 있지만, 인사조치하겠다. 잘못한 것을 인정하고 사과한다. 사과와 유감의 차이가 이렇게 큰 줄은 몰랐다”라고 말했다. 그리고 간부 두 명을 대기 발령했다.

당시 필자는 김 장관이 기자 간담회를 자청한 것은 청와대와의 교감이 있었던 것으로 해석했다. 당시 이주호 수석은 ‘왕수석’으로 불렸다. 교과부 관료들은 보고서를 가지고 수시로 수석실을 들락거렸고, 이 수석 스스로 “교육은 내가 챙기겠다”고 한 것으로 알려졌다. 교육부 출입 기자들은 “어느 국실장이 청와대에 다녀왔다”는 얘기가 돌면, 그 국실장을 중심으로 취재 경쟁을 벌였다. 그만큼 당시 이주호 수석의 입김이 교과부에 영향을 미쳤던 것은 사실이다.

애초에 교과부는 “모교 방문은 27년간 이어져 온 관례”라면서 어물쩍 넘어가려고 했다. 스승의 날을 앞두고 전 직원에게 “5월 6일부터 16일까지 전 직원이 모교, 자녀 학교를 중심으로 방문 학교를 선택해 은사 방문, 1일 교사 체험, 교육정책에 대한 일선 학교 반응 청취 등을 하라”고 독려한 사실도 공개했다. 교과부 간부는 김 장관에게 이런 관행을 보고했고, 장관은 관례라고 하니 정무적 판단 없이 행사를 승인했다. 학교 현장의 목소리를 생생하게 듣는다는 취지는 바람직하다. 그런데 특별교부금을 자녀 학교에 지원한다는 것은 그 자체가 일종의 촌지성 특혜로 비추어질 수도 있다. 당시 교과부는 ‘촌지 안 주고 안 받기 운동'을 하고 있었으니, 민심이 들끓을 수밖에 없었다.

김도연은 초대 교과부 장관으로서 제 역할을 하기 힘들었다. 산적한 교육과 과학 과제도 힘 있게 추진할 동력을 잃었다. 결국 2008년 8월 6일 장관 취임 160일 만에 물러났다. 행정에 대한 미숙함이 빚은 불행이었다.

▌교과부 장관 물러난 뒤 더 유명해져

김도연 장관은 재임 기간이 짧아 사실 국민에게 많이 알려지지는 않았다. 그런데 김 장관의 교육계 활동은 장관직에서 물러난 이후 더 왕성했다. 교과부를 떠난 뒤 울산대 총장과 울산학원 이사장, 포스텍 총장, 국가과학기술위원회 초대 위원장을 역임했다. 언론에도 활발하게 칼럼을 기고하며 교육개혁을 주장하고 있다. 김도연 장관은 대학의 역할론에 대해 이렇게 말했다.

"대학의 역할은 교육과 연구이고 교육의 궁극적인 목표는 사회에 나가서 활동할 수 있는 인재를 기르는 것이다. 대학의 학문적 역할이 줄어들고 있다는 지적이 많지만, 연구를 하는 사람들보다 취업하는 사람들이 더 많으므로 당연히 대학이 가장 신경 써야 할 지표는 취업률이고 대학은 학생들의 취업에 신경을 써야 한다."

연구와 교육의 역할 중 대학은 교육에 더 신경을 써야 한다는 실용주의 학풍을 갖고 있었다고 평가할 수 있는 대목이다.

김도연 장관을 퇴임 후 몇 번 만났고 인터뷰를 한 적이 있다. 중앙일보 논설위원으로 일하던 2016년 11월 30일, 필자는 당시 김도연 포스텍 총장과 노벨상 수상자인 노요리 료지(野依良治) 일본 나고야대 교수를 조선호텔에서 만나 특별 대담을 했다. 장관에서 총장으로 변신한 김도연 총장은 “강의실에 앉아 교수의 수업을 듣는 전통적 교육의 형태를 탈피하고, 전공학문 간의 벽도 낮춰서 나무가 아닌 숲을 볼 수 있도록 해야 한다”며 교육개혁을 강조했다. “연구도 인생도 긴 시야로 마음을 넓게 가지고 과감하고 쾌활하게 도전해야 한다”는 그는 젊은이들 속으로 들어가 있었다. 짧은 장관 재임 시절의 고통스러운 경험이 그에게 세상을 보는 키를 더 높게 한 것 같은 인상이었다.

문뜩 장자의 말이 생각난다. “벼슬자리는 잠시 머물러 가는 자리일 뿐 자신이 잡으려 해도, 또 그만두려고 해도 마음대로 되는 자리가 아니다.”

MB와 테니스 친구 안병만

"MB는 오른손잡이고 나는 왼손잡이라 궁합이 잘 맞았어요. 둘이 짝을 이뤄 복식을 하면 최강이었어요. MB는 스트로크, 난 백핸드를 잘해요. 테니스, 정말 잘 쳤는데."

2008년 10월, 서울 세종로 정부중앙청사 교육과학기술부 장관실. 안병만 장관(2008년 8월 6일~2010년 8월 30일)과 단독으로 만났다. 안 장관이 테니스를 좋아한다는 얘기를 들은 터라 인사치레로 테니스 얘기를 꺼냈더니 뜻밖에 이명박 대통령(MB) 얘기를 했다.

"MB는 승부욕이 강해 테니스를 칠 때 절대 봐주지 않아요. 둘이 복식조로 나서면 호흡이 척척 맞았는데, 단식으로 붙으면 정말 치열했어요. 겨우 받아서 넘겼는데 강하게 내리꽂는 거예요. 허허. 그때 기분은 운동해 본 사람은 다 알지요. 나도 그런 찬스가 오면 더 강하게 내리꽂았어요. 승부는 승부니까."

'수능-EBS 70%' 연계를 도입한 안병만.

안병만 장관과 이명박 대통령은 테니스 친구였다. 둘은 친했다. 테니스 회합은 2007년 12월 22일에도 이어졌다. MB가 대통령에 당선된 직후 첫 주말이었다. 서울 종로구 삼청동 안가(安家)에서 2박 3일간의 휴가에 들어간 MB는 어김

없이 테니스를 쳤다. 그때도 안병만은 안가 테니스장에 나타났다. 보통 인연이 아닌 것은 분명했다.

그런 보도가 떠올라 테니스 얘기를 슬쩍 건드린 것인데, 안 장관이 먼저 테니스 얘기를 한 것이었다. 그럼에도 '황제 테니스' 얘기를 하기는 곤란했다. 첫 만남 자리였으니 말이다. 머리가 복잡했다. 첫술에 배부르랴. 교육과 과학 정책 얘기, 한국외국어대학교 총장 재임 시절의 얘기로 첫인사는 끝났다.

2009년 봄, 안병만 장관과 다시 만났다. 당시 교육과학기술부 공병영 장관 비서실장이 필자가 쓴 수능 관련 칼럼을 안 장관에게 보고했고, 안 장관이 한번 보자고 해서 다시 만날 기회가 생겼다.

"MB는 돈에 철저해 공짜로 테니스 치지 않아"

이번엔 단도직입적으로 테니스 얘기를 꺼냈다. MB의 대선 후보 시절 불거졌던 '황제 테니스' 논란의 궁금증이 여전해서였다. 당시 취재수첩 내용을 복기하면 이랬다.

-황제 테니스 논란이 있었는데 부담이 있었겠어요?

"나야 뭐 잘 모르고 쳤어요. 편하게 치긴 했는데 그건 오해고 음모였어요. 우리가 공짜로 친 적은 없는 것으로 기억해요. MB는 돈도 많지만 계산은 철저했어요. 경쟁 후보 캠프에서 표 갉아먹으려고 터트렸던 겁니다."

안병만 장관은 그렇게 말했지만, 진실 여부는 알 수 없었다. 당시 황제 테니스 논란이 워낙 뜨거웠고, 추후엔 군부대에서 제2의 황제 테니스 논란도 있었기 때문이다. 아무튼 MB와 친했던 안병만은 MB

가 당선되자 대통령 직속 미래기획위원장을 맡았다. 그리고 김도연 장관에 이어 이명박 정부의 두 번째 교과부 장관에 발탁됐다. 안병만 장관은 사실 그립을 꽉 잡는 리더는 아니었다. 한국외국어대 총장을 두 번이나 역임한 관록이 있어서인지 정책을 서두르거나 밀어붙이지 않았다. 어떤 때는 답답함을 느낄 정도로 신중하고 신중했다.

안병만 장관은 청문회 없이 임명된 교육부 장관 1호다. 2008년 8월, 당시 18대 국회의 원 구성 협상이 여야 이견으로 지연되자 MB는 안 장관을 그대로 임명했다. 안병만은 장관으로 임명된 지 한 달 뒤인 같은 해 9월 초 정기국회가 열리면서 상임위 차원에서 '사후 인사 검증'을 받았다. 그러나 장관직을 수행하던 상황이어서 '선친의 친일 논란', '한국외대 총장 시절 연구비 편법 집행 논란' 등 국회의 지적은 곁가지일 뿐이었다. 윤석열 정부에서 인사청문회 없이 임명된 박순애 장관도 '만 5세 취학' 파동이 없었더라면, 자질 논란에도 불구하고 장관직을 유지했을지도 모른다.

▌EBS 수능 70% 연계, 수능의 EBS 종속의 시작

한국외국어대 총장을 두 번 역임한 안병만 장관은 행정학자였다. 교육계는 그를 정통 교육 전문가로 보지 않았다. 대한민국 교육은 '서울대 교육학과' 출신이 지배한다는 말이 나오던 시절이어서 보수교육계는 안 장관에게 냉담했다. 더구나 안 장관 앞에는 숱한 과제가 놓여 있었다. 교원평가제 도입, 국제중학교 설립, 사교육비 대책, 공교육 경쟁력 강화, 학교 다양화 등 어느 분야 하나 만만치 않았다. 무엇보다 교육계와 교육 관료의 '텃세'가 드셌다. '나는 박힌 돌, 장관은 굴러온 돌'이라는 분위기가 교육 관료들 사이에 있었다. 정권 탓만 할 뿐 정책 혼선을 책임진 관료는 거의 없었다.

김도연 장관 시절 '스승의 날' 특별교부금 지원을 기획하고 집행한 관료, 노무현 정부 때 대학자율화를 억누르고 로스쿨 지역 나눠주기 총대를 멘 관료, 3불 정책과 수능등급제 '완장'을 찼던 관료가 건재했다. 사실 이 책에서 '불편한 진실'을 얘기하면서 등장인물의 실명을 다 밝히고 싶었지만, 자제할 수밖에 없는 고충이 있었다. '영혼 없는 공무원'이 아니라 '영혼 없는 교육정책'을 한 정권이 죄인이라고 생각해서다.

안병만 장관은 소통을 잘하는 편이었다. 기자실에도 자주 내려오고 기자들과도 제법 어울렸다. 언론과 접촉을 잘 하지 않았던 노무현 정부의 김신일 장관과 대조적이었다. 사실 김신일 장관은 관료들이 "실수를 할 수 있다"며 원천적으로 언론 접촉을 막은 측면이 있다.

안 장관은 의외로 고집이 있었다. 대입 수능시험에 EBS 강의 내용을 70%까지 반영하도록 했다. '수능-EBS 70%' 연계는 그렇게 시작됐다. EBS 교재의 영어 지문을 한글 해석을 달달 외우면 본 수능에서도 똑같은 지문이 나와 영어 실력이 없어도 문제를 풀 수 있었다. EBS-수능 70% 연계는 그런 코미디 상황을 연출했다. 수능의 EBS 종속, 어처구니없는 일이었다. 그래도 아무도 이의를 달지 않았다. 학교 교재를 놔두고 EBS 교재에서 문제를 내다니, 공교육을 들러리 세우는 일이었다. 필자를 포함한 교육기자는 둔감했다. 후회스러운 일이다.

당시 교과부 제1차관은 이주호(2009년 1월~2010년 8월)였다. 당시 이주호 차관은 안병만 장관 임기 동안 차관으로 일했고, 안 장관이 물러난 뒤 장관으로 영전했다. 교과부 내부와 출입기자 사이에서는 대통령실 교육과학문화수석을 지낸 이주호 차관이 안 장관을 패싱할 정도로 교육 쪽을 지배하고 있다는 얘기가 돌았다. 장관을 뒷받침하는 역할이 아니라 장관 역할을 하는 '왕차관'이란 별명이 생긴 연유다.

안 장관은 필자에게 이렇게 얘기했다. "이주호 차관이 젊어서 그런지 일을 열심히 해요. 열심히 하니 좋지 뭐. 너무 열심히 한다는 얘기는 나도 잘 알고 있어요. 잘 지켜보고 있어요. 가끔 오버하는데, 걱정하지 마세요, 양 기자."

2022년 81세로 별세, 온화한 교육 행정학자

안병만은 장관직에서 물러난 뒤 2011년 국가교육과학기술자문회의 부의장, 2018년 한미교육문화재단 이사장 등을 역임하며 교육계에 적지 않은 영향을 끼쳤다. 안병만 장관은 지병으로 2022년 5월 31일 별세했다. 향년 81세였다. 1941년 충북 괴산 출생으로 경기고와 서울대 행정학과를 졸업한 그는 '풀브라이트(Fulbright)' 프로그램의 혜택을 받아 유학길에 오른 뒤 미국 플로리다대에서 정치학 박사 학위를 받았다. 명지대 행정학과에서 잠시 교단에 섰다가 1975년 한국외국어대로 옮겨 2006년 정년 퇴임했다. 1994~1998년과 2002~2006년 두 차례 한국외국어대 총장을 역임한 이력을 갖고 있다. 그는 총장 재임 기간 한국외대 부속 용인외국어고와 사이버한국외대를 설립하는 등 한국외국어대의 글로벌화에 공헌했다는 평을 받았다.

'황제라면' 오해, 교육 정통파 서남수

세월호 침몰 사고 당일인 2014년 4월 16일, 서남수 교육부 장관은 급히 진도로 내려갔다. 학생 교육을 책임진 주무 부처 장관으로서 가슴이 아팠고 황망했다. 당시 서 장관은 실종자 가족들이 머무는 진도 실내체육관으로 가던 중 잠시 화장실을 가기 위해 휴게소에 들렀다. 수행 직원이 "점심도 못 드셨으니 간단히 요기라도 하고 가시죠"라고 권했다. 서남수 장관도 "그렇게 하는 게 좋겠다" 싶어 우동으로 간단히 요기했다. 끼니를 거르고 진도에 가서 식사하는 것은 예의가 아니라고 생각한 것이다.

서남수 장관이 오후 4시쯤 진도 실내체육관에 도착했을 때 현장은 침통했다. 실종자 가족들이 속속 도착하고, 자원봉사자는 체육관 안을 정비하느라 분주했다. 현장을 둘러보며 상황을 점검하던 서 장관은 먼저 와 있던 박준영 전남지사와 장만채 전남교육감을 만났다. 두 사람은 식사를 거른 터라 마침 컵라면을 먹으려던 참이었다.

교육부 관료 출신 최초의 교육부 장관 서남수.

박준영 지사가 "장관님, 먼 길 오시느라 고생하셨습니다. 같이 드시죠"라고 권했다. 서 장관은 "괜찮다"며 사양했지만, 장만채 교육감도 "같이 드시죠"라며 다시 권했다고 한다. 훗날 서남수 장관을 만났을 때 그때 상황이 정말 그랬는지를 송구하게도 물어봤다. 기자의 숙명이었다.

“황급하게 휴게소에서 우동으로 요기하고 현장에 갔어요. 제가 컵라면을 먹고 싶었겠어요? 박준영 지사와 장만채 교육감은 식사도 못하신 상태라 짬을 내 요기를 하려던 참이었더군요. 당신들만 드시는 게 그랬던지 자꾸 권하셨어요. 사양했는데 계속 그러는 게 결례인 것 같아 저도 한 젓가락 들었어요. 속으로는 정말 ‘이건 아닌데’ 싶었는데요.”

사달은 그 순간 벌어졌다. 교육부 장관이 현장에 온 걸 확인한 오마이뉴스 기자가 서 장관이 라면 먹는 장면을 찍었다. 함께 라면을 들던 이들은 사진에 나오지 않았다. 서 장관만 클로즈업한 사진을 촬영했다.

오마이뉴스 기자는 “팔걸이 의자에서 라면 먹고… 장관님, 여기 왜 오셨나요?”라는 제목의 기사를 사진과 함께 내보냈다. 그 기사는 국민적 공분을 샀다. 피해 학생들과 가족들이 바닥에 앉아 있는 장면과는 대조적으로 서 장관이 의자에 앉아 컵라면을 먹는 장면이 묘하게 오버랩됐다.

그 장면은 ‘황제 라면’ 사건으로 희화돼 여론의 질타를 받았다. 박준영 지사도 곤혹스러웠다. 서 장관이 여론의 뭇매를 맞자, 박 지사는 서 장관에게 “미안하게 됐다”는 마음을 전했다고 한다. 하지만 서 장관은 언론에 해명하지 않았다. 당시 분위기로는 해명한다는 것 자체가 더 이상한 상황이었다. 해프닝으로 넘어갈 일이었는데 여론은 더 악화했다. 당시 민경욱 청와대 대변인이 서남수 장관을 두둔하려다 외려 불난 집에 기름을 부었다.

2014년 4월 21일, 민경욱 청와대 대변인은 청와대 춘추관에서 기자들과 만나 '오프 더 레코드'(off the record, 비보도)를 전제로 이렇게 말했다. "서 장관이 라면에 계란을 넣어서 먹은 것도 아니고 끓여서 먹은 것도 아니다. 쭈그려 앉아서 먹은 건데 '팔걸이 의자' 때문에. 또 그게 사진 찍히고 국민 정서상 문제가 돼서 그런 것이다."

그러나 기자 출신인 민경욱 대변인의 오판이었다. 국민적 관심을 끈 이슈인데 기자들이 '오프 더 레코드'를 지킬 리 없었다. 여러 매체를 통해 이런 발언이 알려지면서 여론은 더 나빠졌다. 서남수 장관은 더 궁지에 몰리는 처지가 됐다.

서남수 장관은 거듭 운이 없었던 것 같다. 세월호 사건 직후인 4월 18일, 경기도 안산의 희생자 장례식장을 찾았을 때도 일이 생겼다. 서 장관 수행원이 유족들에게 "교육부 장관님 오십니다"라고 귓속말하자 유족들이 거세게 항의했다. 본인의 의사와는 상관없는 일이 연거푸 벌어졌다.

박근혜 정부의 초대 교육부 장관(2013년 3월 23일~2014년 8월 7일)을 지낸 서남수는 교육부 역사상 첫 교육부 출신 장관이다. 11일 동안 교육과학기술부 장관을 역임한 후 교육과학기술부가 교육부로 명칭이 바뀌자 1년 6개월간 장관을 역임했다. 두 차례 연임이 아니라 명칭의 문제였다. 정부 조직법에 따라 이명박 정부의 교육과학기술부는 박근혜 정부 때 교육부로 환원됐다.

서남수 장관은 솔직했다. "보여 드리지 말았어야 할 모습을 보인 데 대해 민망하고 모든 일에 책임을 통감한다"라며 거듭 사과했다. 변명은 하지 않았다. 교육부 교육정책총괄과장, 대학지원국장, 서울시 부교육감, 교육부 차관, 위덕대 총장 등 풍부한 교육계 경험을 갖춘 경륜의 서 장관은 결국 2014년 7월 17일 물러났다. 세월호 참사 발생 3개월 만의 일이었다. 박근혜 정부의 초대 교육부 장관의 재임 기간은 17개월이었다.

서남수 장관은 1952년 서울 출생으로 서울고등학교와 서울대 철학과를 졸업했다. 이후 미국 일리노이대에서 교육학 석사, 동국대에서 교육학 박사학위를 취득했다. 1978년 제22회 행정고시에 합격했다. 35년 동안 교육 관료로 일했다. 1985년 전두환 대통령 비서실에서 교육문화 행정관을, 2004년 노무현 대통령 시절에는 교육인적자원부 차관보, 2007년 차관을 역임했다. 공직에서 물러난 뒤에는 위덕대학교 총장(2012년 9월~2013년 2월)을 지내다 교육부 장관에 발탁됐다. 교육부 고위 관료 출신이 지방의 소규모 대학 총장을 맡은 것은 품격에 맡지 않는다는 평이 많았다. 제2의 인생, 현장 공헌을 떠나 격에 맞지 않는다는 지적이 있었다. 교육부 관료 출신이 퇴직 후 세간의 혹평을 듣는 이유 중 하나인데 서남수 장관도 그런 비판을 피하지는 못했다.

결과적으로 교육부에 화려하게 복귀했던 서남수 장관의 퇴진은 아쉬움이 남는다. 교육에 그 누구보다도 정통했고 입시 전문가여서 기대가 컸던 것도 사실이다. 일 처리가 꼼꼼하고 전문성도 남달랐는데 관운이 따르지 않았다.

정말 그럴까. 2014년 3월, 광주광역시의 한 고등학교를 방문했을 당시 서남수 장관의 의전 차가 주차 구역 3칸을 차지한 사진이 보도됐다. 일명 '황제 주차'였다. 장관의 의지와는 전혀 상관없는 일이 또 벌어진 것이다.

서남수 장관이 퇴임한 뒤 자연인이 되었을 때 만났다. 담담했다.

"황제 라면이라는 혹독한 질타는 다 제가 부족해서 벌어진 일이죠. 가슴이 먹먹해요. 공인은 참 어려운 자리죠." 서남수 장관은 변명하지 않았다.

서남수 장관은 교육계의 끈을 놓지 않았다. 장관 퇴임 후 세명대 석좌교수를 지냈고, 2015년부터 2018년까지 4년간 EBS 이사장으로 일했다. 2019년에는 3년 임기의 관정이종환교육재단 이사장을 맡았다. 교육부 관료 출신으로는 드문 명예다. 교육부 관료 출신 최초의 교육부 장관의 이임사는 그래서 아쉬움이 남는다. 2014년 7월 17일의 이임사를 지금 읽어도 이상할 게 없다. 그가 강조한 '교육의 정치적 중립'은 뼈를 때린다. 교육 관료 출신 1호 장관을 지낸 서남수 전 장관도, 그의 후배 교육부 공무원은 대체 그동안 뭘 했단 말인가.

서남수 장관 이임사

존경하는 국민 여러분, 사랑하는 교육 가족 여러분

저는 오늘 교육부장관의 자리에서 물러납니다. 그간의 성원에 감사 인사를 드리기에 앞서,

세월호 침몰 사고 등으로 희생된 어린 학생들, 그리고 이들 곁에서 함께 유명을 달리하신 선생님들을 비롯한 모든 희생자들의 명복을 빕니다. 책임을 통감하며, 유가족과 국민 여러분께 깊은 사죄의 말씀을 드립니다. 어느 덧 세 달이 흘렀지만 여전히 애통한 마음을 금할 길 없습니다. 미안합니다. 잊지 않겠습니다.

박근혜 정부 초대 교육부장관으로서 지난 1년 5개월여 동안 숨 가쁘

게 달려왔습니다. 새 정부에서 추진할 교육 분야 국정과제를 체계화하여 추진 기반을 다지고 중·장기 교육정책의 방향을 정립하는 참으로 보람 있는 시간이었습니다.

특히 우리 교육이 고질적인 입시 위주 교육에서 벗어나 학생 한 사람 한 사람의 꿈과 끼를 키워주는 창의적 교육으로 전환되도록 하기 위해 많은 노력을 기울였습니다. 선행교육 금지 등 공교육 정상화에 필요한 제도적 장치들을 마련하고, 시험 부담에서 벗어나 자신만의 꿈과 끼를 탐색할 수 있는 중학교 자유학기제를 성공적으로 도입했습니다.

지나치게 복잡한 대학입학 전형 방법을 간소화하고 공교육 정상화에 기여하는 대입 전형으로 유도하기 위한 제도적 기반을 조성했습니다. 인성과 창의성을 기를 수 있는 교육의 기본 틀을 만들고 우리 대학입시가 안고 있는 구조적 문제들을 근원적으로 해결하기 위해 문·이과 통합형 교육과정 개발에 착수했습니다. 교육과정과 교과서 개발 체제를 획기적으로 개선하는 작업도 함께 진행하고 있습니다.

대학 구조 개혁의 청사진을 제시했습니다. 조만간 도래할 학생 수 격감에 선제적으로 대응하고, 우리 대학교육의 질적 수준을 높이면서도, 특히 앞으로 큰 위기에 처하게 될 지방대학과 전문대학들도 상생할 수 있는 대학 구조 개혁 방안을 마련해 추진하고 있습니다.

물론 남은 과제도 있습니다. 무엇보다 학교 안팎에서 학생들이 안심하고 학습에 전념할 수 있는 안전한 학교, 안전한 사회 환경이 조성되어야 합니다. 국가 혁신의 차원에서 근원적인 대책을 강구해야 합니다. 학생 안전 교육도 대폭 강화할 필요가 있습니다. 학교 밖 안전은 교통, 건설 등 사회 각 분야가 책임지고 확보해야 할 부분이지만 장기적, 궁극적으로는 교육을 통해서만 진정으로 안전한 대한민국을 만들 수 있습니다. 어려서부터 안전 의식을 철저히 내면화해야만 졸업 후 어떤 분야로 진출하든지 안전의 파수꾼 역할을 할 수 있을 것입니다.

우리 헌법상의 가치인 교육의 정치적 중립성이 걱정됩니다. 교육은 인간과 사회가 지향해야 할 가치를 떠나 생각하기 어렵습니다. 정치 역시 마찬가지입니다. 이 점에서 교육과 정치는 모두 이데올로기의 영향을 받기가 아주 쉽습니다. 현실적으로도 정치적 과정을 거쳐 임명되거나 선출되는 교육부장관이나 교육감이 정치적 영향에서 자유롭기는 어렵습니다. 더구나 교육은 정치의 적극적인 관심을 필요로 합니다. 정치권으로부터 관심을 얻지 못하면 교육은 예산과 입법 등 국가적 지원을 확보하기 어렵습니다.

이런 점에서 교육의 정치적 중립성은 일견 비현실적이라고도 할 수 있으며 본질적으로 구현하기 쉽지 않은 가치입니다. 그럼에도 불구하고 교육의 정치적 중립성은 매우 중요하다고 믿습니다. 특히 정치가 사회 통합의 구심체 역할을 하기 보다 종종 사회적 갈등의 진원지가 되는 우리 현실에서 만약 교육의 정치적 중립성이라는 원칙이 포기된다면, 학교는 파당적 이해관계나 "정치 이념 간의 전쟁터"로 전락하게 될 것입니다. 이 점에서 교육과 정치는 서로 적당한 거리를 유지할 필요가 있습니다. 교육계와 정치권 모두의 이해와 협조가 필요합니다.

저는 우리 교육의 미래를 낙관합니다. 우리나라는 세계에서 가장 열심히 노력하는 학생, 가장 우수한 선생님, 자녀 교육에 가장 헌신적인 학부모님들을 갖고 있기 때문입니다. 다만 중요한 과제가 여전히 남아 있습니다. 우리 교육이 입시위주 교육의 굴레에서 벗어나도록 하는 일입니다. 시험 문제를 반복해서 풀이하는 식의 교육으로는 풍부한 인성과 창의성을 갖춘 인재들을 길러낼 수 없습니다. 어떤 어려움이 있다고 해도 끈질기게 그 길로 나아가야 합니다.

교육부 동료, 후배 여러분.

고맙습니다. 진정으로 고맙습니다. 여러분이 아니면 여기까지 올 수 없었습니다. 갈수록 힘들어지는 행정 환경 속에서도 묵묵히 맡은 소임에 최선을 다해 온 여러분들이 자랑스럽습니다. 자부심을 가지십시오. 여러분들의 헌신과 공헌이 제대로 평가 받는 날이 반드시 오고야 말 것입니다. 여러분들이 있기에, 여러분들을 믿기에 가벼운 발길을 내딛습니다.

안녕히 계십시오. 감사합니다.

2014. 7. 17.

교육부장관 서 남 수

<2014. 7. 17 교육부 보도자료>

황우여의 '우려'되는 교육정책

2014년 7월 15일, 박근혜 대통령은 황우여 새누리당 의원을 사회 부총리 겸 교육부 장관 후보자로 지명했다. 박 대통령은 같은 해 6월 13일 김명수 한국교육학회 회장(한국교원대 명예교수)을 후보자로 지명했으나 실패했다. 김명수 회장은 지명되자마자 논문 표절 문제와 연구비 부당 수령, 승진 심사에서 표절 논문 제출 등 여러 의혹이 줄줄이 터졌다. 김명수 후보자는 청문회에서도 제대로 답변하지 못하고 "30초만 숨 쉴 시간을 달라"고 했다. 자질 문제가 더 불거져 만신창이가 됐다. 김 후보자와 아는 사이였던 나도 실망했다. "아니, 저렇게 답변을 못할 수가 있나. 저분이 어떻게 한국교육학회 회장이지." 답답했다.

결국 김명수 후보자는 지명 32일 만에 낙마했다. 인사청문회까지 거친 후보자의 임명이 철회된 것은 역대 교육부 장관 후보자 중 처음이었다. 박근혜 대통령은 7월 15일 김명수를 철회함과 동시에 황우여 의원을 새 후보자로 지명했다.

법조인 출신 정치인으로서 교육 수장에 오른 황우여.

교육계는 들썩였다. "정치인을 교육 수장으로 지명하다니, 이거 또 태풍이 몰려오겠다"라는 말이 흘러나왔다. 황우여 부총리는 제10회 사법시험에 합격한 법조인 출신이다. 서울가정법원 부장판사, 감사위원, 새누리당 대표와 국회 교육위원장 등을 두루 거쳤다. 제15대~제19대에 걸친 5선 국회의원의 경력은 화려하다. 모나지 않고 두루두루 친한 성품, 웃는 얼굴 속에 감춰진 깊은 내공. 그래서 '어수룩해 보여도 당수(가라데)가 8단'이라는 '어당팔'이라는 별명이 붙었고 지금도 애용된다.

황우여 후보자의 인사청문회는 현관 예우의 전형이었다. 일사천리였다. 2014년 8월 7일 국회 인사청문회, 그리고 바로 다음 날 8월 8일 취임했다. 청문회에서 교육문화체육관광위원회 의원들은 관록의 현직 선배를 예우했다. 법조인 출신 정치인이어서 교육부 장관 후보자의 필수 관문인 '논문' 검증도 없었다. 일부 여당 의원은 '대표님'이라고 부르기까지 했다. 야당 의원들조차 변호사 수임료나 직계 존비속 자료 부실 같은 지엽적인 문제로 대충 넘어갔다. 어찌 보면 교육부 장관의 첫 출발에 외형적인 '우려'는 없었다.

더구나 황우여 부총리는 국회 상임위원회 중 교육위원회에서 13년 동안 활동한 경험이 있었다. 그리고 노련했다. 교육 다자간 협의체 구성이나 자율형사립고 문제 등 예민한 이슈는 "검토하겠다", "노력하겠다", "명심하겠다"라며 의원들의 예봉을 피했다. 교육위 경력을 근거로 "교육을 한시도 손에서 놓은 적이 없다"라고도 했다. 그러자 야당의 '송곳'으로 불렸던 안민석 민주당 의원조차 "유사 이래 가장 밋밋한 인사청문회"라고 했다.

국회 교육 상임위원회 활동을 취재해 보니 발의한 법안은 통틀어 12건이었다. 통과된 것은 1건(2002년 학교급식법 개정안)이었다. 당시 교육위는 '불량 상임위'였다. 의원들은 입법활동을 게을리했다. 황 부총리는 소속 의원 중 입법 건수가 가장 적었다. "당 대표 하랴, 원내대표하라, 지역구 챙기랴", 일이 바빴으니 그랬을 것이다.

▌교육철학은 행복과 사랑, 이쪽 말도 저쪽 말도 잘 들어

황우여 부총리 앞에는 넘어야 할 태산이 많았다. 역사교과서, 전교조, 진보교육감, 자율형사립고, 대학구조조정, 등록금, 사립학교법은 갈등이 격한 이슈였다. 그렇다고 황 부총리는 갈등을 유발하지 않았다. 이쪽 말도, 저쪽 말도 잘 들었다. 경청의 리더십이다. 그래서 우유부단하다는 말을 들었다. 조선시대 황희 정승에 비유되기도 했다. 이쪽 말을 들으면 이쪽이 옳고, 저쪽 말을 들으면 저쪽이 옳다고 했다. 좋게 보면 관후(寬厚)이지만 거꾸로 보면 소신 문제는 그의 아킬레스건이다.

황우여 부총리는 소신과 신념이 애매했다. 들을 건 듣되 균형 있는 판단과 정체성이 명확해야 하는데 그렇지 못했다. 그래서 '우려된다'는 말이 나왔다.

황 부총리는 여러 약속을 했다. "매달 학교를 방문하고, 교육감을 만나고, 자사고 논란에 신중하게 대응하고, 교육감 직선제를 고민하고, 대학구조조정 방향을 재설정하고, 소득연계형 반값 등록금을 완성하겠다." 좋은 약속이었다. 교육은 현장성과 방향성이 중요하기 때문이다. 그런데 구체적으로 들어가면 에둘렀다. 언제, 어떻게 하겠다는 것인지 조금은 모호했다. '무소신·무신념'이 장점이어서 '황우여(黃祐呂) 교육'이 '황우려(黃憂慮) 교육'이 되는 것이 아니냐는 말이 나오기도 했다.

그의 교육철학은 '행복과 사랑'이다. 그는 "목표는 행복이고 수단은 사랑이다. 기성세대의 사랑과 미래세대의 감사가 맞물리면 행복한 교실을 만들 수 있다"라고 강조했다.

▮ 대학 특성화, 평생교육 강조 담론 성과 아쉬워

일 처리는 역시 노련했다. 골치 아픈 현안이나 민원을 당사자 앞에선 대놓고 비판하거나 거절하지 않았다. 오히려 희망을 품게 했다. 현실과 이상이 혼합된 정치적 수사(修辭)의 달인이다. 2015년 5월, 폐교 대학 교수들을 만난 자리에서도 그랬다. 대학 구조조정으로 실직한 교수들이 '폐교대학교수연합회'를 결성한 뒤 황 부총리에게 신분 회복을 요청했다. 그러자 "전원 구제하는 방안을 강구하겠다"고 했다.

연합회는 교육부가 2011년 이후 부실대학으로 판정해 폐교 조치한 6개 대학 교수 180여 명 중 60여 명이 2015년 4월에 만들었다. 건동대·경북외국어대·명신대·벽성대·선교청대·성화대 소속이다. 이들이 "교육부의 강제 폐교로 일자리를 잃었으니 책임을 져 달라"고 하자 황 부총리가 희망을 부풀게 했다. 현행법상 3년 이상 근무한 사립 중등교원은 폐교 시 전환 복직이나 특별 임용 등을 통해 신분 보장을 한다. 그렇지만 이를 대학에 확대 적용할 근거는 없다. 당시 교육부 정책실은 "법적으로도, 현실적으로도 어려운데…"라며 당황해했다. 결말은 예상대로였다.

황우여 부총리는 취업을 강조했다. "취업을 중심으로 대학을 바꿔야 한다"라는 기조 아래 대학구조개혁을 추진했다. 대학을 다섯 등급으로 평가해 그에 상응한 입학 정원과 재정 지원 규모를 결정하는 경쟁 원리였다. 이 평가에서 취업률 비중이 높아 대학의 전공 구조조정을 유도하는 게 핵심이다. 당시 황우여 부총리의 대학구조조정 신호탄이 계속 이어졌다면, 학령인구 감소와 인공지능 시대에 대학의 탄력성이 더 좋아졌을 수도 있다.

필자는 2015년 5월 3일 황우여 부총리를 인터뷰했다. 그는 "가장 역점을 두고 있는 분야는 산학 연계를 통한 일자리 창출"이라고 강조했다.

> "대학의 변화가 절실합니다. 산업현장의 인력 미스매치를 줄이도록 맞춤형 인재를 양성해야 합니다. 그러려면 학과 개편과 정원 조정이 반드시 필요합니다. 취업연계형 주문식 교육 과정을 도입하는 것도 한 방안입니다. 대학이 살아남으려면 다양화 · 특성화할 수밖에 없어요. 정원 감축은 불가피한 현실입니다. 투 트랙으로 가야 해요. 빈 책상을 없애지 말고 앉을 사람을 데려오면 됩니다. 성인 교육의 문을 열어 사내 대학 등에서 어깨너머 공부하는 이들을 흡수하고, 700만 해외 동포에게 문호를 개방하고, 국내 외국인 근로자와 가족을 대학으로 끌어들이는 것입니다."

황우여 부총리의 담론은 10년이 지난 지금도 여전히 유효하다. 이재명 정부의 교육부 장관이 똑같은 말을 해도 하나도 이상할 게 없다. 그만큼 대학의 전공 재구조화를 비롯한 개혁은 여전히 느리고, 대학 문을 열어 평생학습의 장으로 활성화하는 시도는 여전히 공회전을 거듭하고 있기 때문이다. 교육 관료의 책임이고 교육부 장관의 책임이다. 지난 10년의 성적표가 그렇다.

▌국정 역사교과서 확정 고시, 그리고 총선 고배

2015년 11월 3일 정부 서울청사. 황우여 부총리는 중학교 '역사'와 고등학교 '한국사' 교과서를 국정으로 발행하는 내용의 '중·고등학교 교과용 도서 국·검·인정 구분(안)'을 확정해 고시했다. 황 부총리는 "새 역사 교과서는 국민을 통합하고 자랑스러운 대한민국의 미래를 준비하는 역사 교육의 토대가 될 것이다. 다양한 분야의 최고 전문가가 교과서 집필에 적극 참여하도록 해 대한민국의 미래 인재가 양질의 균형 잡힌 교과서로 배울 수 있도록 하겠다"고 브리핑했다. 박근혜 정부에서 논란이 됐던 국정교과서 파동의 시작이었다.

필자는 황우여 부총리가 국정교과서를 고시하기 전에 만나 질문을 한 적이 있다. 취재수첩에 적힌 내용은 이랬다.

> –국정 · 검정 등 역사교과서 발행 방식을 둘러싼 이념 논쟁이 여전합니다.
>
> "사실 국정 · 검정 부분은 조심스럽습니다. 일본은 검인정이긴 하지만 사실상 국정입니다. 국정이라고 해도 올바르게 만들면 검인정보다 나쁘다고 할 수 없어요. 공론화에 부치겠습니다. 그래서 국민이 하라는 대로 하는 게 맞아요. 국민이 의견을 표시하고 있으니 후회 없는 선택을 해야지요. 학교 시험을 치르는 역사 과목은 한 가지로 가르쳐야 합니다. 정답을 두 개, 세 개로 가르치면 분열을 일으키게 됩니다. 장관 개인 의견으로 결정할 사안이 아니므로 충분히 의견 수렴을 하겠습니다."

황 부총리 특유의 '우회' 화법은 여전했다. 재차 물어도 "의견 수렴" "신중히 검토"와 같은 표현으로 에둘렀다. 그런데 그가 박근혜 대통령의 완고한 고집에 밀려 국정 역사교과서 고시의 총대를 멨다. 박근혜 정부는 국정교과서를 밀어붙였지만, 정작 학교 현장에서는 채택을 거의 하지 않았다. 당시 교육부에서 국정교과서를 담당했던 관료들은 문재인 정부에서 한직으로 밀려났다가 윤석열 정부에서 요직에 복귀했다. '교육 정치화'의 상징이었다.

황우여 부총리는 국정교과서의 포문은 열었지만, 그 후 과정에는 관여하지 않았다. 2015년 말에 물러났기 때문이다. 재임 기간은 17개월이었다. 정치인은 연어의 회귀처럼 역시 정치가 고향인 듯하다. 황 부총리 또한 그랬다. 2015년 가을부터 이듬해 총선에 나갈 것이라는 설이 나돌았다. 지역구인 인천 연수구 방문이 잦았고, 정가에서도 황 부총리가 정치로 돌아간다는 얘기가 무성했다. 황우여 부총리는 2015년 12월 총선 출마를 위해 사퇴하고 국회로 돌아갔다. 그리고 여러 곡절 끝에 2016년 자신의 텃밭인 인천 연수구를 떠나 인천 서구을에 전략 공천을 받았다. 석패했다. 그리고 사실상 정계를 떠났다.

정치는 생물이다. 2024년 4월 황우여 부총리는 국민의힘으로 돌아왔다. 총선 패배 후 비상대책위원장을 맡아 4개월간 당을 이끌었다. 그리고 탄핵 정국에서도 역할을 했다. 제21대 대통령선거 국민의힘 선거관리위원장을 맡았고, 국민의힘 공동선대위원장으로 활동했다. 법조인 출신 정치인은 노련했다. 1947년 인천시 출생으로 인천제물포고와 서울대 법대를 나왔다. 쌍둥이 손주 사랑이 남다르다. 법무법인 '황앤씨'의 대표 변호사다.

〈에피소드〉 고대에도 공대가 있나요? 황우여 장관의 한마디

"고대에도 공대가 있나요?" (황우여 부총리)

"… " (염재호 고려대 총장)

"고대에서 필요한 사항이 있으면 말씀하세요." (황우여)

"우리 대학은 우리가 알아서 합니다." (염재호)

2015년 6월 2일 오후 5시 30분. 황우여 부총리 겸 교육부 장관과 염재호 고려대 총장이 고려대에서 만났다. 황 부총리는 고려대 정책대학원 특강에 앞서 총장 접견실에서 50분 동안 간담회를 했다. 대학현장의 목소리를 듣고 소통해 우수 경영 사례를 발굴하고 격려하자는 취지였다.

화기애애해야 할 간담회는 어색했다. 황 부총리가 엉뚱하게 '공대' 질문을 하고, 염 총장은 체면을 중시하는 황 부총리의 제안을 '무시' 했기 때문이다. 황 부총리는 취임 후 중앙대를 시작으로 이화여대, 대구가톨릭대, 한국외국어대, 한밭대, 건양대 등을 잇달아 방문했다. 방문하는 대학마다 환대받아 기분이 좋았던 황 부총리는 고려대에선 썰렁한 대접을 받았다고 생각한 모양이다. 간담회를 마치고 나오는 표정은 굳어 있었다.

당시 간담회에 동석했던 고려대 보직 교수는 이렇게 말했다.

"황 부총리가 옛날 생각만 하고 고대에는 공대가 없는 것으로 착각하신 모양입니다. 어이없는 질문에 염 총장이 농으로 받아넘겨야 했는데 정색했어요. 황 부총리는 민망했던지 '선물' 하나 주려는 듯 필요한 게 없느냐고 하더군요. 그때 염 총장이 썰렁하게 말하자 화가 났던 모양입니다."

교육부 측에서는 당시 한석수 대학정책실장, 배성근 대학정책관, 김재금 대변인이 동석했다. 고려대 측은 연구부총장, 학생처장 등 다수의 보직교수가 배석했다. 당시 현장에 있었던 교육부 간부나, 대학 간부 모두 "썰렁한 분위기였다. 황우여 부총리의 심기가 불편했던 것 같다"고 말했다.

그날 이후 고려대는 묘하게 곤욕을 치렀다. 고려대 세종캠퍼스는 2015년 8월 31일 교육부가 발표한 '대학구조개혁평가'에서 D+등급을 받았다. 정원 감축을 목표로 칼을 겨눈 교육부의 평가 결과는 후폭풍이 거셌다. 조홍연 당시 세종 부총장과 7명의 보직교수는 평가의 책임을 지고 사퇴했다. 세종캠퍼스 학생들은 국가장학금 2유형 수혜 대상에서 제외됐다. 신입생 입학정원도 10% 감축을 권고받았다. 물론 오비이락일지도 모른다. 하지만 그날의 그 사건이 영향을 미치지 않았다고 단언하기는 어렵다.

공학자 이준식의 가시밭 벼슬길

"한 마디로 '나이스 가이(nice guy)' 죠."

박근혜 정부 때인 2015년 12월 21일. 박 대통령이 황우여 부총리 후임으로 이준식 서울대 교수를 사회부총리 겸 교육부 장관으로 지명했을 때 들은 한 줄 인물평이다. 이준식 후보자와 일면식도 없었기에 오연천 전 서울대 총장(현재 울산대 총장)에게 인물평을 부탁했더니, 그렇게 말했다.

"함께 일해 보니 개혁 마인드와 균형감, 정무 감각이 좋았어요, 이성적이고 합리적으로 교육정책을 이끌 겁니다. 좌충우돌하는 성격은 아닙니다." 오연천 총장은 서울대 총장 시절 이준식 후보자를 연구부총장으로 등용해 함께 일했던 경험을 되새겨 어려운 질문을 '좋은 사람(nice guy)'이란 표현으로 응축했다.

선비의 기질과 공학자의 혜안을 펼치지 못한 이준식.

공학자가 교육부 장관에 오른 것은 2008년 김도연 전 교육과학기술부 장관 이후 두 번째다. 김도연 장관 때는 교육과 과학 분야를 합친 교육과학기술부였다. 따라서 공대 교수가 온전한 교육 부처의 수장이 된 것은 처음이다. 서울대 기계항공공학부 교수 출신인 이준식장관은 '공과대학 혁신 전도사'로도 알려졌다. 2014년부터 국가과학기술심의회 산하 공대혁신특별위원회 위원장을 맡아 산업 현장과 공대의 연계를 강화하는 데 힘을 쏟고 있었다. 당시는 공대 이슈가 많았다. 대학과 산업체와의 미스매치가 화두였는데 공학 인력은 부족했다. 산업 수요가 큰 공학 분야의 정원을 더 배분하고 사회 수요가 적은 분야의 정원을 감축하자는 분위기가 많았다. 박근혜 정부가 추진한 산업연계 교육활성화 선도대학 사업인 '프라임'도 그 일환이었다.

이준식 부총리는 30년간 서울대 공대 교수로 재직하며 연구부총장·연구처장·산학협력단장 등 산학협력과 연관성 깊은 보직을 두루 거쳤다. 공학자로서는 역량이 뛰어나지만, 교육계의 복잡한 현안을 잘 풀 수 있을지에 대한 평은 엇갈렸다. 당시 국정 역사교과서 논란이 뜨거웠고 누리과정(3~5세 무상보육·교육) 예산 편성 갈등, 대학구조개혁 등 현안이 산적했기 때문이다. 더욱이 교육부 분위기도 좋지 않았다. 공무원의 꽃인 차관 자리를 '늘공' 대신 '어공'인 이영 한양대 경제금융학부 교수에게 내줬으니 말이다.

교육부 수장은 최초의 교육부 출신인 서남수 장관을 제외하면 줄곧 외부 인사가 차지했지만, 차관까지 그런 경우는 드물었다. 이명박 정부 때 안병만 장관-이주호 차관, 그리고 윤석열 정부 때 이주호 장관-장상윤 차관이 외부 장·차관의 대표적인 상징이다. 박근혜 정부 당시 이준식 장관-이영 차관 체제는 교육부 분위기상 좋지 않았다. 어차피 일은 공무원이 하는 것인데 차관 비(非)교육학자, 장관 공학자 체제가 불안했다. 특히 당시 누리과정 예산 문제가 첨예했고, 국정 역사교과서 갈등은 정점으로 치닫고 있었다.

인사청문회는 시련이었다. 부동산 투기 의혹, 탈루 의혹, 자녀 국적 문제 등이 겹쳐 평생의 명망과 도덕성에 상처를 입었다. 이준식 부총리는 "사려 깊지 못했다. 송구하다. 서민의 애환을 고려하지 못했다"라며 사과했다. 소탈하고 온화한 성격의 그는 힘든 시간을 보냈다.

▌공학자의 외출, 유치원과 초중등 현장 감각 아쉬워

이준식 부총리는 깔끔했다. 2016년 1월 12일 취임에 앞서 서울대에 사표를 제출했다. 대학 교수가 장관으로 임명되자 사직서를 내는 것은 이례적이었다. 장관직을 수행하면서 교수직을 유지하는 건 국가공무원법에 저촉되지 않는다. 장관직에서 물러난 후에도 교수직으로 돌아가 정년을 맞을 수도 있다. 그런데 깔끔하게 정리했다. 청문회 때 드러난 흠결과는 다른 선비의 자세가 돋보였다. 이준식 장관은 2016년 2월 29일자로 서울대를 명예 퇴임했다.

공학자의 벼슬길은 가시밭길이었다. 이준식 사회부총리 겸 교육부 장관(2016년 1월 12일~2017년 7월 4일)은 박근혜 정부의 마지막 교육 수장이자 탄핵 정국을 경험했다. 장관직 수행 기간인 2016년 12월 9일, 박근혜 대통령의 탄핵 소추안이 국회에서 가결됐다. 그리고 같은 날 오후 박근혜 대통령은 헌법상 대통령 권한이 중지됐다. 그리고 2017년 3월 10일, 헌법재판소는 박근혜 대통령을 파면했다. 그런 정치적 소용돌이를 함께한 이준식 부총리는 능력의 시험대에 오를 수밖에 없었다.

유치원과 초·중·고 교육 현안, 선출직 교육감과의 손발 맞추기, 국정 역사교과서 문제, 고등교육 경쟁력 강화, 그리고 부총리로서 교육·복지·환경·여성·문화체육 등 사회부처를 총괄하는 일이 촛불 정국의 과제였다. 논어에 "학문이 넉넉하면 관직에 나가야 한다(學而優則仕)"라는 말이 있다고는 하지만, 현실은 녹록하지 않았다.

야무지게 일해야 했다. '나이스 워크(nice work)'가 절실했다. 첫 시험대는 누리과정(만 3~5세 무상교육·보육) 갈등 해소였다. 그런데 교육 관료의 텃세 탓인지 정무 감각이 세련되지 않았다. 당시 정부는 누리과정을 도입했으나 재정이 확보되지 않아 유치원들이 재정난에 시달리고 여기저기서 학부모와 유치원의 반발이 이어졌다. 그러니 이준식 부총리는 당연히 취임하자마자 유치원과 어린이집으로 달려갔어야 했다.

그런데 교육 관료들이 잘못 보좌했다. 민심을 읽는 능력이 떨어졌다. 이준식 부총리는 취임 열흘 뒤인 1월 22일에야 현장을 방문했다가 뿔난 엄마들에게 호된 질책을 받았다. 더구나 어린이집 방문에 앞서 안산 시화공업고(14일)와 조치원여중(15일)을 먼저 방문했다는 사실이 알려졌다. 답답한 일이었다.

당시 유치원 교사의 월급이 밀리고 난방비가 부족해 아이들이 추위에 떠는 일도 일부 발생했다. 교육감들과의 이견 조율, 갈등 해소를 위해서는 누리과정 예산 문제를 해결하는 것이 급선무였다. 이명박 정부 때 별도의 추가 예산 없이 지방교육재정교부금으로 누리과정 예산을 부담케 했던 것이 결국 예산 설계가 잘못돼 문제가 된 것이다. 일부 지방의회는 누리과정 예산을 전액 삭감해 보육 대란이 발생했다. 급기야 2016년 1월 여야는 3년 한시 유아교육특별회계를 편성해 사태는 일단락됐다. 그 과정에서 이 부총리는 심적 부담이 컸다.

▌역사교과서 파동과 촛불 정국의 마지막 장관

이준식 부총리 앞에는 누리과정과 함께 국정 역사교과서 난제가 놓여 있었다. 그는 취임식에서 "자라나는 세대가 균형 잡힌 역사 인식과 대한민국 국민으로서 자긍심을 갖도록 최선을 다하겠다"라고 언급했다. 보름 후인 2016년 1월 27일, 이 부총리는 "역사 교과서 편찬 기준이 확정돼 집필이 이미 시작됐다"고 밝혔다. 취임과 동시에 박근혜 대통령의 국정 역사교과서 실행을 책임지게 된 것이다. 교육부는 단호했다. '역사교과서 국정화 반대 시국선언'을 한 전교조 교사들을 고발하지 않은 14개 시도 교육감을 직무유기로 고발, 교육감과의 갈등이 최고조에 달했다.

그런 와중에 2016년 7월 9일 교육부 나향욱 정책기획관 사태가 터졌다. 나 기획관이 "민중은 개·돼지로 취급해 먹고 살게만 해주면 된다"라는 식의 발언을 했다는 기사가 경향신문에 보도됐다. 경향신문은 자사 기자들과의 저녁 자리에서 나온 나향욱의 발언을 보도했고 그 파장은 컸다. 이준식 부총리는 국회에서 사과했고, 결국 나 기획관을 파면 조치했다. 역사교과서 문제가 첨예한 상황에서 교육부에 또 다른 부담이 됐던 사건이었다. 이후 나향욱 전 기획관은 교육부를 상대로 파면 취소 소송을 냈고 승소해 강등으로 징계 수위가 낮아져 복귀했다.

국정 역사교과서는 여러 파행 끝에 2017년 1월 31일 최종본이 완성됐다. 그러나 국정교과서를 채택한 고교는 경산의 문명고 한 곳뿐이었다. 결국 실패로 돌아갔다. 국정교과서는 절차의 정당성은 물론 내용 면에서도 국민의 신뢰를 얻지 못했다. 충분한 시간을 갖고 당대 최고의 필진을 구성해 최상의 콘텐츠를 만드는 데 소홀했다. 독일 역사가 레오폴트 랑케는 "과거를 있는 그대로 서술하는 게 역사가의 책무"라는 사실(史實)과 객관의 역사를 강조했다. 반면 영국 역사가 에드워드 카는 "역사는 과거와 현재와의 끊임없는 대화"라며 해석과 주관의 역사관을 주장했다.

이처럼 역사 교과서 논쟁은 뜨거웠다. 국정 파동을 계기로 모든 교과서를 업그레이드해야 하는 데 소모적 갈등과 국론 분열만 불렀다. 자기 허물은 덮고 남만 삿대질하는 '이단공단(以短攻短)'이 정치권을 넘어 역사 교과서까지 침범했다. 공학자인 이준식이 그런 난맥상을 책임졌던 것도, 그 매듭을 풀지 못했던 것도 역사의 아이러니다.

이준식 부총리는 박근혜 탄핵 정국 여파로 별다른 역할을 하지 못하고 물러났다. 선비의 기질과 공학자의 혜안을 정책에 녹여냈어야 하는데 정치 상황에 짓눌린 것은 아쉽다. 1952년 부산 출생인 이준식 부총리는 경기고와 서울대 기계공학과를 졸업했다. 미국 UC버클리대에서 기계공학 박사 학위를 취득했다. 1985년부터 서울대 공대 교수로 재직했다.

대입 개편에 막힌 김상곤

살라미(salami)는 얇게 썰어 먹는 이탈리아 소시지다. 쇠고기와 돼지고기 등심살에 소금과 향신료로 간을 맞춰 맛이 짭조름하다. 잘라 먹는 살라미처럼 하나의 연구 결과를 여러 개로 나누는(slicing) 것을 '살라미 논문'이라고 한다. 핵심 논제·구성·데이터는 같은데 장(章)이나 절(節)로 쪼개 여러 곳에 중복으로 게재하는 수법이다.

2006년 7월 그런 '살라미' 논란이 있었다. 김병준 교육부총리가 취임 나흘 만에 의혹에 휘말렸다. 그러자 당시 전국교수노조위원장인 김상곤 한신대 교수가 "자격이 없으니 사퇴하라"는 성명을 냈다. 교수가 직접 타인 논문에 창을 들었으니, 연구도 많이 하고 윤리 의식도 철저한 학자 같았다. 김상곤 교수의 창 때문만은 아니었지만, 김병준 부총리는 표절 청문회까지 자청해 결백을 주장하다 취임 13일 만에 물러났다.

'대입 공론화 실패' 논란으로 교육부를 떠난 김상곤.

김상곤은 한신대 경영학과 교수였다. 경기도교육감을 연임(2009년 5월~2014년 3월)하며 경기도 교육을 이끌었다. 무상교육과 혁신학교, 학생인권조례는 그의 대표적인 정책이다. 그가 교육감 시절, 몇 번 만났다. 기자와 취재원의 관계였다. 편한 저녁 자리도 있었고, 공식적인 인터뷰 자리도 있었다. 입은 무겁고 말은 노련했다. 학자라기보다는 경세가 같은 인상이었다. "전교조처럼 교원평가를 반대하는 건 아니지만 평가 방식이 틀렸다"거나, "무상급식은 궁극적으로 다해야 하지만 상황별로 다르다"고 했다. 김상곤 교육감의 무상급식은 전국으로 확산했고 성공했다.

김상곤 교육감은 경기도교육감 재선에 성공했으나 2014년 3월 사퇴했다. 경기도지사에 출마하기 위해서였다. 그때 무상급식의 연장선으로 무상버스를 대표 공약으로 내걸었다. 그러나 새정치민주연합 경선에서 김진표 의원에게 패배했다. 당시 세월호 사건이 터졌고 교육감직을 사퇴했던 김상곤 책임론도 불거져 '김상곤이면 해 낸다'는 구호가 제대로 먹히지 않았다. 교육감 3선까지 가능했던 것으로 보였던 김상곤의 시련이었다.

경선 패배 후 김상곤 전 교육감은 정치인으로 변신했다. 2015년 5월 새정치민주연합 혁신위원장을 맡았다. '화려한 외출'이었다. 당시 나는 이런 칼럼을 쓴 적이 있다.

"김상곤 새정치민주연합 혁신위원장은 속을 알 수 없는 사람이다. 그가 경기도 교육감으로 일할 때 기자로서 단도직입적으로 물어봐도 흥분하거나 시원스레 답하는 법이 없었다. 본인은 말을 아끼면서도 상대방 말은 많이 들었다. 야당 혁신위원장이 된 그의 행보를 가늠해 보려 경기도 교육청 전·현직 간부들에게 물어봤다.

– 평소 업무 스타일이 어땠나.

"남이 두드리고 지나간 돌다리도 다시 두드려 보는 스타일이다. 굉장히 신중하다."

– 일방적으로 지시하지 않고 의견을 많이 듣는다는데.

"듣긴 다 듣는다. 그런데 나중에 보면 뜻대로 다 하더라."

– 일 처리는 어땠나.

"결정하면 무섭게 몰입한다. 앞뒤 안 가린다. 그게 더 무섭다."

김상곤 전 교육감을 전국적 인물로 만든 무상급식·혁신학교·학생인권조례도 그런 과정을 통한 용단이었다는 얘기였다. 그가 친(親)전교조 교육감의 아이콘이 됐던 비결이다.

1949년 광주광역시 태생인 김상곤 전 교육감은 '운동권 학생'이었고 '운동권 교수'였다. 교육감 때 수월성 교육을 비판했지만, 그 자신은 명문 광주제일고를 나와 재수를 해 1969년 서울대 경영학과에 입학했다. 그리고 상과대 학생회장을 맡아 교련 반대 운동 등을 주도하다 강제 징집됐다. 한신대 교수 시절엔 6월 항쟁 교수 선언(1986년), 민주화를 위한 전국교수협의회 창립(1987년), 전교조 창립 교수위원회 결성(1989년)을 이끌었다. 민교협 공동의장과 전국교수노동조합 위원장을 맡는 등 색깔이 뚜렷했다. 그런 그는 정치적 중립(헌법 31조 4항)을 요하는 교육감에 두 번이나 당선됐다. 뚝심과 돌파력, 전략과 감성 호소 능력이 있었다.

김상곤 혁신위원장의 취임 일성은 감상적이었다. "사약(賜藥)을 앞에 두고 상소문을 쓰는 심정이다. 새정치연합이 절벽 위에 매달려 있다. 2016년 총선 출마 욕심을 안 부린다. 나부터 내려놓겠다. 안 나간다. 혁신은 말로 하는 게 아니다. 실천이다. 당을 위해 몸을 던지겠다." 교육감 출신 인사의 정치인 선언이었다. 그 후 김상곤 혁신위원장은 2016년 7월 민주당 대표에도 도전했으나 추미애 대표에게 패배

했다.

▌문재인 정부 초대 교육부 장관에 등용

촛불 정국으로 탄생한 문재인 정부는 김상곤을 초대 부총리 겸 교육부 장관으로 지명했다. 2017년 6월 11일이었다. 교수에서 교육감, 그리고 교육부 장관에 올랐으니 교육 수장의 적격자라는 평이 있었다. 김상곤은 부총리 겸 교육부 장관 후보자에 지명되자마자 곤욕을 치렀다. '살라미'는 명함도 못 내밀었다. 석·박사 논문 표절 의혹에 출판사 대표 겸직 교칙 위반, 한·미 동맹 폐기 발언 등 여러 논란과 의혹이 불거졌다. 김상곤 지명자는 침묵 전법을 썼다.

사실 학자 출신의 입각은 논문이 문제가 되곤 했다. '김병준' 여파가 컸다. 김상곤 지명자도 문제가 됐다. 교수 생활 27년 동안 발표한 논문이 많지 않았지만, 그럼에도 석박사 논문의 부적절성이 시끄러웠다. 야당(자유한국당) 의원들은 "논문이 몇 편 안 되는데 석박사 논문조차 문제다. 학자로서 활동도 미미하다. 만일 논문 수를 잘못 알고 있다면 즉시 공개하라"고 공격했다. 그러나 그는 공개하지 않았다. 석사 논문의 경우 서울대 연구진실성위원회로부터 '연구부정행위'가 아닌 '경미한 수준의 연구 부적절 행위'라는 판정을 받았다. 부정행위와 부적절의 차이를 국민이 이해해야 했다.

김상곤 부총리(2017년 7월 5일~2018년 10월 2일)는 고교교육 내실화와 수능 절대평가를 주도했다. 서열화 해체는 평소 그의 소신이었다. 2017년 8월, 교육부는 2021학년도 수능 개편안 두 개안을 발표했다. 1안은 7과목 중 4과목 절대평가, 2안은 전 과목 절대평가 안이었다. 김상곤 부총리는 공청회를 거쳐 8월 말까지 결정하겠다고 했다. 하지만 공청회가 파행하고 학부모들의 반발, 교원단체 간의 이견 등 갈등이 심화했다. 문재인 정부는 교육을 다소 쉽게 본 경향이 있다.

당시 문재인 대통령의 국정 지지율은 80%를 넘나들었다. 그런데 유독 교육정책만 30%대에 불과했다. 수능 절대평가 등 정책 지휘자인 김상곤 부총리의 고집, 교육 관료의 보신주의, 청와대 교육라인 붕괴가 영향을 준 것으로 보였다. 당시 청와대 교육라인은 도시·지역계획학 박사 출신인 김수현 사회수석, 민주당 부산시당에서 활동한 김홍수 교육문화비서관이었다.

상황이 간단치 않자 김상곤 부총리는 손을 들었다. 2017년 8월 31일, 김 부총리는 수능 개편안 발표를 1년 유예했다. 그 후 잠잠하던 수능 논란은 포항 지진으로 다시 전 국민의 관심사가 됐다. 2017년 11월 15일, 포항에서 규모 5.4의 지진이 발생했다. 135명이 다치고, 1,700여 명의 이재민이 발생했다. 11월 16일 수능을 하루 앞둔 시점이었다. 이때 김상곤 부총리의 강단이 돋보였다. 그는 직접 브리핑을 통해 "학생 안전이 가장 중요하다는 점과 시험의 공정성 등을 고려해 수능을 11월 23일로 1주일 연기한다"고 발표했다. 수능 역사상 처음 있는 일이었다.

> "청와대에 보고하고 교육부 내부에서도 논란이 분분했지요. 수능을 연기하면 시험지 관리도 부담이고, 대입 일정도 줄줄이 연기해야 하고, 포항 수험생 대책 등 걱정이 많았습니다. 만일 23일에도 지진이 또 발생하면 어떻게 하느냐는 얘기도 나왔고요. 결국 김 부총리가 연기로 결단했습니다." (당시 교육부 관료 A씨의 전언)

2018학년도 수능은 그런 곡절 끝에 무탈하게 끝났다. 김상곤 부총리의 신속한 결정은 평가받을 만하다.

▮ 김상곤의 독주, 결국 실패로 끝나

김상곤 부총리는 처음부터 수능 개편안에 몰두했다. 결정적인 실수였다. 당시는 학생부종합전형(학종)에 대한 불신이 하늘을 찌르고 있었다. 최순실의 딸 정유라의 이대 입학 사건을 필두로 학종의 불공정성이 민심을 들끓게 했다. 김 부총리는 수능 개편을 통해 학종의 불신을 잠재우려고 오판했을 수도 있다. 남의 말은 경청하되 반영은 하지 않는 고집이 화를 초래한 것으로 볼 수 있다.

김상곤 부총리는 2018년 8월 17일 정부 서울청사 브리핑룸에서 논란의 2022학년도 대입 개편방안 및 고교교육 혁신방향을 발표했다. 문재인 정부의 교육공약 1호인 고교학점제와 성취평가제(내신 절대평가제)는 시행 시기가 2025년으로 미뤄졌다. 정시 수능 전형 비율을 30% 이상으로 확대하고 탐구영역 문·이과 구분 폐지, 제2외국어·한문 등 일부 과목은 절대평가로 전환한다는 내용이다.

교육계의 평가는 싸늘했다. 실상 현행 대입제도와 다를 바 없고 1년 동안 20억 원의 예산을 쓰고 공론화의 공론화로 폭탄 돌리기만 했다는 비난이 쏟아졌다. 진보 교육계와 보수 교육계가 모두 한목소리를 냈다. 1년 전 수능 전 과목 절대평가를 주창해 논란을 일으키다, 결과적으론 원점으로 회귀한 것이다. "교육부가 정치 집단이지, 교육 집단이 아니다"라는 말이 나돌 정도로 김상곤 부총리에 대한 평가는 냉혹했다.

결국 김상곤 부총리는 '대입 공론화 실패' 논란을 견디지 못하고 쓸쓸하게 교육부를 떠나야 했다. 미국 사회학자 제롬 카라벨은 2006년 『선택받은 자(The chosen)』에서 하버드·예일·프린스턴 대학의 입시를 "능력의 의미를 놓고 되풀이된 고투(苦鬪)의 역사"라고 정의했다. 이들 명문대도 원하는 학생을 뽑기 위해 입시를 계속 고민했다는 의미다. 중요한 것은 대학이 입시를 바꿔도 정부는 지켜만 봤다는 사실이다. 이른바 '지원은 하되 간섭은 안 한다'는 팔걸이 원칙(Arm's Length Principle)이다. 김상곤 부총리는 모든 걸 주도하려다 실패했다.

문재인 대통령은 2018년 8월 30일 유은혜 더불어민주당 의원을 후임으로 지명했다. 김상곤 부총리는 사석에서 "나의 꿈은 대통령이 되는 것이다"라고 말한 적이 있다. 농담인 줄 알았는데 정말로 그런 꿈을 품었다고 했다. 그런 대망을 품었던 그는 교육부를 떠난 뒤 한국교직원공제회 이사장(2020년 11월~2023년 12월)을 역임했다. 한국교직원공제회의 이사장은 교육부 장관이 임명하는 자리다.

감성교육의 전형 유은혜

2021년 가을 어느 날 이었다. 필자의 지인인 대학 교수가 서울행 KTX 열차를 탔다. 그는 "색다른 경험을 했다"며 저녁 자리에서 다음과 같은 일화를 들려줬다.

"열차를 타니 유은혜 장관이 바로 앞자리에 앉아 있었어요. 인사를 할까 말까 망설이다가 그만뒀어요. 유 장관이 미동도 하지 않은 채 두툼한 책자를 보고 있었기 때문이죠. 머리는 엉클어져 있었고 고단해 보였어요. 얼핏 보니 국회 대정부 질문지 같더라고요. 국회 답변에 대비해 질문 문항을 미리 챙겨 보고 있는 것 같았는데 마치 수험생 같았어요. 순간, 뭉클했죠. 저렇게 열심히 하는 장관이 있을까."

사실 이 책에서 소개한 교육부 장관 중 유은혜 사회부총리 겸 교육부 장관(2018년 10월 2일~2022년 5월 9일)은 직접 만날 기회가 없었다. 아쉬웠다. 그래서 그의 정책과 현장 행보를 늘 기록하며 주시했다. 유은혜 부총리는 열심히 교육을 파고들었다. 국회의원 시절 교육상임위원회에서 활동했지만, 교육 행정은 생각만큼 간단하지는 않았다.

'역대 최장수 교육 수장' 기록을 세운 유은혜.

특히 청와대와의 조율도 그랬다. 문재인 정부의 김수현 사회수석은 부동산에 몰두했던 인물이고, 이광호 교육비서관은 노동운동과 학원을 운영하다 대안학교 교장을 지낸 인물이다. 둘 다 정통 교육과는 거리가 있었다. 유은혜 부총리가 열심히 할 수밖에 없었다.

유 부총리는 친화적이다. 정치인 출신답게 출입 기자와 잘 소통했다. 유 부총리는 감성적이다. 잘 웃지만 잘 울기도 한다. 유치원 파동 때도, 특성화고 현장실습생 사망사건 때도, 고3의 강릉 펜션 참사 때도, 그리고 총선 불출마 선언 때도 울먹였다.

"저도 또래 자식이 있다", "부모님 아픈 마음 누구보다도 잘 안다" "제 터전이었던 일산을 생각하면 큰 용기가 필요했다"…. 눈물은 대중의 마음을 녹였다. 함께 울며 눈물을 닦아주는 이도 있었다.

유 부총리의 감성 행보는 어느 정도 성공했다. 찔러도 피 한 방울 나올 것 같지 않고 꼬장꼬장했던 전임(김상곤 부총리)과는 달리 겸손했다. 애간장 태우던 유치원 3법이 국회를 통과해 엄마들의 마음도 사로잡았다. 그런 사이 2018년 9월 청문회 당시 치명적이었던 '딸 위장 전입'을 비롯한 여러 흠결은 거의 잊혔다. 김대중 정부 시절 자녀 위장 전입 문제로 직격탄을 맞고 사퇴한 장상 국무총리 후보와 견줘보면 운도 좋았다. 입각 당시 "청문회에서 시달린 분이 일을 더 잘한다"는 문재인 대통령의 격려를 받더니 취임 1년여 동안 두 달에 한 번꼴로 눈물을 흘렸다. 이미지 정치인의 감성적인 교육 행보다.

하지만 눈물의 진위는 궁금했다. "눈물에는 선한 눈물과 악한 눈물이 있다. 선한 눈물은 오랫동안 자기의 마음속에 잠들어 있던 정신적 존재의 깨달음을 기뻐하는 눈물이고, 악한 눈물은 자기 자신과 자기의 선행에 아첨하는 눈물이다(톨스토이)", "눈물은 약함의 표시가 아닌 강함의 표시이며, 만 개의 혀보다 더 설득력이 있다(워싱턴 어빙)"라는 현인의 말도 떠오른다.

▮유은혜 초기에는 눈물, 후반에는 강직

유은혜 부총리는 정치인이다. 노동운동가 출신으로 고(故) 김근태 의원의 보좌관을 지냈다. 제19대와 제20대 국회의원을 지냈고, 문재인 정부에서 교육부 장관에 발탁됐다. 대한민국 최초의 여성 부총리이자 23년 만의 여성 교육부 장관이었다. 의미 있는 인사였다. 유은혜 부총리는 취임 초창기에는 감성적이었으나 후반기에는 그런 모습이 뜸해졌다. 역대 교육부 장관의 평균 임기는 겨우 1년 남짓이었다. 그런데 유 부총리는 2018년 10월 취임 이후 44개월을 재임해 역대 단일 정부 재임 최장수 기록을 썼다. 문뜩 현인의 '눈물'에 대한 촌철살인의 말이 떠오른 건 유 부총리의 교육 행보와 눈물의 진정성이 충돌하고 있는 까닭이다.

우선, 진심으로 "모든 아이는 우리 모두의 아이"라고 생각한다면 자립형사립고와 외국어고 학생의 마음을 보듬었어야 했다. "자사고 돌려줘", "학교는 우리 겁니다", "내로남불 물러가세요"…. 절규하는 학생들이 외치는 자사고·외고 폐지 반대 시위 현장에 가봤어야 했다. 학생을 붙잡고 눈물을 흘렸더라면 선의를 믿었을 터다. 그런데 진보 교육감들을 병풍처럼 세우고 폐지 가속을 밟았다.

선한 눈물은 그런 때 필요한 것이다. 법정 소송으로 번진 자사고 문제에 대해 법원이 모두 자사고의 손을 들어줘도 꿈쩍 않는다. 자기 자식은 좋은 학교 보내려고 위장 전입까지 했던 터에 말이다. 문재인 정부가 2025년부터 자사고와 외고를 일반고로 전환키로 한 정책에 최종 책임자가 됐다. 법의 심판대에 선 수월성 교육 문제는 정권이 바뀌어도 시끄러울 수밖에 없다. 10%의 아이는 남의 나라 아이인가. 교육철학도 아리송했다. 고교 무상교육은 잘한 정책이다. 방법이 낭랑 18세 표심 잡기 전략이었다는 비판을 받았다. 차라리 고3, 고2, 고1 순서가 아니라 거꾸로 고1, 고2, 고3 순서로 시행했더라면, 오해를 피할 수 있었다.

제21대 총선 때는 고3 투표로 '교실 정치'가 우려된다는 논란이 있었다. 교육부는 대상 학생조차 제대로 파악하지 않았다. 당시 법이 통과되고 나서야 고교생 유권자는 14만 명이라고 밝힌 걸 어떻게 설명해야 하나. 애초 정치권이 주장한 5만 명의 세 배에 가까웠다. 좋은 제도임에도 당시로선 '낭랑 18세=진보 표'라는 정치 공학적 셈법을 교육에 끌어들였다는 논란이 나온 배경이다.

21대 총선 포기하며 글썽, 교육적 의미는

한 집에 자녀를 한 명도 채 두지 않는 심각한 저출생 시대다. 재수생을 포함해 30만 명이 입시를 치른다고 가정하고, 30만 명 전원이 20년 후 대학에 간들 현재 대입 정원의 절반밖에 채우지 못한다. 30만 명 중 여성이 15만 명이면, 이들이 모두 결혼해 자녀를 두 명씩 나아야 30만 명이 유지된다. 자식 둔 엄마로서 누구보다도 잘 알 터이다. 그런 절박한 패러다임 전환기에 유 부총리는 입시를 포함한 고등교육의 패러다임 전환에 헌신하겠다는 의지가 필요했다. 그런데 제21대 총선 출마를 포기할 때 울먹인 듯했다. 적절한 모습은 아니었다. 교육에 집중하는 모습을 보여야 했는데 아쉬웠다.

유은혜 부총리는 이런 때 눈물을 흘렸어야 했다. 바로 2021년 6월 2일 중·고교생 학업성취도 평가 결과를 발표하는 자리였다. 통상 학업성취도 평가 결과는 교육부 차관이 발표했는데 2021년 당시에는 이례적으로 장관이 직접 나섰다. 취임 초창기에는 언론 인터뷰를 극도로 자제하던 유 부총리는 2021년에는 부쩍 여러 매체와 인터뷰하더니 급기야 차관이 발표하던 학업성취도 평가까지 직접 마이크를 잡았다. 뭔가 울림 있는 멘트가 있을 줄 알았다. 2020년은 팬데믹 여파로 수업 혼선이 빚어지고 학교는 갈팡질팡했다. 학생의 성적이 떨어질 것이 뻔했다.

실제가 그랬다. 팬데믹 여파로 중고생의 기초학력 미달 비율은 역대 최고를 찍었고, 수포자(수학 포기자) 비율은 13%로 치솟았다. 원격 수업과 등교 수업을 병행했지만, 원격 수업은 부실하고 등교 수업은 적어 결국은 학력 저하를 피하지 못했다. 눈여겨볼 대목은 지역 격차다. 읍면 지역 중학교의 기초학력 미달 비율은 국어가 9.6%, 수학은 18.5%였다. 반면 대도시의 기초학력 미달 비율은 국어가 5.4%, 수학이 11.2%였다. 지역별 특성을 고려하지 않고 획일적인 행정을 한 데다, 대도시 지역은 비대면 수업을 틈타 사교육 의존이 더 높아진 것이 원인일 수도 있다.

그렇지만 유 부총리는 "학습 결손을 심각하게 인식하고 있다"라고 했을 뿐 "책임을 통감한다"는 말은 하지 않았다. 교육부는 학습 결손 극복 종합 방안을 마련하겠다고 했는데 기대할 것도 없었다. 코로나19 이후 세 번째 학기가 지나는 동안 '등교 금지' 외에 교육부의 역할은 인상적이지 않았다.

학업성취도 평가는 2000년부터 학생들의 성적을 알아보기 위해 매년 실시했다. 특히 2008년부터 2016년까지는 모든 학교를 대상으로 평가하다가 2017년부터는 일부 표집 평가로 바뀌어 사실상 전체 학생의 실력을 알아보기도 어려워졌다. 전교조가 전국 시험을 '나쁜 서열 매기기'라고 주장하자, 문재인 정부 들어 표집 평가로 변경했다. 그 결과가 결국 학생 실력 추락으로 이어졌다고도 볼 수 있다. 중학생과 고등학생이 이 지경인데, 초등학생의 학업 결손은 어느 정도일지 아찔하다.

▮ 팬데믹 여파 학생 실력 추락, 소극적 대응

학생의 학력은 팬데믹의 영향을 많이 받았을 수밖에 없다. 교사도, 학부모도 인정하는 포인트다. 하지만 교육부는 학생 실력 문제에 소홀했다. 교육부가 아둔하다면 국가교육회의가 역할을 해야 했는데 그러지 않았다. 진보 교육감이 대세인 전국 시도교육청은 학생의 학업 능력 평가를 서열 매기기라며 평가에 소극적이었다.

이런 때 유은혜 부총리가 나섰어야 했다. 이미지 감성 행보를 버리고 진솔한 엄마 마음의 '유은혜 교육'을 펼쳤으면 좋았을 것 같다. 교육정책에 혼신을 기울이려면 관습을 버려야 한다. 진영 논리를 떨쳐버려야 한다. 존 듀이는 "어제 가르친 대로 오늘도 그대로 가르치는 것은 아이들의 미래를 빼앗는 것(If we teach today as we taught yesterday, we rob our children of tomorrow)"이라고 강조했다. 유 부총리가 이 말을 새겼으면 좋았을 성싶다. 어제의 진영 교육을 오늘도 그대로 답습하는 것은 대한민국 교육의 미래를 빼앗는 것이기 때문이다.

교육부 장관은 초·중·고 교육 못지않게 대학 교육에도 많은 영향을 미친다. 고등교육은 위기다. 학생 수가 모자라 대학이 어렵고, 취업난에 시달린다. 그런 절박한 현실을 절감하며 흘리는 눈물은 총선 출마 포기 때 보인 눈시울과는 차원이 다르다.

아쉬운 점은 유 부총리가 열심히 했고 리더십도 좋았는데 교육적 소신을 발휘하지 못했다는 점이다. 교육에는 좌우가 없고 오로지 학생만 있어야 한다. 한전공대 하나만 봐도 알 수 있다. 전국의 대학을 각종 지원사업 돈줄과 고무줄 정시, 수시 입시 비율로 쥐락펴락하면서 한전공대에 대해서는 한마디도 안 한 게 아쉽다. 전국의 대학이 학생이 모자라 줄줄이 쓰러질 상황인데 국민 세금을 들여 새로운 대학을 굳이 만들 필요가 있었을까. 그걸 유 부총리가 명확하게 진언했어야 했다.

▮한전공대 설립, 지부상소 심정으로 진언했어야

물론 한전공대의 설립인가와 감독 주체는 교육부가 아닌 산업통상자원부다. 산자부의 지시를 받은 한국전력은 총대를 메고, 대통령 직속 국가균형발전위원회는 학교 건물 준공 전 인가신청, 입시 전형 계획 공표 시기 등 각종 편법 지원을 도맡았다. 그런 상황을 유 부총리는 "내일이 아니다"라며 강 건너 불 보듯 했다. 아마도 유 부총리가 지부상소(持斧上疏)의 심정으로 문재인 대통령에게 "고등교육의 미래를 보니 한전공대는 아니 되옵니다"를 간(諫)했다면 어땠을까. 교육사에 길이 남을 일이었을 것이다.

링컨 대통령은 "미래를 예측하는 가장 좋은 방법은 미래를 창조하는 것이다(The best way to predict the future is to create it)"라고 했다. 그렇다.

미래 창조는 인재 양성이 승부처다. 4차 산업혁명 시대의 핵심 인재 역량은 6가지라고 한다. 소통, 협업, 비판적 사고, 창의성, 인성, 시민 의식이다. 낡은 교육 시스템을 개조하지 않으면 쉬운 과제가 아니다. 유은혜 부총리는 거기에 직(職)을 걸었어야 했다. 갈수록 떨어지는 학생 실력, 불어나는 사교육비, 두 동강 난 교육계, 고등교육의 경쟁력 추락, 공정의 배신을 걱정하는 눈물을 흘려야 했다. 그게 진짜 눈물이다.

2022년 5월 9일, 유은혜 부총리 겸 교육부 장관은 교육부를 떠났다. 2018년 10월 2일 취임한 지 3년 7개월(1,316일) 만이다. 대한민국 정부 수립 이후 '역대 최장수 교육 수장' 기록을 세웠다. 유 부총리는 "사교육비 부담 증가와 대입 공정성을 해소하지 못한 것이 가장 큰 아쉬움"이라고 했다. 교육부 직원들은 교육부 정부세종청사를 떠나는 그에게 '앞으로 꽃길 걸으시라'는 의미를 담아 꽃 한 송이씩을 선물했다. 이런 이임식은 교육부 역사상 처음이었다. 1962년 서울생으로 서울 송곡여고와 성균관대 동양철학과를 졸업했다.

만 5세 취학에 넘어진 박순애

"높은 벼슬자리는 타고난 것이 아니라 우연히 굴러들어 온 것이다. 그 자리는 잠시 머물다 떠나가 버린다. 잠시 머물다 떠나버리는 것이라도 벼슬자리가 오는 것을 막을 수 없고, 가는 것을 멈출 수 없다. 따라서 높은 벼슬을 위해 제멋대로 행동해서는 안 되고, 불운과 궁핍 때문에 세속을 따라서도 안 된다."

장주의 『장자』 '선성(繕性)편' 중에서

장자의 말처럼 벼슬자리는 잠시 머무는 자리이다. 잠시 머무는 자리를 차지한 것은 행운이요, 잠시 머무는 동안 성심성의껏 일해야 하는 것은 숙명이다. 자리에 오래 머무르려 좌고우면(左顧右眄)하면 추해지고, 인생의 실(失)이 많아진다. 더구나 국사(國事)를 논하는 자리는 더더욱 그렇다. 벼슬을 탐하다 보면 일이 성겨 되돌리기 힘들어진다. 대표적인 분야가 5년 소계(小計)도 못 하는 '대한민국 교육'이다.

만 5세 취학으로 학부모 마음을 얻지 못한 박순애.

박순애 서울대 행정대학원 교수는 교육계에선 잘 알려지지 않았던 인물이다. 그런데 윤석열 정부에서 초대 부총리 겸 교육부 장관 자리를 차지했다. 의외였다. 이전 같으면 상상도 못 했을 일이다. '음주 운전' '논문 표절' 같은 흠결이 있었다. 그럼에도 교육 수장에 오른 것은 의외였다. 교육 분야는 다른 분야와는 달라야 하는데 '특별한 예외'가 적용됐다. 장자가 "벼슬자리가 오는 것을 막을 수 없다"고 한 까닭인 듯하다.

▮ 예외적 행운, 실력으로 입증했어야

박순애 부총리는 '예외적 행운'을 '당연한 행운'으로 바꾸는 노력이 필요했다. 길은 실력뿐이었다. 난마 같은 교육 실타래를 '천천히 빠르게' 풀어가지 않으면, 벼슬자리는 불행이 될 수가 있었다. 교육은 동전의 양면 같다. 한쪽을 어루만지면 다른 한쪽이 시샘한다. 반도체 인력 증원, 고등교육 재구조화, 지방교육재정교부금, 대학 등록금, 유보통합, 학생 학력평가, 자사고·외고, 대입 수시·정시, 교원 수급, 교육감 선거, 교원평가 등 현안이 많았다. 학생·학부모·교원·일반 국민의 생각도 다양하다. 교육이 거대한 '권력투쟁(power struggle)'의 장인 까닭이다. 박순애 부총리의 깜짝 등판은 여러 궁금증을 낳았다. 필자는 박 부총리가 취임했을 때 다섯 가지 질문을 했다.

① 소신이 뭔가

박 장관은 의외로 강단이 있어 보였다. 취임하자마자 곧바로 기자간담회를 했다. 그런 장관은 드물다. 언론과의 소통에 적극 나선다는 의미로 보면 긍정적이지만, 세간의 눈총을 의식한 것이라면 섣부르다. 문제는 소신을 제대로 보여주지 못했다는 것이다. 취임사는 진보 정부의 장관과 별반 다를 게 없어 보였다. 이전 정부의 "모든 아이는 우리 모두의 아이"를 소환했고, 대학의 자율적인 혁신과 성장, 평생학습 투자 확대도 기시감이 있었다. 물론 "교육은 달리는 열차를 세우는 게 아니라 고쳐 쓰는 것"이지만, 어디를 고쳐 쓰겠다는 것인지, 어떤 레일로 가겠다는 것인지 소신을 찾을 수는 없었다. 청문회도 거치지 않았으니 교육 철학이나 비전을 알 수가 없다. 궁금했다. 교육 소신이 뭔가.

② 뚝심이 있나

서울대 교수들 얘기를 종합하면 박 장관은 추진력이 강하고 적극적인 성격이다. 복잡한 교육 실타래를 풀려면 뚝심이 있어야 하는데 박 장관이 잘할 것 같다는 얘기가 있었다. 그런데 취임 후 첫 행보로 비수도권 대학 총장들과의 비공개 간담회는 그런 기대를 갸우뚱하게 했다. 국민적 관심사가 남다른 회동이었는데 오프닝마저 공개하지 않았다. 비수도권 대학들이 수도권 대학 정원 총량 규제 완화를 반대하는 상황이어서 대학가 초미의 관심사였다. 더구나 간담회 마지막에 "수도권 대학 정원 규제를 안 풀 거죠"라는 총장들의 질문에, 박 장관은 "대통령께 말씀드리겠다"라고 했다고 한다. 적절한 답변인가. 장관은 해법을 갖고 대통령께 보고해야 한다. 어정쩡한 소신으로 난제를 풀 수 있나.

③ 실력이 있나

문재인 정부 초대 김상곤 교육부 장관은 교육 현안에 정통하다는 평을 받았다. 한신대 교수를 거쳐 경기도 교육감을 두 번 역임하면서

'교육 사랑'이 남달랐다. 그럼에도 이상과 현실의 차이를 극복하지는 못했다. 2020학년도 대입 개편 문제로 장관직에서 물러났다. 오는 벼슬자리는 받았지만, 민심이 등을 돌려 가는 벼슬자리는 막지 못했다.

이어 바통을 이어받은 유은혜 부총리는 최장수 교육부 장관 기록을 세웠다. 국회의원 시절 교육위원회 상임위 활동을 하면서 현안에 익숙했던 장점이 있었다. 반면 박순애 부총리는 경륜이 전임자에 비해 상대적으로 부족했다. 실력으로 승부해야 한다. 그럴 자신이 있나.

④ 고르디우스 매듭을 풀 수 있나

교육은 고르디우스의 매듭과 같다. 매듭이 안 풀린다고 칼로 잘라버릴 수도 없다. 그래서 어렵다. 대학 재정 문제만 봐도 그렇다. 정부가 초·중·고교 교육에 쓰는 지방교육재정교부금(20.79%) 중 일부를 헐어 빈사 상태의 대학에 쓰려는 방안을 추진하자, 초·중·고교와 교육감은 물론 한국교총과 전교조까지 반발한다. 교육계가 진보와 보수로 갈라져 있어도 재정 문제는 진보와 보수가 똘똘 뭉친다.

윤석열 대통령의 한마디 말에 비상이 걸린 반도체 인력 문제도 그렇다. 수도권 대학은 정원 규제 철폐를 환영하고 비수도권 대학은 결사반대다. 4차 산업혁명 시대에 중요한 교육과정 개편, 고등교육 재구조화, 대입 개편은 정반합이 상존한다. 박 장관이 이 매듭을 풀어야 한다. 정파와 이념에 휘둘리지 않게 매듭을 풀 자신이 있나.

⑤ 세종에 오래 머물 수 있나

장자가 말했듯 벼슬자리는 잠시 머물다가는 자리다. 박 장관의 벼슬자리는 세종시 정부종합청사 교육부다. 그렇지만 사회부총리까지 많아 세종시 체류가 쉽지 않다. 용산으로, 여의도로, 광화문으로 분주하게 움직여야 하고 수많은 교육 관련 행사도 참가해야 한다. 영일(寧日)이 없을 것이다. 그런 상황이라고 해서 교육부를 소홀히 하고 서울만 바라봐서는 곤란하다. 업무 파악도 파악이려니와 교육부 공무원과의 소통이 무엇보다 중요하다. 친해져야 한다. 일은 결국 공무원이 한다.

전임 유은혜 장관에게도 배울 점이 있다. 유 장관은 세종에 많이 머물렀다. 일주일에 평균 두 번, 어떤 때는 세 번도 머물렀다고 한다. 정치인 장관답다. 박 장관도 '세종의 시간'을 길게 가져야 한다. 그럴 각오가 있나.

이와 같은 질문을 박순애 부총리 취임 당시 교육전문 매체에 칼럼으로 실었다. 박 부총리가 일독했는지는 모른다. 다만, 박 부총리는 궁금증을 풀어주지 못하고 2022년 8월 8일 물러났다. 2022년 7월 4일 임명된 지 35일 만이다. 2022년 7월 29일 초등학교 취학연령을 만 5세로 한 살 낮추는 학제 개편안을 발표한 시점으로는 열흘 만이다. 역대 교육부 장관으로는 다섯 번째로 단명했다. 장자의 '벼슬자리' 말이 다시 떠오른다.

▌박순애 부총리는 학부모 마음을 얻지 못했다

박순애 부총리에게 "벼슬자리는 타고난 것이 아니라 잠시 머무는 자리"라는 장자의 얘기는 둘 다 해당하는 것 같았다. 아슬아슬한 '예외적 임명'은 타고난 벼슬자리요, 취임 35일 만의 하차는 잠시 머무는 자리였으니 말이다.

취임 후 박 부총리는 프레임 전환에 성공했다. 음주 운전, 논문 논란, 자녀 입시, 조교 갑질 의혹 등 자신을 둘러싼 '비난 프레임'을 '정책 프레임'으로 바꿨다. '만 5세 초등학교 취학'은 역대급 교육 정책 프레임이었다. 그 정책을 통해 박순애의 소신, 뚝심, 실력, 교육 난마 풀기, 세종에서의 소통을 한꺼번에 보여줄 기회였다.

그런데 부메랑이 됐다. 기회가 아니라 위기가 됐다. 만 5세 취학은 '박순애 흠결 프레임'을 '정책 프레임'으로 바꾸는 데는 성공했지만, 교육을 가볍게 보다가 '위기 프레임'을 자초했다. 업무보고를 들은 윤석열 대통령이 "해당 방안을 신속히 강구하라"고 하자 박 부총리는 힘이 났을지도 모른다. 잠시였다. '졸속' 여론에 벼랑 끝으로 내몰렸다. 스스로 소신도, 뚝심도, 실력도, 리더십도, 소통 능력도 부족함을 보여준 형국이 됐다.

윤석열 정부의 국정과제나 대선 공약에도 포함되지 않는 만 5세 취학이 갑자기 돌출한 사유는 여러 추측을 낳았다. 교육부 공무원은 약다. 만 5세 취학이 가져올 파장을 잘 알고 있었다. 그래서 부정적인 의견을 냈고 발을 빼려 했다. 그런데 박 부총리가 덜컥 물어버렸고 대통령실은 전문성이 부족했다. 만 5세 초등학교 입학 정책을 개인의 돌파구로 활용했다는 의혹이 나오는 이유다. 가뜩이나 국회에서 민주당이 박 부총리에 대한 '사후 인사 청문회'를 벼르고 있는 터에 만 5세로 기름을 부었다. 국민의힘도 박 부총리의 편을 들어주기 어려운 상황이었다.

박 부총리가 흠결을 정책으로 덮고 소신과 실력과 뚝심을 보여주려 했다면, 그 대상을 잘 못 골랐다. 취학연령과 가을학기제, 6-3-

3-4의 학제 개편은 여러 정부에 걸쳐 진행해야 할 백년대계의 최고봉이다. 그런데 초조한 나머지 섣부르게 뇌관을 건드렸다. 어떤 정치인은 '음주 정책'이라고도 했다. 적지 않은 네티즌이 공감했다.

▌고르디우스의 매듭, 유보통합부터 풀었다면…

취학연령이나 학제 개편은 고르디우스의 매듭이다. 이왕 이슈가 불거졌으니 국민적 공론화와 정책적 타당성, 중장기 플랜을 마련하는 출발점으로 삼았어야 했다. 대한민국 인구가 1949년 통계청 집계 이후 72년 만에 처음으로 줄어들고, 학령인구가 급감하는 데 언제까지 낡은 교육제도를 고집해야 한단 말인가.

그런 국민적 공감대가 있다면, 유보통합을 시발로 초·중·고와 대학까지 모두 한 몸이 되는 교육 대개혁을 화두로 던지며 치고 나갔어야 했다. 대표적인 예가 유치원과 어린이집을 합치는 유보통합이다. 교육부와 보건복지부의 권력다툼, 유치원과 어린이집의 힘겨루기로 한 치도 못 나가는 상황이었다. 유보통합은 대통령의 의지가 가장 중요하다. 예산이 15조 원 든다고 하면, 우선순위로 배정하고 교육부와 복지부가 싸우면 정리해 줘야 한다. 한해 25만 명도 태어나지 않는 시대에 유보 싸움은 너무 진부하다. 박순애 부총리는 그런 절실함과 당위성을 대통령에게 읍소하며 주도권을 잡을 수도 있었다.

2022년 박순애 발(發) '만 5세 취학'은 폐기됐다. 연간 25만 명 이하로 태어나는 시대에 만 5세 취학을 한다면, 일찍 사회에 진출하기는커녕 외려 대입 재수생과 취업 재수생이 늘어날 수도 있다. "아이 하나 키우는데 학교 일찍 들어갔으니 대학 재수, 삼수하면 어때"라는 학부모가 많아질 수 있다. 2024년에도 50만 명의 대입 수험생 중 34% 이상이 N수생이었다. 아이들의 발육 상태, 사회적·경제적 비용 같은 복잡한 얘기보다는 젊은 엄마들에게는 이런 현실이 더 설득력 있는 게 교육이다.

박순애 부총리는 단명했다. 윤석열 대통령이 임명장을 주면서 "언론과 야당의 공격을 받느라 고생 많이 했다. 소신껏 잘 하시라"고 격려했지만, 그 소신이 만 5세 취학 이슈가 될 줄은 몰랐다. 결국 그는 취임 35일 만인 2022년 8월 8일 물러났다. 우군도 없었다. 다섯 가지 질문에 민첩하게 대응했더라면 그 결과가 어땠을지 궁금하다.

박순애 부총리는 서울대로 복귀했다. 1965년 부산 출신으로 연세대 행정학과를 졸업하고 미국 미시간대학교에서 환경계획학 박사학위를 받았다.

교육부 장관 '단명' 역사

성명	재임 기간	재임 일수	사퇴 이유
이기준	2005.01.05~01.10	6일	도덕성 논란
윤택중	1961.05.03~05.19	17일	5·16 군사정변
김병준	2006.07.21~08.08	18일	논문 표절 의혹
송 자	2000.08.07~08.29	23일	가족 이중 국적 논란
박순애	2022.07.04~08.08	35일	만 5세 취학 논란

자료: 필자가 재구성(재임 날짜는 사표 수리 기준)

교육 그랜드슬램 이주호의 명암

이명박 정부 때 교육과학기술부 장관(2010년 8월~2013년 3월)을 지낸 이주호가 다시 윤석열 정부의 사회부총리 겸 교육부 장관(2022년 11월 7일)에 재등용된 것은 의외였다. 교육계는 이주호 부총리를 반기지 않았다. 특히 교육부 공무원의 반응은 싸늘했다. 이명박 정부 시절 퇴임사에서 "교과부를 사랑한다"고 하고선, 줄곧 교육부 폐지론을 주장했던 그가 다시 장관으로 복귀했으니 말이다.

교과부 장관을 역임한 뒤 교육부 폐지를 주장하다가 다시 장관직에 오른 것은 누가 봐도 어색했다. 더구나 이주호 부총리는 노동경제학자인데 경제 관련 연구에 매진하지 않고 교육 쪽만 기웃거린다는 경제학계의 곱지 않은 시선도 있었다. 그만큼 이주호 부총리에 대한 세간의 평은 우호적이지는 않았다.

이명박·윤석열 정부에서 장관을 역임한 이주호에 대한 평가는 엇갈린다.

이주호 장관은 겉으로는 상냥하고 부드럽다. 언론과의 만남에서도 늘 수줍어하는 인상이다. 술은 입에도 대지 않는 스타일이라 기자들과의 저녁 자리가 활발하지 않았다. 잘 어울리지 못하는 단점이 있지만 부드러운 이미지는 장점이다.

기자 시절, 이주호 교과부 장관과 저

녁 자리를 한 적이 있다. 이 장관은 기자와 잘 어울리는 관료를 대동하곤 했다. 실명을 거명하면 다 알만한 인물이다. 그는 "솔직히 장관의 '꼬붕'이란 소리를 듣기 싫었다"고 했다. 이 부총리와의 저녁 자리는 대체로 싱거웠다. 솔직한 말보다는 에두르는 말이 많았다. 교육부 출입기자단과의 만찬도 대체로 그랬다. 그런 자리마저 드물었다.

이주호 부총리와 같이 일했던 교육 공무원의 평은 후하지 않다. 부드러울 듯한 인상과는 달리 생각보다 강하다고 했다. 이명박 정부 시절 이주호는 대통령직인수위 교육분과 간사, 청와대 교육문화수석, 교육과학기술부 차관과 장관을 잇달아 역임했다. 한나라당 시절 비례대표로 국회의원이 된 뒤 주력 분야를 교육으로 잡은 게 주효했다. 국회 교육상임위원회에서 활동한 것이 인생의 전환점이 됐다.

MB 때부터 교육 공무원에게 인기 없어

이주호 부총리는 직원들에게 정을 주지도, 받지도 못했다는 평을 받는다. MB정부 청와대 수석 시절에는 국·실장이 수시로 불려 갔고, 교육과학기술부 차관 시절에는 '장관보다 더 세다'고 해서 '왕 차관' '왕 주호'라고 불렸다. 필자가 당시 안병만 교과부 장관을 만났을 때 이렇게 말했다. "이주호 차관은 적극적이다. 열심히 하는 건 좋은데 가끔 월권한다. 잘 지켜보고 있다." 다소 불편하다는 얘기였다.

이주호는 MB의 대통령직인수위원회 교육분과 간사를 맡아 교육부와 본격적인 연을 맺었다. 언론은 이주호를 만나려고 애를 태웠다. 필자도 당시 어렵게 그를 만났다. 그는 개혁 의지가 강했다. 교육부 관료들이 차지하는 전국 교육청의 부교육감 자리를 없애겠다고 했다.

교육부 관료와의 '껄끄러운 관계'가 시작된 계기였다. 결국 부교육감직은 없애지 못했고, 윤석열 정부에서 전국 국공립대학의 사무국장 자리를 교육부 관료가 차지하지 못하도록 제도를 바꾸었다.

그렇다면 '이주호 정책'에 대한 평가는 어떤가. 그는 교과부 차관 때 교육의 다양성을 기치로 자사고 도입을 밀어붙였다. 전국 100개 사립고를 자사고로 만드는 정책인데, 그 수가 과도했다. 서울에선 일반 사립고 팔을 비틀어 자사고 전환을 강요했다는 사립고 교장의 푸념이 나돌았다. 장관이 된 뒤에는 더 강하게 밀어붙였다. 보다 못한 박범훈 청와대 교육문화수석은 "이명박 정부의 자사고 100개 정책은 실패했다"라며 정면으로 이 장관을 비판했다. 박범훈 수석은 필자와 단독 인터뷰를 자청했다. 그리고 이례적으로 이주호 장관에게 펀치를 날렸다. 박범훈은 "교육정책은 다른 정책과 달리 앞뒤가 보일 정도로 예측 가능해야 한다"며 "현 정부 정책의 성과와 잘못을 솔직히 알려야 교육 경쟁력이 높아질 것으로 판단해 인터뷰하는 것"이라고 말했다.

자사고는 문재인 정부 들어 천덕꾸러기 취급을 받으며 폐지 위기에 몰렸다. 진보 정권의 폐지 공세에도 불구하고 서울의 자사고들이 잇따라 승소하면서 버텼다. 그런데 자사고 입안자인 이주호가 복귀했으니, 자사고는 다시 살아났다.

자사고에 대한 평가는 엇갈린다. 학교 다양화와 학교 선택권 측면에선 긍정적이지만, 일반고의 교실을 붕괴시켰다는 지적이 있다. 사교육을 흡수하기는커녕 오히려 부채질했다는 평가도 있다. 필자는 자사고를 과도하게 늘린 것은 과욕이라고 본다. 일부 자사고가 학생 모집 미달 사태를 겪자, 자사고 지위를 반납한 것이 그 방증이다.

▌연 2회 수능 백지화, 수능 A·B형 도입

MB정부 시절의 이주호 교과부 장관은 다양한 교육 실험을 했다. 그중 하나가 연 2회 수능 백지화다. 그는 2011년 1월 26일 "이상적인 시험의 형태는 한 번 하는 것은 아니라고 생각한다. 가능하면 학생들이 여러 번 볼 기회를 주는 것이 맞는다고 생각한다. 그러나 수능 부담이 여전히 낮지 않은 상황에서 복수 시행을 하면, 수험생 대부분이 2회 모두 응시할 것으로 예상된다. 수험생 부담이 증가할 우려가 있어 도입을 백지화한다"라고 밝혔다. 입학사정관제를 비롯해 학생 선발 방식이 다양화하면 수능 반영 비율도 낮아져 복수 시행이 가능하다고 주장했다가 철회한 것이다.

대신 이 장관은 2014학년도에 A·B형 수능을 도입했다. 국어·영어·수학 과목을 더 쉬운 A형과 현재 수능과 비슷한 수준인 B형으로 출제해 수험생이 실력에 따라 형태를 골라 치르게 했다. 그렇게 하면 사교육이 줄어들 것이라고 했다. 하지만 수준별 수능은 효과를 보지 못하고 결과적으로는 실패했다. 수능 개편과 맞물린 이주호식 입학사정관제도 지금까지 논란이 분분하다. 미국식 입학사정관제 도입 취지는 좋지만, 공정성과 객관성을 확보하지 않은 상태에서 밀어붙이다 보니 탈이 끊이지 않았다. 조국 사태의 한 원인도 허술한 입학사정관제에 있다고 볼 수 있다. 입학사정관제가 없었더라면 조국의 딸 조민이 허위 스펙으로 대학을 속일 수 없었을지도 모른다. 결국 이주호식 대입제도는 실패의 연속이었고, 사교육은 계속 팽창했다.

▮ 서울교육감 출마는 교육계에 큰 빚

'MB정부'의 교육 황태자였던 이주호는 윤석열 정부에서 다시 교육부 장관이 되더니 'AI 교육혁명'을 내걸고 교육계를 다시 뒤흔들었다. 물론 이번에도 취지는 나쁘지 않았다. 그렇지만 실체가 불분명하고 교육용 코스웨어가 태부족하고 교사들은 준비가 안 돼 있는데 어떻게 맞춤형 교육, AI 보조교사 시스템을 도입하겠다는 건지 국민은 헷갈렸다. 화장술과 포장술은 진보 교육의 전유물인데 이주호 장관이 그런 길을 간 것은 아이러니하다.

이주호 장관은 교육계에 빚이 있다. 바로 2022년 서울시 교육감 선거 후보로 갑자기 나섰다가 중도 사퇴한 빚이다. 보수 분열과 보수 패배의 빌미를 제공한 책임이 있다. 2022년 4월 22일 그는 "서울교육, 이주호는 바꿀 수 있다"라며 서울시교육감 예비후보 출마를 선언했다. 그는 이렇게 외쳤다.

> "교육은 정치가 아닙니다. 교육은 우리 아이들의 미래를, 그리고 세상을 바꾸는 가장 강력한 힘입니다. 우리 아이들의 미래가 정당과 진영 싸움에 휩쓸리게 놔두어서는 안 됩니다. 이렇게 처참한 대한민국의 교육 현실은 저를 암담하게 했습니다. 그냥 보고만 있을 수 없었습니다. 그래서 이렇게 교육감 후보로 나서게 되었습니다. (중략)
>
> 제가 서울시교육감이 된다면,
>
> 첫째, AI 보조교사를 도입하여 개인 맞춤형 교육을 통해 기초학력을 높이고, 학생 간 학력 격차를 해소하겠습니다. 모든 중학교에 AI 자유학기제를 도입하여 학생들이 자유학기 동안 인공지능과 함께 미래역량

을 키울 수 있도록 하겠습니다.

둘째, 학부모님들에게 부담이 큰 사교육비를 절반으로 줄이겠습니다. 민간 부문 교육혁신가를 참여시켜 반값 방과후학교를 도입하고, 주말과 방학을 이용한 주말학교와 방학 학교를 운영해 사교육비를 줄여 드리겠습니다.

셋째, 혁신학교와 마을교육공동체를 바로 잡겠습니다. 혁신학교는 평가를 통한 재지정을 시행하고, 마을교육공동체는 운영 실태를 파악해 부족한 부분은 보완하고, 잘못된 부분은 시정할 것입니다. 그리고 학생과 학부모 요구에 맞는 공동체를 지자체와 기업, 시민단체와 함께 만들어 가겠습니다.

넷째, 서울형 교과서를 개발하겠습니다. 정치와 이념에 치우친 교육은 사라지게 할 것입니다. 서울형 교과서에는 자유민주주의와 시장경제 교육을 강화 하고 가치중립적이고 자랑스러운 역사관을 정립할 수 있는 내용을 담겠습니다.

다섯째, 학교 자율을 대폭 확대하고 다양한 혁신을 지원하겠습니다. '하이테크 고등학교 30개교'를 육성하겠습니다. 'IB(국제 바칼로레아) 시범학교를 도입하여 KB(한국형 바칼로레아)'로 발전시키겠습니다. '한국형 차터스쿨'을 도입하겠습니다. 사학의 자율성을 대폭 확대하겠습니다.

당시 6월 교육감 선거를 한 달밖에 안 남긴 시점에서 출마한 것은 이해하기 힘들다. "내가 이주호인데"라는 자신감이 과도했을 수 있다. 특히 AI 보조교사는 그가 윤석열 정부에서 복귀한 후에 인공지능 디지털교과서(AIDT)로 밀어붙여 여러 논란을 낳았다. 사교육비 절반과 IB(국제 바칼로레아)와 KB(한국형 바칼로레아) 같은 얘기는 다시 장관이 되었지만, 공허한 얘기가 됐다.

이주호 장관은 교육부를 사랑한다고 했다. MB 정부의 교육과학기술부를 떠날 때 한 얘기가 떠오른다.

"지난 2년 7개월간 장관 직무를 마치고 사랑하는 교과부를 떠나게 됐습니다. 큰 관심과 애정, 때로는 질책을 통해 제가 맡은 바 책무를 다할 수 있도록 격려하고 지원해 주신 여러분께 고개 숙여 감사드립니다."

이주호 장관은 2010년 8월 31일부터 2013년 3월 11일까지 924일간 이명박 정부의 교육을 맡았다. 역대 교육부 장관 중 전두환 대통령 시절 이규호 장관(1,241일), 박정희 대통령 시절 민관식 장관(1,202일)에 이어 세 번째 장수 장관이었다. 문재인 정부 때 이 기록은 유은혜 장관이 깼다.

이주호는 차관 경력(2009년 1월 20일~2010년 8월 15일, 573일)까지 합하면 MB 정권 때만 계산해도 교육부 근무 일수가 1,497일로 최장이다. "MB 교육=이주호"라고 불렸던 이유다. 그 정도로 교육부에 오래 머물렀으면, 대중적인 인지도가 있어야 하는데 서울시 교육감 출마 당시엔 여론조사에서 하위권이었다.

이주호는 2022년 11월 7일 윤석열 정부의 사회부총리 겸 교육부 장관으로 화려하게 복귀했다. 정치인으로 치열하게 선거를 치러보지도 않았고, 윤석열 정부 탄생에 열정적으로 기여했다는 평도 없었다. 그런 관운 좋은 이주호 부총리가 탄핵 정국에 대통령 권한대행까지 맡은 것은 대한민국 교육의 또 다른 희극이다.

이주호 사회부총리 겸 교육부 장관은 1961년 대구 출생이다. 대구 청구고를 졸업하고 서울대 무역학, 서울대 경제학 석사를 거쳐 미국 코넬대학교에서 경제학 박사학위를 취득했다. KDI 국제정책대학원 교수로 재직하다 2004년 제17대 한나라당 국회의원이 된 것을 계기로 교육과 인연을 맺었다. 교육부 장관을 두 번 역임(총 63개월)한 '이주호 교육'을 계속 살펴본다.

■ 의대 증원 사태, 결국은 신뢰 문제

공자의 제자 중 언변이 좋은 자공이 있었다. 자공은 공자와 문답을 자주 했다. 어느 날 자공이 공자에게 물었다.

- 한 나라를 다스리는 데 필요한 세 가지가 무엇입니까.

  "식량과 무기와 백성의 신뢰, 즉 食과 兵과 信賴다."

- 비상 상황이 발생해 한 가지를 버린다면 무엇부터 포기해야 합니까.

  "兵이다."

- 그다음에 또 불가피한 일이 발생하면 어떻게 합니까.

  "食을 포기한다."

- 식량이 없으면 굶어 죽습니다.

  "물론 식량이 없으면 살기가 어렵다. 그렇지만 인간사회는 신뢰가 없으면 단 한 순간도 존재할 수 없다. 신뢰가 밥보다 중요하다."

논어의 '안연(顔淵)' 편에 나오는 일화다. 군주가 나라를 운영하는 데 가장 중요한 것은 신뢰가 절대적이라는 점을 강조한 얘기다. 군왕과 백성과의 신뢰가 깨지면 민심은 요동친다. 순자(荀子)의 제9절 왕제에 나오는 "민심은 물과 같다 배를 띄울 수도, 뒤집을 수도 있다(水則載舟 水則覆舟)"라는 말과 일맥상통한다.

대통령에 대한 믿음은 곧 민심과 직결된다. 대통령이 믿음직스러우면 국민은 전폭적으로 따르지만, 그 반대의 경우는 참담하다. 여론의 풍향계는 이를 잘 반영한다. 대통령에 대한 국정 지지도는 중요한 민심 척도다. 윤석열 정부 들어 국정 지지도는 높지 않았다. 정권의 허니문 기간에도 그랬고, 반환점을 돈 시점에서도 그랬다. 굳이 여론조사의 몇 %를 언급할 필요도 없다.

보수와 진보의 대립, 두 진영의 갈라치기, 혐오 정치 문제만으로 볼 문제가 아니다. 역대 정권에서도 그런 문제는 늘 있었다. 가장 큰 문제는 역시 신뢰다. 국민의 대통령에 대한 신뢰가 너무 미약했다. 먹고사는 문제(食)나 남북 관계의 안보 문제(兵)보다 신뢰를 잃은 게 가장 큰 문제였다.

김건희 여사 문제 때문에 그런 것만은 아니다. 여러 가지가 겹쳤다. 문뜩 하인리히의 법칙(Heinrich's law)이 떠오른다. 1:29:300의 법칙이라고도 한다. 어떤 대형 사고가 발생하기 전에는 같은 원인으로 수십 차례의 경미한 사고와 수백 번의 징후가 반드시 나타남을 뜻한다. 위험사회를 지칭한 말이지만 정국 운영도 비슷하다. 큰일이 일어나기 전에 여러 경고성 징조와 징후가 나타나고, 계속 방치하다 보면 결국 큰일로 이어질 수 있기 때문이다.

2024년부터 2025년 탄핵정국, 대선을 거쳐 현재까지 봉합이 안 된 의대 정원 파동은 결국 신뢰 문제였다. 2024년 4·10 총선을 앞둔 시점에 윤석열 정부의 일방적인 증원 발표로 의료계가 집단 반발했다. 의대생은 학교를 떠났고 전공의는 병원을 떠났다. 교수는 수업하지 못했다. 의사가 부족해 응급실은 임계점에 이르렀고, 몸이 아픈 국민은 진료를 제대로 받지 못했다. 의료 붕괴를 걱정하는 목소리가 커졌다. 하인리히 법칙이 떠오른 연유다.

윤석열 대통령의 고집은 불통 그 자체였다. 그 고집을 '받들어총'한 것은 이주호 교육부 장관과 조규홍 보건복지부 장관이다. 두 주무부처 장관은 민심이 들끓어도 아랑곳하지 않았다. 충성심이 대단했다. 장관 자리 보전이 인생에서 그리 중요한 일인지 정말로 이해하기 힘들었다.

의료는 밥 먹고 사는 문제가 아니라 죽고 사는 문제인데 윤석열 정부는 안이했다. 정부가 힘으로 밀어붙이면 의사도, 국민도, 의대생도 다 따라올 걸로 착각했다. 오만이다. 의사의 저항을 힘으로 누르려다 이상한 상황이 됐다. 교육 환경 개선, 교수 충원, 재정 지원, 의사 수급 전망, 증원 가능 연도를 종합적으로 고려하고 대입 영향까지 챙겼어야 했다. 교육부와 보건복지부가 머리를 맞대야 하는데 따로 놀았다. 복지부 주도의 일방적 의대 증원에 교육부는 끌려다녔다. 대통령 심기를 건드리지 않으려는 두 부처의 충성 경쟁도 있었다.

복지부는 '복지교육부'가 됐다. 장·차관은 힘을 과시했다. 실수라고는 하지만, 차관은 의사를 '의새'라고 말하는 설화도 있었다. 실수가 아니라 본심이었을 지도 모른다. 의대 증원은 복지부 중심이었고 교육부는 무능했다. 휴학 문제도 오락가락했다. 국가 교육을 책임진 교육부라고 할 수 있나.

이주호 부총리는 대한민국 교육을 책임졌다. 의대 문제만 놓고 보면 그는 장관 자격이 없었다. 삼척동자도 이 정도의 파행이면 정상적인 수업이 불가능하고, 학년 진급도 어렵고, 2025년 수업이 정상적으로 이뤄지기 어렵다는 것도 다 알았다. 그런데 끝까지 "교육의 질 저하는 없다" "여러 방안을 검토 중"이라는 말을 되풀이했다.

이주호 부총리의 어법은 특이했다. 기자가 질문하든, 국회의원이 질문하든 명확한 답변을 하지 않고 얼버무리는 경우가 많았다. 2024년 10월 8일, 교육부에 대한 국회교육위원회의 국정감사만 봐도 그렇다. 의원들이 의대 6년 과정을 5년으로 단축하는 문제를 추궁하자 "할 수 있는 학교를 지원하는 것이니, 없으면 안 하는 것"이라고 말했다. 이틀 전인 10월 6일 "의료 인력 수급 비상 상황을 극복하려는 방안 중 하나로 의대 교육과정을 6년에서 5년으로 단축하는 방안을 검토하겠다"며 불쑥 던졌다가 이틀 만에 백기를 들었다.

▌컨틴전시 플랜도 세우지 않았던 교육부

교육부는 '컨틴전시 플랜(Contingency plan)'도 세우지 않았다. 의대 문제가 불거진 이후 상황별 대응계획을 세우는 것은 기본 중의 기본이다. 입시에 미치는 영향, 지방 의대생의 도미노 휴학, 교수와 실험실 등 교육 환경, 의대생 휴학, 전공의 이탈 등 상황별 시나리오가 한둘이 아니다. 그런데 정작 뚜껑을 열어보니 비상계획은커녕 당장 휴학 대책도 세우지 않고 우왕좌왕하다 뒷북만 쳤다.

이주호 부총리는 이명박 정부 때 했던 것처럼 대학과 의대생에게 으름장을 놓았다. 그러다가 사태가 심각해지자 내놓은 처방이 의대 5년이다. 그는 2024년 10월 6일 브리핑을 통해 "의대생 휴학을 '조건부'로 허용하겠다"라고 밝혔다. 2025년 복귀를 명시해야 한다는 조건을 달았다. 그동안 아무런 대책도 없이 "동맹휴학은 휴학 사유가 될 수 없다"며 각 대학을 압박하다가 꼬리를 내렸다. 2024년 6월 교육부는 법령상 의대생 복귀의 마지노선은 8월 초라며 휴학 승인을 막았고, 같은 해 9월엔 "지금이 복귀의 골든 타임"이라고 강변했다.

그러곤 의대생이 복귀하면 집중적으로 수업을 진행해 학년 진급을 시키겠다고 했다. 교육의 질 저하도 없다고 했다. 의대생은 공부량이 많아 2월과 8월에 개강하고, 2~3주에 한 과목씩 책 몇 권을 돌파해야 하는 게 현실이다. 항간에는 "소·돼지를 다루는 수의사, 침을 놓는 한의사, 약국에서 점원처럼 약이나 파는 약사도 6년을 배운다"는 우스갯소리가 나돌았다. 이게 정상적인 나라인가.

게다가 교육부와 복지부는 사전 협의도 안 한 것으로 드러났다. 의대 정원 2,000명 증원이라는 '2,000'은 교육부와 상관없이 복지부가 주도했다. 의대 증원은 교육적인 차원에서도 간단한 문제가 아닌데 복지부가 일방통행으로 정책을 밀어붙였다. 이 과정에서 교육부는 아무 소리를 내지 못했다. 그래서 뿔이 났는지, 이번에는 이주호 부총리가 펀치를 날렸다. 복지부와 협의 없이 6년 과정을 5년으로 줄이는 방안을 언론에 공개했다. 의료계 얘기도 들어보지 않았을 뿐더러 복지부와도 "대책 마련 후 협의했다"라고 했다. 조규홍 복지부 장관도 국감장에서 "교육부와의 사전 협의는 없었다"고 했다. 이게 윤석열 정부였다.

▮ 탄핵 정국에 "물에 빠져 죽는 심정으로 협상했다?"

이주호 부총리는 뭔가에 쫓기는 듯했다. 정책은 신중하지 못하고 말은 엇나갔다. 수능 킬러 문항이 불거졌을 때는 "윤석열 대통령이 교육 전문가"라고 언급해 세간의 비판을 받았다. 자식도 하나 키워보지 않았고, 평생 법조인으로 살아온 사람을 교육 전문가라고 했다. 의정 갈등이 최고조에 이른 2024년 8월에는 국민의힘 연찬회에 참석해 "6개월만 버티면 이긴다"라고 발언했다. "전후 맥락을 보면 그런 뜻이 아니며 와전됐다"고 했으나 신중하지 못했던 것은 분명하다.

윤석열 대통령의 망국적 계엄으로 정국이 급변했다. 대통령이 탄핵당했고, 대통령 권한대행을 수행하던 한덕수 총리도 탄핵당했다. 대통령 권한대행의 대행인 최상목 경제부총리 겸 기획재정부 장관 체제가 한동안 지속됐다. 그런 상황이 되자 이주호 부총리의 말이 달라졌다. 이 부총리는 2025년 1월 언론과의 인터뷰에서 이렇게 말했다.

"의정 갈등을 풀기 위해 물에 빠져 죽는다는 심정으로 협상에 임하겠다. 2026학년도 의대 정원은 2,000명 증원 직전인 2024학년도 정원 3,058명보다 감원될 수도, 그대로 3,058명이 될 수도 있다. 타결이라는 게 결국은 주고받는 것이다."(중앙일보 2025년 1월 22일자 14면 보도)

진즉에 그런 의지를 보였어야 한다. 만시지탄이 아닐 수 없다. 2025년에 증원한 1,497명(애초 2,000명 증원 인원 중 국립대와 단국대가 일부 축소해 선발한 인원)에 대한 교육 문제도 얘기하지 않았다. 특히 대통령이 있을 때는 "흔들림 없는 의료 개혁"을 주장하다 "제로 베이스 검토"로 입장을 바꿨다. "그땐 맞고 지금은 틀리다"라는 말과 다름없다. 권력의 무상함인가.

최상목 권한대행이 탄핵 직전 사의하자 이주호 부총리는 대통령 권한대행의 권한대행의 권한대행이 됐다. 의대 문제 하나도 버거운데 보통 일이 아니었다. 이주호 권한대행은 결국 의대생 유급과 제적을 해결하지 못했다. 2025년 5월 5일에는 "정부는 학생 복귀와 의대 교육 정상화를 최우선에 두고 의대 교육을 책임지는 총장과 학장의 뜻을 존중해 2026학년도 의과대학 모집인원을 3,058명으로 조정했다"

고 했다. 정원을 원점으로 돌린 것이다. 그리고 대량 유급과 제적 사태를 맞았다. 정책 과실이 빚은 참사다.

의대 문제를 포함한 이주호 부총리의 교육정책은 논란이 끊이지 않았다. 교원전문대학원을 도입하겠다더니 예산만 낭비했다. 글로컬 사업과 라이즈 사업, 디지털 교과서, 교육특구 사업은 설익었다. 미래가 불투명하다. 신뢰에 금이 갔다. 공자가 말한 병사와 식량보다 더 중요한 신뢰는 교육 분야에 더 필요하다. 교육 수장이 신뢰를 잃으면 그 교육은 성공하기 어렵다. 의대 정책이 그 본보기다.

■ 이주호의 과욕이 부른 AIDT

이주호 부총리가 밀어붙였던 인공지능 디지털교과서(AIDT)는 그 뿌리가 어디일까. 이 부총리가 사단법인 아시아교육협회(the Education Commission Asia) 이사장 시절 내걸었던 '하이터치 하이테크(HTHT: High Touch High Tech)'에 있다고 본다.

복기해 보자. 이명박 정부의 마지막 교육부 장관을 지낸 이주호는 한국개발원(KDI) 교수로 복귀한 뒤 '초·중·고 교실 혁명'을 내걸었다. 2019년 11월 28일의 일이었다. 그러더니 2020년 4월 13일 아시아교육협회를 창립했다. 이주호 교수가 직접 이사장을 맡았다. 협회 이사로는 김도연 서울대 명예교수(전 교육과학기술부 장관), 김태완 한국미래교육원장(전 한국교육개발원장), 이길호 한국에듀테크산업협회 회장(타임교육 C&P 대표이사), 이승환 씨트콥 이사장을 영입했다. 협회 사무총장으로는 황보은 전 전문대학교육협의회 사무총장이 합류했다. 이주호 부총리가 교과부 장관 때 인사 총괄(운영지원과장)을 맡았던 공무원 출신이다.

▮ 아시아교육협회 만들어 "하이터치 하이테크" 주창

아시아교육협회 이주호 이사장은 'HTHT'를 주창했다. 초·중·고 교실에 인공지능(AI) 기반의 맞춤형 학습체제를 도입해 교사의 수업 부담을 줄여주고 교사와 학생과의 인간적 연결을 강화한다는 취지였다. 교수법 혁신을 통해 프로젝트 학습과 같은 교수학습 방식을 접목해 학생 개개인에게 높은 수준의 인지 역량과 창의력, 인성을 키워주자는 게 목표였다.

슬로건은 신선했다. 이 이사장은 "아시아교육협회는 HTHT 교육이 한국에서 그리고 더 나아가 세계적으로 확산하도록 노력하겠다. 4개의 HTHT 컨소시엄과 다양한 HTHT 플랫폼을 통해 1만2,561명의 국내 학생과 3,302명의 개도국 학생에게 HTHT 학습을 지원하고 있다"고 밝혔다. 그는 "모든 학생이 똑같은 내용을, 똑같은 시간에, 똑같은 속도로 학습해야 하는 공장형 수업에서는 많은 학생이 실패할 수밖에 없다. 하이터치 하이테크 교육은 학생 한 명 한 명이 그들에게 맞는 최적의 내용을, 최적의 시간에, 최적의 속도로 학습해 모두가 성공할 수 있도록 돕는 맞춤형 교육을 가능하게 한다"고 설명했다.

협회는 후원금을 모았다. 2020년 4월 사단법인 공식 출범 이후 2022년 7월까지 2억9,800만 원을 모았다. AI 교육·온라인 학습지로 유명한 A사가 1억 원을, 또 다른 B사가 1억 원을 후원했다. 언론사 계열 재단은 5,500만 원을, L씨는 2,400만 원을 냈다(국회 교육위원회 강득구 더불어민주당 의원 자료, 2022년 10월 24일 발표).

이런 사실은 윤석열 정부 때 이주호 후보자의 국회 인사청문회 과정에서도 논란이 됐다. 당시 이 후보자가 사교육업체로부터 후원금을 받고 아시아교육협회를 운영한 것은 '사교육 유착'이라는 비판이 거셌다. 비영리 사단법인이 수익사업에 손을 댄다는 의혹이 불거졌다. 모 에듀테크기업으로부터 후원금을 받은 사실도 드러났다. 그러자 이주호 인사청문회준비단은 "아시아교육협회는 뜻을 같이하는 각계각층의 사람들과 함께 설립했고, 평소 사회공헌 활동을 많이 해 온 민간업체도 협회 설립 취지에 공감해 기부했다"고 해명했다.

이 부총리는 윤석열 정부 입각 직전 서울시교육감 예비후보로 나섰다가 사퇴했는데 그 당시도 논란이 있었다. '하이터치 하이테크 교실혁명'을 핵심 공약으로 내걸었는데 에듀테크 기업 임원과 업계 관계자로부터 후원금을 받은 의혹이었다.

▮ "HTHT를 AIDT로 변환했다"는 의혹도

이주호 부총리는 입각하자 협회 이사장을 사임했다. 그렇지만 HTHT는 계속됐다. 아시아교육협회 황보은 사무총장을 자신의 정책보좌관으로 영입했다. 그리고 2023년 2월, HTHT와 판박이인 '디지털 기반 교육혁신 정책'을 발표했다. 디지털 대전환 시대에 맞는 수업, 교사 역량 강화, 인공지능 디지털교과서(AIDT) 도입으로 격차 없는 교육 디지털 대전환을 진행하겠다는 게 요지였다. 이 부총리는 '교사가 이끄는 교실혁명'을 내걸었다. 'HTHT' 취지와 똑같고 현재도 아시아교육협회 홈페이지에 있는 내용과 유사하다.

이 부총리는 의욕을 보였다. 세계 최초로 AIDT를 도입해 교실혁명을 이루겠다고 했다. 의욕이 과해서일까. 학생과 학부모, 교사의 의견을 듣거나 사회적 공론화 과정이 없었다. 검증받지 않은 교과서, 준비가 덜 된 교사, 학생의 디지털 기기 과몰입에 대한 우려가 쏟아졌다. 그럼에도 이 부총리는 "AIDT=교실혁명"을 강조했다. 교육 수장이 HTHT를 직접 홍보하는 양상이었다.

▮AIDT 보급 3각 편대…이대영·정제영·황보은

이 부총리는 AIDT 편대를 구축했다. AIDT를 받쳐줄 주요 기관인 한국교과서협회, 한국교육학술정보원(KERIS), 한국교과서연구재단의 기관장에 측근을 영입했다. 이대영·정제영·황보은이다.

2023년 1월, 한국교과서협회 제21대 이사장에 이대영 전 교육과학기술부 대변인이 취임했다. 한국교과서협회는 총 77개 교과서 출판 발행사를 회원사로 둔 국내 최대 단체다. AIDT와 밀접한 관계가 있다. 중학교 교사 출신인 이대영 이사장은 서울시교육청과 교육부에서 장학관으로 일했다. 2010년 9월 행정직이 아닌 전문직 최초로 교육과학기술부(현 교육부) 대변인을 맡는 등 이주호 장관 체제에서 활약했다. 그는 서울시교육청 부교육감, 교육감 권한대행, 고등학교 교장을 두루 역임한 전문 교육인이다.

이대영 이사장은 실천교육을 강조했던 교육인이다. 그는 서울 서초고등학교 교장 당시 자신의 본적을 강원도 원주에서 경북 울릉군 독도리로 옮겼다. 독도 사랑을 직접 실천한다는 취지였다. 이 이사장은 고등학교 생물교사 출신으로 한때 EBS 수능 방송에서 명성을 날리기도 했다.

2024년 5월, 정제영 이화여대 교육학과 교수가 제12대 한국교육학술정보원(KERIS) 원장에 취임했다. 이 부총리가 교과부 장관 시절 연을 맺은 교육부 출신이다. 행정고시 44회다. 정 원장은 2003년부터 교육부에서 일하다 2012년 이화여대로 이직했다. 2021년에 'AI 교육 혁명'이라는 책을 이 부총리와 공동 집필할 정도로 AI 교육에 관심이 많았다. 정재영이 KERIS 원장에 발탁되자 이 부총리의 인사라는 설이 파다했다. KERIS 측은 공정한 공모 절차를 거쳤다고 밝혔으나 그 말을 믿는 사람은 없었다.

KERIS는 교육과 학술 연구 분야의 교육 정보화 사업을 하며 국가의 미래 교육혁신을 이끄는 디지털 교육 국책 전문기관이다. '4세대 나이스 개통'과 'AI 디지털교과서 개발'을 추진했다. 정 원장은 언론을 통해 "AIDT는 학생 개인의 능력과 수준에 맞는 다양한 맞춤형 학습 기회를 지원할 수 있도록 다양한 학습자료와 학습지원 기능을 탑재한 교과서"라고 강조했다. 이 부총리의 주장과 상통한다.

정 원장은 2024년 하계 다보스포럼에서도 HTHT를 설파했다. 포럼의 'AI 시대의 학습' 세션 발표자로 나서 '하이터치 하이테크(HTHT) 교육'을 주제로 강연했다. 이 부총리의 아시아교육협회 슬로건을 정부 기관 책임자가 '한국의 디지털 기반 교육혁신 방안의 핵심'이라고 발표한 것은 '이주호-정제영' 관계를 보여주는 사례다.

2024년 8월 27일, 황보은 정책보좌관이 한국교과서연구재단 이사장에 취임했다. 재단은 교과서 개발과 연구, 질 관리 등을 종합적으로 맡은 국내 유일의 교과서 전문기관이다. 황보은 이사장은 취임사에서 "교과서는 단순한 종이가 아니라 미래를 여는 열쇠가 된다"고 강조했다. 교육부 운영지원과장, 한밭대 사무국장, 한국전문대학교육협의회 사무총장을 역임한 교육 관료 출신이다. 이로써 AIDT 개발과 보급, 홍보를 위한 '이대영-정제영-황보은' 3각 편대가 완성됐다.

황보은 이사장은 2024년 12월부터 AIDT를 전국 초·중·고등학교에서 웹-전시 형태로 볼 수 있도록 제공했다. 도입이 코 앞인데 AIDT를 처음으로 전국 초·중·고 교사에게 공개했다. 황보은 이사장은 "12개 출원사 76종의 AI 디지털교과서는 학생의 학습 속도와 수준, 특성 등을 진단하고 교사가 최적의 학습 내용과 활동을 제시하는 상호 작용 학습이 이루어지도록 설계돼 있다"라고 설명했다. 기존의 교과서를 사용하는 수업은 교사 피드백이 시간이 걸리지만, AIDT는 학습자가 문제를 풀거나 과제를 수행하는 즉시 피드백이 제공돼 교육격차 해소에 큰 역할을 할 것이라는 얘기였다. 역시 이 부총리의 주장과 상통한다.

결론적으로 AIDT는 이 부총리의 '제창'으로 도입됐다. HTHT와 AIDT의 취지, 목적, 실행방법이 비슷한 것은 가벼운 문제가 아니다. 교과서 개발업체 대부분이 한국교과서협회 회원이고, KERIS와 한국교과서연구재단과 얽혀 있다. 아시아교육협회의 교실혁명 운동이 정부 정책으로 연결되고 또 실행되는 것은 긍정적인 면도 있다. 하지만 그 실행 주체가 이 부총리였다는 점에서 논란은 여전하다.

탄핵 정국에서 AIDT는 '식물' 신세가 됐다. 2024년 12월 26일, 국회는 본회의에서 AIDT를 교과서가 아닌 교육자료로 격하한 '초·중등교육법 개정안'이 통과됐다. 더불어민주당은 디지털 과몰입 등의 부작용을 지적하며 교과서가 아닌 교육자료로 규정했다. 최상목 당시 대통령 권한대행이 거부권을 행사해 명목상 교과서 지위는 유지됐다.

이재명 정부는 AIDT를 교육자료로 활용하고 학교가 자율적으로 선택할 수 있도록 한다는 방침이다. 대신 다양한 학습 콘텐츠 활용을 위한 공공플랫폼을 구축하겠다는 구상이다. 결국 AIDT는 이재명 정부에서 탄핵되는 운명이 됐다. 2025년 8월 4일, 국회는 AIDT의 법적 지위를 '교과서'가 아닌 '교육자료'로 격하하는 초·중등교육법 개정안을 통과시켰다.

AIDT가 순수한 취지로 도입된 것인지, 이주호 부총리의 개인적 고집이었는지, 아니면 아시아교육협회의 'HTHT' 복사판이었는지는 살아있는 쟁점이다. AIDT 개발업체는 교육부에 구상권을 청구했다.

II

'물 만난 물고기' 교육

1960~70년대 우리나라 교육 생태계는 척박했다. 교실에는 냉난방 시설이 없었다. 아이들은 더위에 축축 처지고 추위에 온몸을 떨었다. 점심시간, 도시락을 가져오지 못한 아이들은 수돗물로 허기를 달래기도 했다. 어쩌다 급식으로 제공되는 딱딱한 빵, 아이들에겐 꿀맛이었다. 비 내리는 날, 운동장은 질퍽했고 교실 천장에선 물이 새기도 했다. 교실은 비좁았다. 한 반이 60명을 넘었다. 위생이 좋을 리 없었다. 교사들은 버거워했다. "박봉의 고달픈 밥벌이"라는 자조가 나왔다. 그래도 열정적으로 가르쳤다. 아이들은 "스승의 그림자는 밟아선 안 된"다는 존경심을 갖고 열심히 배웠다.

그 시절, 대한민국 교육열은 대단했다. 부모들은 가난의 대물림을 끊으려면 교육밖에 없다고 생각했다. 정부는 가난한 나라에서 믿을 건 교육밖에 없다며 지방교육재정교부금제(교육교부금제)를 도입했다. 내국세 중 11.8%를 떼서 교육청에 자동 배정하는 제도였다. "아무리 나라 살림이 궁해도 교육만큼은 국가가 최우선으로 책임진다"는 취지였다. 1972년 박정희 정권 때의 일이었다. 그런 교육교부금제는 53년이 지난 현재까지 계속되고 있다. 그동안 대한민국 인재를 키우는 든든한 버팀목 역할을 했다.

그 사이 세계 10대 경제국으로 발돋움하며 경제 규모가 커져 교육청 곳간은 튼실해졌다. 문재인 정부 들어서는 교부율이 0.49% 포인트 올라가면서 현재의 20.79%로 높아졌다. 2017년도 본예산 기준 42조9,000억 원이던 교육교부금은 5년 만에 1.5배 늘어났다.

그런 정책 덕분에 우리의 유, 초·중등 교육환경은 업그레이드되고 있다. 교실에는 냉난방 시설이 완비됐고, 모든 학생이 따뜻한 점심밥을 무상으로 먹고, 학급 당 학생 수도 선진국 수준으로 적어졌다.

버락 오바마 전 미국 대통령이 "한국의 교사들은 네이션 빌더(nation builder)"라고 칭송할 정도로 교사의 사회적 평가나 처우도 적지 않게 개선됐다. 교육교부금의 역할이 컸던 것은 사실이다.

▌학령인구 감소와 교육교부금의 역설

유, 초·중등 교육의 든든한 버팀목이었던 교육교부금은 논란의 한복판에 서 있다. 4차 산업혁명, 코로나19 팬데믹, 학령인구 감소, 디지털 교육 확산의 격랑 속에서 씀씀이에 대한 '가성비' 논란이다. "격변기에 가장 나쁜 일은 과거 방식을 갖고 대응하는 것(피터 드러커)"인데, 교육 패러다임 전환기에 과거와 같은 획일적 예산 자동 배정이 합당하냐는 것이다.

기획재정부에 따르면, 교육교부금은 2017년 46조6,000억 원에서 2019년 60조5,000억 원으로 늘었고, 2020년에는 코로나 팬데믹 등으로 53조5,000억 원으로 줄었다. 그러다가 2021년 60조3,000억 원, 2022년엔 81조3,000억 원으로 급증했다. 교육교부금은 세수에 따라 그 규모가 달라진다. 2023년에는 65조4,000억 원, 2024년에는 68조9,000억 원이 배분됐고, 2025년에는 72조3,000억 원 규모다.

세수 확대로 교부금은 60조 원을 넘어 81조 원까지 치솟았다가 70조 원대를 유지하지만, 학생 수는 줄어들고 있다. 당연히 교부금은 여유가 있다. 전국의 17개 교육청이 다 못 써서 이듬해로 이월한 예산이 매년 수조 원이다. 2018년 6조7,000억 원, 2020년 4조4,000억 원, 2022년 7조5,000억 원이 남았다.

저출생 여파로 학령인구(6~21세 인구)는 갈수록 줄어들고 있다.

2010년 995만 명에 달하던 학령인구는 2017년 846만1,000명, 2021년 764만 명으로 감소했다.

2022년에는 743만8,000명으로 더 감소했고, 2030년에는 600만 명 대가 무너져 596만 명으로 감소할 전망이다(통계청, 장래 인구 추계).

이런 상황에서 시·도 교육청에 계속 지금처럼 똑같이 지원하는 게 맞느냐는 지적이다. 더욱이 전체 공무원 숫자가 13% 늘어나는 동안 시·도 교육청 공무원 수는 38%나 늘었다. 학생은 줄어드는데 교육청 공무원 수는 거꾸로 늘어났다.

학령인구 및 구성비

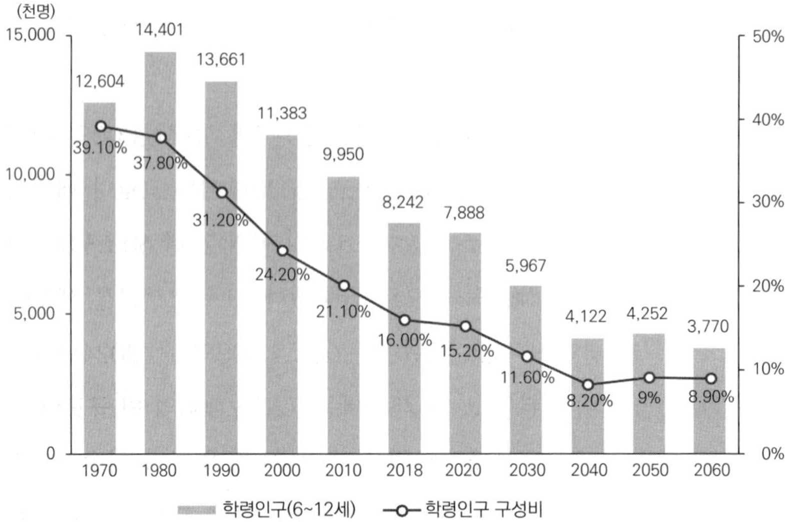

출처: 통계청 장래인구 추계

지방교부금에 대한 효율성 논란이 일자, 국회에서도 몇 차례 '지방교육재정교부금법' 개정 법안을 발의했다. 남아도는 교육교부금의 일부를 대학에 줘 국가재정을 효율적으로 집행하자는 취지다. 하지만 법안은 번번이 국회 문턱을 넘지 못했다. 초중등 교육계와 교육감이 반발하자 정치권이 어물쩍했기 때문이다.

미국 실리콘밸리의 싱귤래리티대학 설립자인 피터 디아만디스는 "기하급수 기술(exponential technology)로 풍요와 번영의 시대가 도래할 것"이라고 전망했다. 기하급수 기술은 1개가 2개가 되는 느린 기술이 아니다. 5G처럼 2개가 4개, 4개가 8개로 되는 고속 기술이다. 5G 시장을 주도하지 못하면 경쟁력을 잃고 시장에서 낙오할 수밖에 없다.

디지털 시대의 교육도 마찬가지다. 에듀테크를 활용한 학생 맞춤형 교육, 학생 수준별 심화교육, 기초학력 미달 학생을 위한 교사의 노력이 공교육 테두리 안에서 이뤄져야 한다. 그렇지 않으면 글로벌 인재 양성 경쟁에서 밀려날 수밖에 없다. 한해 24만 명밖에 태어나지 않은 초저출생 국가에서 예산 운영의 효율성을 더 따져봐야 하는 까닭이다.

교육교부금제 개편 문제는 여야가 따로 없고, 유, 초·중등 교육계와 고등교육계가 따로 없다. 우리 모두의 미래인 까닭이다. 여기서 교육부가 2020년 10월 발표한 '코로나 이후 미래교육 10대 정책과제 시안'을 살펴볼 필요가 있다. 4차 산업혁명 등 교육환경 변화와 코로나19 대응 과정에서 일어나고 있는 교육현장의 변화를 정책에 반영해 미래교육으로 도약하자는 취지다.

10대 정책과제는 ① 미래형 교육과정 마련, ② 새로운 교원제도 논의 추진, ③ 학생이 주인이 되는 미래형 학교 조성, ④ 학생 성장을 지원하는 교육안전망 구축, ⑤ 협업·공유를 통한 대학·지역의 성장 지원, ⑥ 미래사회 핵심 인재 양성 지원, ⑦ 고등 직업 교육의 내실화, ⑧ 전 국민의 전 생애 학습권 보장, ⑨ 디지털 전환에 대응한 교육 기반 마련, ⑩ 미래형 교육 협력 거버넌스 개편이다.

교육부의 10대 정책과제 방향은 바람직하다. 세계적인 전염병 유행과 기후변화, 교육 생태계의 디지털 전환(digital transformation), 학령인구 감소에 따른 불확실성과 급속한 변화가 혼재하는 사회에서 교육 패러다임 전환은 선택이 아닌 필수이기 때문이다. 이런 정책은 윤석열 정부를 넘어 이재명 정부에서도 유효하다. 굳이 새롭게 목표를 만들 필요도 없다. 교육이 문제가 아니라 정치가 문제다.

▌유, 초·중등과 대학은 톱니바퀴, 재정 효율 배분 필요

교육교부금의 효율적 배분과 사용 또한 선택이 아닌 필수다. 유, 초·중등 부문과는 달리 고등교육 재정지원은 경제협력개발기구(OECD) 평균에도 못 미치는 상황이다. 교육교부금법을 개정해 대학도 일정 부분 배정을 할 필요성이 제기되는 이유다. 그러나 유, 초·중등 교육계는 함구한다. 자신들의 몫을 대학에 빼앗기지 않겠다는 속내다. 유, 초·중등 교육과 대학 교육은 별도 바퀴가 아니라 톱니바퀴인데도 말이다.

유, 초·중등 교육계도 담대해져야 한다. 교육감 성향에 따라 교육교부금의 용도 비중이 달라지고, 기득권 지키기에 매몰돼 비효율적인 예산 배정을 즐기는 건 아이들의 미래를 망치는 일이다. 예산을 적재적소에 사용함으로써 가성비를 높여야 한다. 교육부와 교육청이 머리를 맞대고 교육교부금의 효율적 배정을 재설계해야 한다. 고등교육은 돈 가뭄을 겪는데 초·중등은 넘치는 것은 교육적으로도 바람직하지 않다.

이재명 정부가 추경을 편성하는 과정에서 교육교부금을 2조 원 감액했다고 재설계 논의를 멈춰서는 안 된다.

영국의 처칠은 “과거와 현재가 싸우면 미래를 잃는다”고 강조했다. 과거의 기득권, 현재의 이념이 소모적 싸움을 벌이는 교육계가 곱씹어 봐야 할 말이다. 물고기는 물을 만나야 성장하고 여러 물길을 헤엄쳐야 대양으로 나아갈 수 있다. 우리 교육계가 아이들의 물길을 막는 건 아닌가. 물길을 터줘야 한다. ‘물 만난 물고기’ 교육이 필요하다.

선글라스 낀 장학사의 추억

초등학생 시절, 선생님이 무서워하는 사람이 있었다. 어린 나로서는 선생님을 이해하기 힘들었다. 그 사람에게 잘 보여야 했다. 학생들은 쓸고 닦았다. 며칠간 대청소가 반복됐다. 시범수업 학급에선 똑같은 내용을 앵무새처럼 반복했다. 누가 어느 대목에서 손을 들어 질문할지도 미리 정했다. 준비물은 평소와는 달리 많았다. 각본대로 하는 수업이라지만, 그래도 긴장됐다. 그 사람과 교장 선생님, 교감 선생님 등 여러 사람이 교실 뒤편에서 지켜보니 말이다. 뒤통수가 뜨거웠다. 속으로는 화가 났다. "왜, 저 사람에게 잘 보여야 하지?" "교장 선생님은 왜 저리 쩔쩔매지?"

그런 이상한 초등학생의 경험은 한두 번이 아니었다. 그 사람은 정말 대단한 것 같았다. 기억을 더듬어 그 당시의 에피소드를 다시 정리해 본다.

"야, 떴다. 떴어~. 아이들도 담임 선생님도 숨을 죽였다. 교장·교감 선생님은 교문까지 뛰어나가 90도로 허리를 굽혀 그를 맞았다. 검은 양복 차림에, 박정희 대통령만 쓰는 줄 알았던 선글라스를 착용한 그 사람은 허리를 꼿꼿이 세우고 교문 안으로 들어왔다. 학교 운동장은 깔끔했다. 일주일 내내 운동장의 속살이 아프도록 쓸고 쓸었던 보람이 있었다. 아이들은 모두 모범생으로 변했다. 소리 지르며 뛰어다니지도, 흙먼지 내며 놀지도 않았다. 손톱도 깎았고, 코도 안 흘리려

애썼다. 선생님은 더 이상했다. 아이들에게 존경어를 쓰고, 야단도 치지 않았다. 회초리 대신 지도봉을 들고 가르쳤다. '이상한 날'이었다. 어찌 보면 귀찮은 날이고, 어찌 보면 야단맞을 일 없는 편한 날이었다. 그 사람이 오는 날이었다. 나는 그 사람이 대통령 다음으로 높은 사람인 줄 알았다."

그 사람은 장학사(奬學士)였다. 장학사는 '권력'이었다. 밉보이면 빗자루나 축구공이 덜 오고 선생님이 다른 학교로 옮겨야 한다는 말이 나돌 정도였다. 그러니 선생님도, 교장 선생님도 절절맨 거였다. 장학사는 교육청에서 일한다. 교육목표·교육내용·학습지도법과 현장을 지도하고 조언하는 업무를 하는 교육전문직 공무원이다. 장학사는 행정상의 지휘·명령·감독권을 갖고 있지는 않다. 전문적인 연수를 받고 현장 경험이 풍부해 교사에게 도움을 주는 역할이 본연의 책무다.

▌장학사·장학관 교육 전문직은 교사의 '옥상옥'

초·중·고에서 학생을 가르치는 교사는 현장 교육자다. 이들만큼 교육에 대한 애정이 남다른 이들도 없다. 그런데 교사는 교육전문직으로 분류되지 않는다. 그냥 교사일 뿐이다. 그렇다면 교육전문직이란 무엇인가. 일반적으로 교육전문직은 교육공무원법 제2조와 제9조에 근거해 분류하는데 교육행정기관에 근무하는 장학관과 장학사, 그리고 교육기관·교육행정기관 또는 교육연구기관에 근무하는 교육연구관과 교육연구사를 통칭한다. 즉, 교육직원 가운데 초·중·고에서 학생을 가르치는 일을 담당하는 교사가 아닌 장학직과 연구직을 지칭한다. 교육행정기관과 연구기관 공무원 중 일반직이나 기능직과 대비

되는 용어로도 사용된다.

이런 교육전문직은 사실 교사에겐 옥상옥(屋上屋)의 부담스러운 존재다. 학년부장, 학과부장, 교감, 교장으로 이어지는 수직적 구조도 피곤한 터에 교장·교감도 절절매는 교육전문직이 떡 버티고 있기 때문이다. 교육전문직 또한 지역교육지원청, 교육청 본청, 교육부, 국회로 이어지는 수직적 구조로 인한 업무 압박에 시달린다. 예컨대 국정감사를 앞두고 국회의원들이 각종 자료를 교육부나 교육청에 요청하면, 교육부나 교육청에 근무하는 교육전문직은 지역 교육청에 자료를 요청하고, 지역 교육청의 담당자는 다시 일선 학교에 자료를 제출하라고 지시하는 구조다. 그러니 현장 교사는 늘 잡무가 많다고 울상이다.

▌장학사는 교감급, 장학관은 교장급

교육전문직 중 상징성이 있는 장학사를 보자. 자격 기준은 ① 대학·사범대학·교육대학 졸업자로서 5년 이상의 교육경력이나 2년 이상의 교육경력을 포함한 5년 이상의 교육행정경력 또는 교육연구경력이 있는 자, ② 9년 이상의 교육경력이나 2년 이상의 교육경력을 포함한 9년 이상의 교육행정경력 또는 교육연구경력이 있는 자로 되어 있다.

장학사는 행정상으로 감독권이나 지휘명령 등의 자격을 갖추고 있지는 않다. 그렇지만, 학교 내 주기적인 사찰과 교육과정이나 장비 시설 등에 대해서 종합적인 평가를 하고, 제반적인 문제에 대해서는 교사와 학교 간의 협의와 조언을 하는 역할을 한다. 더불어 교사들의 수업 능력이나 학습에 관한 결과 등을 평가해 보고서를 작성하는 역할도 한다.

장학사는 교감급이다. 행정공무원으로 치면 5급 사무관과 6급 주무관 중간 정도다. 장학사가 승진하면 교장급 장학관이 된다. 보직별로 3~5급이다. 장학사·장학관의 윗사람은 교육장이다. 서울에는 11개 지역교육지원청에 교육장이 11명이다. 25개 자치구를 두세 개씩 묶어 강남·강서·강동지역교육지원청 같이 11개로 나눴다. 교육장의 임명권자는 교육감이다. 교육감의 성향에 따라 교육장의 성향도 영향받을 수 있는 구조다.

기자로 활동할 때 여러 번 교육장을 만난 적이 있다. 교육장실에 들어갔다가 깜짝 놀랐다. 방이 장관 방 뺨치게 넓은 데다 화려했다. 순간, "그 힘센 장학사를 거느리고 있는 교육장이니…"라는 생각이 들었다. 그런 교육장이 많다. 지난 10년 사이 전국의 학생 수는 230만 명 감소했는데 교육청 직원은 계속 증가했다. 교육교부금 영향을 무시할 수는 없다.

교육전문직이 제 역할을 하는 것은 중요한 문제다. 세간에는 교감이나 교장 승진을 위해 무대를 바꾸는 것이라는 말도 있다. 잘 가르치던 교사 중 상당수가 교육전문직 시험을 준비하며 교직의 초심을 잃는 게 현실이다. 승진시험에 통과한 교사는 장학사·장학관, 연구사·연구관, 교감·교장으로 옮겨 교단에서 멀어진다. 일반직으로 보자면 장학관과 연구관은 3~5급, 교장은 4급, 교감은 5급, 연구사·장학사는 6급이다.

장학사는 교감과 교장 발령에서 1순위가 된다. 반면 교단을 지키는 교사는 일반직 7급에 해당한다. 교단에서 멀어질수록 출세가 빠르고, 묵묵히 교단을 지키는 교사는 승진이 더딘 구조다. 현장 교사는

'막 교사'라며 자조하기도 한다.

▌잘 가르치는 교사가 교단에 오래 서도록 우대를

잘 가르치는 교사가 교단을 떠나면 그 피해는 결국 학생이 보게 된다. 물론 우수 교사가 장학사로 변신해 장학지도를 잘하면 시너지가 발휘될 수 있다. 그런 만큼 효율적인 운영과 관리가 중요하다. 그런데 전국 176개 지역교육지원청의 직원 1인당 담당 학생 수를 보면 들쭉날쭉하다. 어떤 곳은 1인당 15명, 어떤 곳은 800명이 넘는다. 객관적인 기준 없이 운영된다. 이 또한 교육교부금의 부작용일 수 있다.

교사는 보람과 자존감과 명예와 사기로 일하는 자리다. 후배나 동료 교사가 장학사나 장학관 일을 하다 교감이나 교장으로 부임하면 분위기가 어색할 것이다. 신나게 아이들을 가르치기 힘들다. 이제는 교직도 명확히 할 필요가 있다. 교육행정기관에서 일하는 장학사·장학관과 연구사·연구관은 교육행정직으로 묶고, 학교에서 일하는 교육자인 교사·교감·교장은 교육전문직으로 구분해야 한다. 교사를 교육전문직(장학사 등)이, 교육전문직을 교육일반직이 주무르는 행정 시스템을 개선하자는 얘기다. 다시 말해 교육일반직, 교육전문직, 교사의 3원화 구조를 이원화하자는 것이다. 특히 장학사·장학관, 연구사·연구관이 학교의 교감·교장으로 꽂히는 '계층 침투'를 최소화하거나 폐지하는 것을 검토해야 한다.

교사들이 학교에서 열심히 학생을 가르치다가 교감·교장으로 승진하는 구조가 일반적이어야 사기 진작에 도움이 된다. 언론사에서 보직과 상관없이 맡은 분야의 취재를 정년 때까지 자유롭게 하며 실력을 발휘하는 선임기자, 전문기자, 수석위원과 같은 방식으로 선임교사, 전문교사, 수석교사와 같은 예우를 확대해야 한다.

가르치는 일보다 승진에 관심을 둬 장학사 등으로 분야를 바꾸는 교사가 많아질수록 교단의 영양소는 줄어든다. 지역교육지원청의 역할과 위상을 재정립할 때가 됐다. 2031년에는 전국의 초·중·고생 수가 403만 명으로 현재보다 25% 줄어든다(통계청 전망). 한 해 출생아 수 30만 명 붕괴가 엊그제 같은데 24만 명대로 주저앉았다. 이런 상황에서 현재와 같은 교육청과 지역교육지원청 시스템을 유지하는 게 합당한 지 검토해야 한다.

장학사는 군림하는 자리가 아니라 '서포터'다. 현재와 같은 구조로는 관료화가 심화할 우려가 있다. 요즘 학생들에게 장학사는 어떤 추억을 만들어 주고 있나. 장학의 의미를 고민하고 그 규모와 역할을 재설계해야 한다. '선글라스 낀 장학사'가 다시 생각난다.

'사랑의 매'는 어디 갔나

고등학생 시절 학교 규율은 엄격했다. 교복이 단정하지 않으면 교문을 통과할 수 없었다. 교복 호크는 잘 채우고, 모자는 똑바로 쓰고, 가방은 왼손으로 공손히 들어야 했다. 그렇지 않으면 선도부가 불호령을 내렸고 교련 선생님의 '빠다'를 맞았다. 교문 옆에서 '퍽퍽~'소리가 들렸다. 학교의 하루는 그렇게 긴장으로 시작됐다.

현재까지 잊지 못할 사건이 하나 있다. 고2 때 일이다. 여느 때처럼 친구들과 등굣길에 공포의 선도부는 무난히 통과했다. 그런데 교련 선생님이 "야, 너희들 이리 와봐"라며 부르셨다. 선도부를 통과해 선생님이 부를 일이 없을 텐데 의아했다. 교련 선생님은 "너희들 머리가 길다"며 다짜고짜 바리캉을 들이댔다. 두발 규제가 엄격했던 때였다. 당시 '스포츠머리'는 고교생의 표준이었다. 사춘기 고교생들은 까까머리보다는 스포츠머리를 선호했다. 나도 늘 스포츠머리였다. 조금 더 기르고 싶은 마음에 이발소 가는 시간을 일주일 정도 놓쳤다고 생각했던 참이었다.

교련 선생님의 바리캉은 잔혹했다. 앞머리 이마에 대더니 정수리를 관통하는 고속도로를 내버렸다. "이런~" 부글부글했다. 이게 웬 날벼락인가. 나와 두 명의 친구는 울상이 됐다. 화가 치밀었다. 교련 선생님은 컨디션이 안 좋아 보였다. 부부 싸움을? 어젯밤 과음을? 온갖 추측을 해 봤자 무슨 소용이랴.

셋은 교모를 쓰고 교실에 들어갔다. 모자를 벗을 수 없었다. 세계사 수업 시간이었다. 선생님이 "왜 교실에서 모자를 쓰고 있느냐"며 벗으라고 하셨다. 모자를 벗는 순간, 교실은 웃음바다가 됐다. 세 녀석의 머리에는 고속도로가 뚫려 있었다.

▌고교 시절 바리캉과 빡빡이…인권 없던 시절의 추억

선생님도, 반 친구들도 배꼽이 빠졌다. 선생님은 셋을 앞으로 나오라고 했다. 어정쩡한 표정을 짓자 "빨리 깎고 오라"며 웃으셨다. 셋은 황급히 교실을 나와 교내 이발소로 향했다. 같은 교정에 있는 중학교 이발소였다.

이발사 아저씨도 웃었다. "아저씨, 옆머리를 살릴 방법은 없을까요?" 애원했다. 방법이 없었다. 바리캉이 정수리를 관통했으니 빡빡 미는 수밖에. 눈물이 핑 돌았다. 3분도 안 걸렸다. 졸지에 3총사는 동지가 됐다. 서로 보고 웃었다. "야, 너 사춘기 '스님' 같다", "야, 너는 완전 율 브리너야."

셋은 교실로 향했다. 교실에 들어갔다. 빡빡 민 세 녀석의 머리가 칠판에 반사됐다. 여선생님은 깔깔 웃으셨다. 아이들은 책상을 치며 웃고 난리를 쳤다. 그때의 참담함을 아직도 잊지 못한다. 머리는 늦게 자랐다. 석 달을 매일 모자를 쓰고 살았다. 교실 건물 밖에 있는 화장실을 갈 때도, 버스로 통학할 때도, 집에서도 모자를 썼다.

머리카락이 자라면서 교련 선생님에 대한 원망은 점차 사라졌다. 그 선생님은 그날 좀 과격했지만, 평소에는 다정스럽고 고민도 잘 들어주는 분이었다. 그러나 학생이 싸움하거나 사고를 치면 가차 없이 마대로 엉덩이를 내리치셨다. 남자 고등학교의 마대는 여기저기서 동강이 났다. 그래도 학생들은 반발하지 못했다. 맞고서도 부모님께 말하지 못했다. 부모한테 얘기해 봐야 또 맞거나 꾸중을 들을 테니까 그냥 참았던 거다.

옛 시절 학생들은 그런 과정을 거쳤다. 요즘엔 절대 있을 수 없는 일이었다. 사랑의 매와 폭력은 분명히 다른데도 맹목적으로 선생님의 회초리는 사랑의 매로 인식하던 시절이었다. 사랑이 없는 매는 폭력이고, 사랑이 있는 매는 교훈이라고 했는데도 말이다. 옛 시절의 선생님들의 매는 교훈이었을까.

▌학생의 교사 폭행, 있을 수 없는 일

2023년 여름은 뜨거웠다. 여기저기서 극한 폭우로 물난리가 나고 장마 뒤에는 폭염이 국민을 지치게 했다. 그 와중에 수능 킬러 문항, 4세대 나이스 오류 같은 교육 이슈가 지글지글하더니, 초등 6학년생의 교사 폭행, 초등 교사의 극단적 선택 사건이 발생했다. 여름은 더 더웠다. 서울의 한 사립초등학교에서 6학년 학생은 친구들이 보는 앞에서 담임을 폭행해 전치 3주의 상해를 입혔다. 있을 수 없는 일이 벌어졌다.

그 학생은 2023년 7월 전학 처분을 받았다. 학교 측은 학교교권보호위원회를 열었다. 교사의 교육활동 침해 학생에 대한 7가지 처분 중 전학을 결정했다. 7가지 처분은 학교봉사, 사회봉사, 특별교육, 출석정지, 학급교체, 전학, 퇴학이다. 의무교육인 초·중학교는 퇴학 처분이 불가능하다. 전학이 가장 무거운 처분이다.

순간의 실수라고 할 수 있을까. 백번 생각해도 이해하기 힘들다. 앞서 필자가 고교 시절의 '바리깡' 추억을 소개한 것은 이번 사건을 계기로 불현듯 생각났기 때문이다. 그런데 서울 서초구의 한 초등학교 교사가 교실에서 극단적 선택을 하는 사건이 발생했다. 고교 시절의 아린 추억이 머리를 맴돌았다.

초등학교 교사의 비극은 대한민국 교육계를 강타했다. 전국에서 선생님들이 들불처럼 일어났다. 땅바닥에 떨어진 교권을 떠나 '교사의 생존권' 문제로까지 확산했다. 학부모 민원과 소송에 모든 책임을 교사 홀로 감당하게 만들어 선생님들이 정신과 치료를 받는 현실에서 교권을 외치는 것이 무슨 허망한 일인가.

교권 추락이 학생인권조례 탓만은 아니다. 그래도 자세히 보면 전국 7개 시도교육청의 학생인권조례는 문제점이 있다. 서울시교육청의 학생인권조례는 이상하다. 학교에서 선생님이 수업 중 잘하는 학생에게 칭찬이나 격려를 하면 제5조 '차별금지법'에 어긋난다. 잠자는 학생을 수업 시간에 깨우지도 못하며(제10조 '휴식권'), 학생들이 휴대전화로 교사의 정당한 지도를 녹음하고 선생님을 촬영(제13조 '사생활의 자유')해도 교사들은 모른척해야 한다. 이런 인권 조례는 당시 조희연 교육감이 3선을 하면서 성역이 됐다. 그 사이 교단은 권위를 잃었고 선생님들은 무기력해졌다.

학교폭력을 학교생활기록부에 기재하거나 입시에 반영하는 징벌적 문제와는 달리 어른들의 문제를 간과했다. 교장과 교감은 기성세대이니 필자가 소개한 학창 시절의 경험을 한 번쯤은 겪었을 가능성이 크다. 하지만 젊은 교사들은 그런 '나쁜 경험'을 거의 하지 않았다.

당연한 일이고 학교도 달라졌다.

학교의 리더인 교장과 교감은 젊은 교사의 고충을 헤아리고 문제가 발생하면 직접 나서야 한다. 그런데 교사에게 모든 걸 맡기고 뒤로 빠지는 경우가 적지 않은 게 사실이다. 이러니 젊은 교사들이 학부모의 민원을 견뎌내기 힘들다.

▌외동 시대, 어른의 욕심이 아이 망친다

현재 초·중·고 학부모는 30대와 40대가 주류다. 이들 학부모는 대부분 두 명 정도의 형제자매가 있는 세대다. 합계 출산율이 처음으로 2명대에서 1.74명으로 '1자'를 찍은 1984년생(67만4,793명 출생)은 2025년 현재 만 41세다. 2025년 만 52세인 1972년생(95만2,780명 출생)의 합계 출산율은 4.12명이다. 이런 경향성은 초등학교 학부모일수록 자신의 형제자매가 적고, 고등학생 학부모일수록 자신의 형제자매가 많다는 걸 의미한다.

그렇다면 초·중·고생은 어떤가. 대부분 외동이다. 2005년생(43만8,707명 출생) 이후를 기점으로 보면 합계 출산율은 1.08명에서 2017년(35만7,771명 출생) 1.05명으로 겨우 1명대를 유지했다. 이런 추세는 합계 출산율이 0.97명으로 처음으로 '0명' 대로 떨어진 2018년생(32만6,822명 출생) 이후 출생아들이 학교에 가면서 더 심해진다.

학생 대부분이 외동이다. 학부모의 애지중지는 말할 수도 없다. 집에서는 오로지 아이 중심이고, 학교에서도 '내 아이가 먼저'라고 생각할 것이다. 아이가 사소한 불편을 겪어도 참지 못하고 교사에게 거칠게 항의한다. 한 학부모가 항의하면 다른 학부모가 가만히 있나. 서로 내 자식만 생각하는 이기주의가 폭발한다. 그 과정에서 권력이 작용한다. 학부모의 경제력과 사회적 지위 차이가 일종의 '괴물' 권력이 된다. '괴물' 사이에서 젊은 교사들은 힘들어 한다. 교장과 교감이 막아줘야 하는데 뒷짐을 지는 경우가 있다.

서울 서이초등학교도 처음에는 아무런 문제가 없었다고 했다. 그러나 동료 교사의 증언이 잇따르고 파문이 확산하자 뒤늦게 문제가 있었던 사실을 인정했다. 교장과 교감은 자리 유지나 하라고 있는 게 아닌데도 말이다.

지금 우리 사회에 필요한 것은 학부모 교육이다. '학부모 교실'을 열어 올바른 자녀 지도법 교육을 해야 한다. 내 자식이 귀하면 남의 자식도 귀하다. 오로지 '내 자식 퍼스트'만 주장하면 우리 사회와 우리 학교가 어디로 가겠나.

'아이 하나를 온 동네가 키운다'는 말을 상기할 필요도 없다. 아이 한 명 한 명이 모두 다 소중한 내 자식이란 마음이 절실하다. 저출생 여파로 대한민국의 미래가 위협받고 있는 게 현실이다. 유치원부터 고등학교까지 '학부모 교육'을 의무화하는 방안을 검토해야 한다. 교권 침해는 법으로 규율한다고 될 일이 아니다. 최소한의 법적 보호장치와 학생인권조례도 중요하지만, 더 중요한 것은 학부모의 마음이다. 학부모는 어른이다. 어른이 아이를 망치고 있다.

교원양성체제 개편 지금이 적기다

2023학년도 대입에서 교육대학교가 화제가 됐었다. 수능 9등급 수험생이 수도권 교대(경인교육대)의 정시모집 1차에 합격했다는 얘기였다. 정시는 모집군이 가·나·다 군으로 나뉘는데 한국교원대를 제외한 9개 교대가 모두 나군이다. 수능 9등급 수험생은 9개 교대가 몰린 나군에 지원했다. 졸업 후 임용이 즉각 안 되는 현실을 고려해 교대 모집이 미달할 것으로 판단했을 수 있다. 실제 그런 상황이 벌어졌다. 교대는 1차 합격 인원을 1.5배 수까지 뽑는다. 그런데 이 수험생이 지원한 대학의 경쟁률이 1.37대 1이었다. 자동으로 합격했다.

당시 해당 대학에 물어봤더니 묵묵부답이었다. 그 학생이 최종 면접에 응시했는지, 응시했다면 결과가 어떠했는지 궁금했다. 답을 얻지 못했다. 학교로선 치욕적인 일이라고 생각했을 터이다. 해당 수험생은 면접에 응하지 않았다. 면접을 잘 보더라도 학교 측이 불합격시킬 것이라고 생각했을 수도 있다.

'수능 9등급 교대 합격' 일화는 교대의 현실을 투영한다. 한편으론 변화에 굼뜬 교대의 자화상이기도 하다. 교대는 입학은 힘들지만, 일단 입학하면 초등학교 교사 자리를 보장받는 안정적인 관문이었다. 그렇지만 최근엔 입학하기도, 교사 되기도 힘든 '고난의 관문'이 됐다. MZ세대의 선호도도 떨어졌다. 교대 졸업 후 임용고시를 통과해도 교단에 서려면 몇 년을 기다려야 했다. 학령인구 감소로 그런 악순환은 계속되고 있다.

▌초등교사 양성기관 13개, 입학정원 13년 만에 축소

현재 초등교사 양성기관은 전국에 13개다. 국립 교육대 10곳과 한국교원대, 제주대(2008년 제주교대와 제주대 통합), 이화여대(초등교육과)다. 국립대 12곳과 사립대 1곳의 입학 정원은 3,847명이다. 2012년 이후 정원이 2024년까지 그대로였다. 학생 수는 급감해도 정원이 붙박이였던 건 '이상한' 현상이다.

임용시험 합격률도 낮아졌다. 2018년 63.9%에서 2020년 53.9%, 2021년 50.8%, 2022년 48.6%, 2023년 47.7%로 하락했다. 시험에 합격해도 발령받지 못하는 상황이 벌어졌다. 신규 채용 규모는 2014에 7,386명이었다. 그러다가 2016년 6,591명, 2018년 4,089명, 2020년 3,916명, 2022년 3,758명, 2023년 3,561명, 2024년 3,157명으로 감소했다. 10년 새 57.3%가량 신규 채용이 줄어들었다. 교대는 커리큘럼을 개선하고 현장 실습을 강화하는 변신에도 소극적이었다. 온실 속에서 경쟁력을 갉아먹고 있었던 셈이다.

교육부는 2024년 4월 11일에서야 2025학년도 10개 교육대의 입학정원을 12% 감축하겠다고 발표했다. 지금까지 3,847명이던 교대 신입생 정원이 2025학년도에 3,390명으로 줄어들었다.

교육대학별 입학 정원 변화

학년	서울교대	부산교대	대구교대	경인교대	광주교대	춘천교대	청주교대	공주교대	전주교대	진주교대	제주대	교원대	이대	합계
2024	355	356	383	598	326	321	286	354	285	319	114	111	39	3,847
2025	312	313	337	526	287	282	252	312	251	281	100	98	39	3,390

자료: 교육부(2024년 4월 11일 발표)

사실 교대는 사회적으로도 보호를 받았다. 지하철 노선만 봐도 그렇다. 서울에 있는 대학 중 지하철 노선이 닿는 대학은 숭실대역, 서울대역, 고대역, 이대역, 한양대역, 건대입구처럼 대학명이 붙는다. 그런데 서울·부산·대구의 전철역 명은 서울교대·부산교대·대구교대역이 아니다. 그냥 '교대역'이다. 전 세계에서 교대 전철역이 있는 나라는 우리나라밖에 없다. 이런 사실 만으로도 교대에 대한 사회적 배려가 얼마나 큰지 알 수 있다.

'교육의 질은 교사의 질을 넘지 못한다'라는 말이 있다. '좋은 교사 한 명이 만 명을 변화시킬 수 있다'는 말은 더 울림이 있다. 그만큼 교사의 역할이 중요하다. 우리나라는 그동안 교사 양성체계 혁신에 둔감했다. 대량 교육시스템을 4차 산업혁명과 인공지능, 디지털 대전환 시대에도 건드리지 않았다. 교육부는 시대 흐름에 둔감했고 대학은 기득권을 지키려 울타리 안에 안주했다. 대학은 격물치지(格物致知)의 중요성을 잊었고, 학생들을 노량진 학원에서 시험 통과용 지식을 달달 외우도록 내몰았다. 현장 교육의 질이 디지털 세대 학생들의 인식 변화를 따라잡지도 못했다.

▍초등교사, 1951년까지 사범학교서 양성

교원양성의 역사를 보자. 초등교사는 1951년까지 18개의 국립 사범학교에서 고등학교 수준의 초등교사를 양성했다. 사범학교는 1961년 2년제 교육대학으로 개편했고, 1980년 정부의 7·30 교육개혁 조치에 따라 1981~84년에 단계적으로 4년제 교육대로 개편했다. 1984년에는 한국교원대를 설립했는데 그에 따라 전국 13개 교육 기관 중 이화여대만 유일한 사립대 교원양성기관이다.

전국의 중등교사 양성기관은 과포화다. 전국 대학의 사범대학은 46개(국공립 16개, 사립 30개), 일반대학 교육과 15개(국립 1개, 사립 14개), 일반대학 교직과정 148개(국공립 29개, 사립 119개), 교육대학원 108개(국공립 25개, 사립 83개)다. 이들 대학에서 연간 2만 명이 교원자격증을 받는다. 초등보다 5배 많다. 임용고시 경쟁률은 평균 10대 1에 육박한다. 경쟁률이 20대 1이 넘는 과목도 있다.

윤석열 정부는 교원양성 체제 개편을 멈췄다. 당시 이주호 교육부 장관은 교육전문대학원을 설치해 전문화하자는 담론을 꺼냈다가 백지화했다. 교대와 사대 통합론도 흐지부지됐다. 반면 외국은 일찌감치 체제를 개편했다. 싱가포르는 교원양성 대학에 입학하는 순간 준공무원 대우에 파격적인 지원을 받는다. 교사의 평생 성장이 가능하도록 다양한 제도적 지원책도 갖추고 있다. 핀란드는 1980년대 초에 연구 능력을 지닌 교사(teacher as researcher)를 키우자는 목표를 설정하고 5년제 석사 과정으로 교사를 양성하고 있다. '핀란드의 기적(Finnish miracle)'이라고 불리는 핀란드 교육의 성과는 학교의 노력뿐 아니라 정부의 지속적인 지원의 결과다. 인구 583만 명의 싱가포르와 인구 571만 명의 핀란드 모델을 한국에 적용하자는 담론은 현실적으로 논란이다.

싱가포르

난양공과대 산하 국가교육연구소(NIE • National Institute of Education)가 교원양성의 메카다. NIE는 싱가포르의 교원 양성을 책임지는 유일한 기관이다. 예비교사는 NIE 교사 과정을 마쳐야만 정식 교사가 될 수 있다. 고교 졸업 자격시험에서 우수한 성적 획득한 대학 졸업생 지원하는 데 매년 2만여 명 중 2,200명만 합격할 정도로 문턱이 높다. 현직, 퇴직 교장 3명이 패널로 참가해 지원자를 대상으로 면접을 보는데 가장 중요한 체크 포인트는 교사 지원자의 태도와 열정 등 자질이다.

교육부는 '예비교사'에게 연간 급여와 장학금을 지급한다. "우수한 교사가 우수한 교육을 할 수 있다"는 철학이 뚜렷하다. 중도에 학업을 포기하거나 NIE 이수 성적이 우수하지 못하면 지원금을 토해내야 한다. 가장 중요한 것은 현장 실습이다. 10주간 현장 실습을 하는데 NIE 감독관과 해당 학교 멘토 교사가 관찰하고 평가한다. 수업 진행이 서툰 예비교사는 다시 실습할 정도로 현장 교육을 최우선으로 한다.

핀란드

초등교사 양성 기능은 1973년까지 모두 종합대학에서 담당했으나 1979년부터는 대학원 수준으로 강화했다. 중등교사는 전공 이수 후 1년 연한 교육실습이 필수인데 1979년 석사 수준으로 개편했다. 핀란드의 교원양성기관 개혁은 중앙집권적이고 총체적인 고등교육기관 개혁과 궤를 같이한다. 즉, 초등과 중등교사 모두가 종합대학에서 석사학위 수준으로 길러지는 체제다. 종합대가 초·중등 교사를 통합 양성하며, 핀란드 14개 종합대 가운데 11개 대에서 초·중등 교사를 양성한다.

종합대 안의 여러 단과대가 교육대학과 긴밀하게 협업해 대학 내 자원을 최대 활용하며, 교육실습을 통해 교사들의 교실 등판 준비를 극대화한다. 모든 대학은 교육실습을 전문으로 담당하는 '교사 훈련 학교(Teacher Training School)'를 설치해 운영한다. 6개월 실습이 기본이다. 1차 서류전형과 2차 면접으로 선발한다.

핀란드 교원 양성체계는 기본 '학사 3년+석사 2년'이 원칙이다. 교사가 되려면 교육학은 물론이고 전공 분야 석사학위도 받아야 한다. 물리 교사는 물리학 석사이자 교육학 석사다. 모든 교사가 최소 두 과목 이상 학위를 취득하는 체제다.

대한민국

2020년 코로나19 사태 때 노량진 학원가에서 확진자가 발생했다. 당시에는 1명의 확진자가 발생해도 해당 조직이 문을 닫아야 하는 '셧다운제'가 시행됐다. 그러자 노량진 학원가의 교사 취준생이 "임용시험을 연기해 달라"며 청와대에 청원했다. 한국 임용고시의 현주소를 이처럼 상징적으로 보여주는 사례가 있을까.

교사 임용시험을 보려면 노량진 학원가를 전전해야 한다는 현실은 우리 교원양성 체제의 후진성을 보여준다. 우수 자원이 대학에 입학하지만, 결과적으론 달달 외우는 시험을 통과해야 교사가 될 수 있다. 누가 임용고시 준비생을 노량진으로 내모나.

결국은 대학이다. 임용고시 시험문제는 교수가 낸다. 문제를 출제하면서 대학 공부는 맹탕으로 만들고 노량진에서 다시 준비하라고 하는 격이다. 교원 양성의 시작점이 잘못된 것이다. 교사의 현장 적합성이 부족하고 초중등교육의 연계성이 없어 초등과 중등이 단절되는 경직성도 수십 년째 고착했다. 그래도 교대와 사대 교수는 침묵했다.

교대와 사대는 시너지가 없고 특히 교대는 1980년대 4년제 전환 이후 양성시스템 자체가 별로 변하지 않았다. 우수 학생을 받았으면 우수 교사로 키워야 하는데 그렇게 했는지 의문이다. 교대는 좁은 울타리의 '국립' 온실에 안주하면서 바깥세상을 멀리하는 폐쇄 집단이 된 게 아닌지 자문해 볼 일이다.

교육부에는 책임교육정책실이란 곳이 있다. 그 밑에 교원학부모지원관이 있고 그 밑에 교원정책과, 교원양성연수과, 학부모정책과가 있다(2025년 3월 기준). 여기서 근무하는 공무원들 상당수는 학교 현장에서 교단에 섰던 교사 출신이다. 연구사·연구관·장학사·장학관이 된 교사들은 교장·교감 승진용 스펙 쌓기에 열중한다. 그런 공무원들이 교원 양성 체제 업무를 담당해 왔으니 그동안 변화가 거의 없었던 게 아닌가. '편협한 시각의 편협한 정책'이다.

사실 교대와 사범대는 통합하는 게 현실적으로 옳다. 교육부는 2021년 12월 '교원양성체제 개편안'을 통해 교사대를 통합해 종합 교원 양성대학으로 개편하는 방안을 제시했다. 초중등 교사를 아무리 많이 배출해도 인공지능·소프트웨어 등을 가르칠 정보 교사는 부족하다. 따라서 교대를 다른 국립대 사범대와 통합해 교대생도 다른 전공 교육과정을 폭넓게 접하도록 하는 변화를 줄 필요가 있다. 예를 들어 충북대와 청주교대, 충남대와 공주교대, 경북대와 대구교대, 전북대와 전주교대를 통합 운영하면 시너지를 낼 수 있다. 입학생 수가 줄어들고 있는 상황에서 각각의 캠퍼스를 효율적으로 활용하는 방안을 마련할 필요가 있는 것이다.

하지만 교대는 반대한다. 교대와 사대의 통합은 결국 입학정원을 줄이려는 단계로 생각하는 것 같다. 입학정원은 당연히 줄여야 한다.

물론 아직도 수도권 일부 지역에는 과밀학급이 있고 해소해야 한다. 그런 지역은 핀포인트로 대책을 세우고 전체적인 틀에서는 교대와 사대를 통합 운영하고 초등과 중등의 벽을 허무는 게 필요하다.

더불어 중등교원 양성 체제의 대변화가 필요하다. 지금처럼 각 대학이 사범대 외에 교직과정을 만들어 교원자격증을 남발하는 건 문제다. 교사 수요가 급증했던 대량교육 시대 시스템을 지금까지 유지한 것은 지성의 나태함이요, 교육부의 직무 유기다.

교육전문대학원도 논란이다. 이주호 장관은 교육전문대학원을 설치하는 방안을 예전부터 구상했던 것 같다. 교육전문대학원을 설치한다면 3+2학제나, 4+1학제가 합리적일 수 있다. 로스쿨처럼 학부 전공과 관계 없이 학생을 받아 2년 과정을 마치고 교사 자격시험을 치르면 전문성도 부실하고 입직 기간이 6년 이상 걸리는 단점이 있다.

교육부는 2곳을 지정해 시범 운영을 할 예정이라더니 없던 일로 했다. 이주호 장관은 교육전문대학원을 졸업하면 2년간 수습 교사를 거친 뒤 평가를 통해 1급 정교사로 임용하겠다는 방침까지 밝혔었다. 교육전문대학원+수습교사제 도입 구조로 운영하겠다는 것이다. 즉, 교육전문대학원을 졸업하면 수습 교사 형태로 일하고, 2년 정도 후 평가를 통해 정교사가 되는 현장 적합용 방안을 검토 중이라더니 허상에 그쳤다.

"노량진에서 시험공부 해 일괄적으로 임용고사를 치러야 하는 체제는 적절하지 않다"는 이 장관의 문제의식은 바람직했다. 그러나 구체적인 로드맵과 효과 검증 없이 덜컥 교육전문대학원을 내놓았다가 혼란만 초래했다.

현장 적합형 교사를 키우려면 현행 실습제도부터 뜯어고쳐야 한다. 중등교사 자격증 소지자들은 겨우 4주간의 교생실습이 전부다. 교원양성 기관이 난립하다 보니 교생실습을 받아줄 중학교와 고교를 찾지 못해 해마다 곤란을 겪는다. 일선 학교는 교생실습 학생을 꺼린다. 그러니 현장 적합형 교육은 언감생심이다. 이런 구조적인 문제부터 바로잡아야 한다. 수십 년째 4주로 고착한 현장 실습하나 못 바꾸면서 교원양성 개편을 논하는 것은 부질없다.

학생을 학교 밖으로 내모는 정책

문재인 정부가 설계하고 윤석열 정부가 시행한 대표적인 정책이 고교학점제다. 진보와 보수, 보수와 진보 정부는 상대 정권이 추진한 교육정책을 뒤집기 일쑤였다. 자립형 사립고와 학업성취도 전수 평가도 오락가락했다. 그런데 고교학점제는 그대로 시행했으니 놀랍기도 하고 한편으론 교육의 일관성과 지속성의 시험대라는 점에서 주목할 정책이다.

고교학점제는 고교생의 대학 생활 사전연습과도 같다. 고등학생이 적성에 따라 대학처럼 원하는 과목을 선택해 공부하고 학점을 이수하는 제도다. 대학생은 공통 필수나 전공 필수 외의 과목은 자신이 원하는 대로 과목을 골라 수강한다. 이런 식으로 고등학교에서도 하겠단다. 교육부는 고교학점제 시행으로 고교생도 과목의 선택 폭이 넓어져 적성과 진로에 따라 배우고 싶은 과목을 배울 기회가 많아졌다고 강조한다. 학생들은 싫든 좋든 학교가 정해준 대로 수업을 들어야 하는 '획일적 시간표'와는 차이가 커 긍정적이다.

문제는 평가 방식이다. 교육부는 애초 고1 공통과목도 전면 성취평가제(절대평가)를 도입하려다 고1 내신은 기존 9등급 석차 등급제(상대평가)를 유지할 방침이었다. 그러다가 2025년 1월 10일 '2025년 주요 정책 추진 계획'을 발표하면서 상대평가 9등급을 5등급으로 바꾸고 선택과목에서도 절대·상대평가를 병행키로 했다. 처음엔 고1 공통과목은 상대평가를, 고2와 고3 선택과목은 절대평가를 적용할 방침이었는데 선택과목에도 상대평가를 병행한다는 것이다.

교육부는 선택과목을 절대평가로 전환했을 때 고1 때의 내신 실패를 고 2·3학년 때 만회하기 힘들다는 교육 현장의 지적을 수용했다. 9등급 상대평가에서 내신 1등급은 상위 4%에 들어야 한다. 5등급 체제에선 10%는 1등급, 2등급은 상위 24%(누적 34%)까지 받을 수 있다. 내신은 물렁물렁해진다. 수능의 영향력은 더 강화된다고 봐야 한다.

이번 내신 평가 방식 변경은 고1 내신 경쟁을 완화했다는 점에서는 긍정적이다. 기존대로 고1은 상대평가, 2·3학년은 절대평가로 하면 대입에 고1 내신이 절대적인 영향력을 발휘할 수밖에 없는 구조다. 즉, 고1 때 전체 9등급의 내신 성적 중 상위 등급을 받지 못하면 2, 3학년 때 아무리 열심히 해도 절대평가 상황에서는 역전의 기회가 적어진다. 고교 내신 자체가 1학년 때 승부가 갈리는 구조여서 1학년 성적이 안 좋으면 현행 입시제도에서는 수시 전형에서 절대 불리할 수밖에 없다. 일단은 교실 파행을 막는다는 점에서는 바람직하다고 볼 수 있다.

▮ 고교 내신 5등급 상대평가, 특목고에 더 유리

고교 내신 평가 방식 변경은 이나저나 사교육에는 호재다. 고교 내신이 물렁물렁해져 중학생 특목고 진학반은 더 인기를 끌 것이고, 수능의 영향력이 커져 수능 학원이 성행할 것으로 보기 때문이다.

사실 고교학점제와 맞물린 고교 내신 평가 방식은 그동안 논란이 많았다. 교육계는 고교 3년 전체를 절대평가로 하면, 내신 자체가 무력화돼 자사고와 외고, 과학고 등 특목고 쏠림현상이 재연될 것을 우려했다. 특목고 내신 경쟁이 완화되면 대입 구조에도 영향을 미칠 가능성이 있다.

현재 상위권 대학의 신입생 선발 비율은 대체로 수시 60%, 정시 40% 구조다. 이 비율이 바뀔 가능성이 크다. 대학은 고교 내신을 주로 반영하는 수시 비율을 줄이고 수능 중심의 정시 비중을 더 높일 수도 있다. 대입의 또 다른 변동은 학생들에겐 불안 요인이다. 최근 들어 고교생 자퇴가 늘어나는 경향성을 무시해서도 안 된다.

현재 상황만 봐도 그렇다. 최근 3년간 고교생 3만8,000명이 자퇴했다. 전국 일반고 1학년 학생의 학업 중단율은 2021년 1.46%에서 2023년 2.40%로, 2학년은 1.12%에서 2.05%로 각각 증가했다. 2021~2023년 사이 고교를 자퇴한 일반고 학생만 3만8,000명에 이른다. 교육 당국은 학교를 자퇴한 학생의 소재 파악도 제대로 하지 않고 있다. 내신이 불리해 검정고시를 치르기 위한 것인지, 아니면 다른 이유에서인지 그 현황조차 모르는 건 문제다.

고등학생 학업 중단율 추이

학년도	고교생 수(명)	학업 중단자(명)	학업 중단율(%)
2020	133만 7,312	1만 4,439	1.1
2021	129만 9,965	2만 0,131	1.5
2022	126만 2,348	2만 3,981	1.9
2023	127만 8,269	2만 5,915	2.0
2024	130만 4,325	2만 7,065	2.1

자료: 교육부·한국교육개발원

▮ 고1 때 자퇴한 친구의 추억

문뜩 고교 시절이 생각난다. 당시는 고교 평준화체제여서 학생이 원하는 고교에 갈 수가 없었다. 소위 '뺑뺑이'를 통해 학교를 배정받았는데 필자도 실망이 컸다. 진학해야 할 고교의 명성이 높지 않아 상대적으로 명성이 나았던 학교에 배정된 친구들이 부러웠다. 고1 때, 몇몇 학생이 자퇴했다. 학원 다니며 검정고시를 치르고 대학에 가겠다는 뜻이었다. 당시 내신은 거의 반영하지도 않았는데 학교 자체가 좋지 않으니 그만둔 것이었다. 고교 시절 시립도서관에서 그 친구를 만난 적이 있다. "공부는 하고 있는데 얘기할 사람도 없고 혼자 지내다 보니 너무 힘들다"고 했다. 질풍노도의 청춘은 실제로 힘들어 보였다. 학교생활과 학교 밖 생활은 근본적으로 차이가 있다는 걸 느꼈다. 그 후로 그 친구 소식은 듣지 못했다.

고교학점제는 청춘에게는 또 다른 시험대다. 자칫 대입 만능주의에 빠진 대한민국의 현실에서 고교 중도 포기 학생이 늘지 않을까 걱정된다. 사실 고교교육 정상화는 간단하다. '잠자는 교실' 깨우기가 그 핵심이다. 잠자는 교실의 원인은 수업이 지루하고 재미없고 대입에 도움이 안 된다는 데 있다. 수준별 수업이나 반 편성 없이 똑같은 교재로 성적과 관계 없이 똑같이 가르치니 상위권 학생은 상위권 학생대로, 하위권 학생은 하위권 학생대로 곤욕이다. 그게 본질적인 '잠자는 교실'의 원인 아닐까.

고1의 나이에 학교 밖으로 나오면 세상은 신산(辛酸)하다. 친구와 부대끼며 서로 고민을 토로하고 꿈을 얘기하고 다투기도 하는 미완의 대기가 10대다. 그런데 홀로 검정고시를 치르고 대입 수능을 연습 삼아 보고, 다시 고3 나이에 수능을 치르는 코스가 일반적이다. 물론 자퇴생은 혼자 공부하지 않고 학원에 다닌다. 학원에서 친구를 사귀고 같은 처지라 동질감을 느끼며 끈끈한 유대를 형성하기도 한다. 3월 새 학기 대학 캠퍼스에 '고교 동문회' 옆에 붙는 '검정고시 ○○회 모임' 벽보도 그런 현실의 거울이다.

그렇지만 학교 안과 학교 밖 생활은 인생을 살아가는 데 다를 게 분명하다. 학생들을 학교 밖으로 내몰지 않으려면 교실 대개조가 필요하다. 고교학점제는 그 시발이지만, 평가 체계의 혼선과 준비 부족, 그리고 교사의 업무과중으로 출발이 불안한 게 현실이다.

교육의 환류 효과를 왜 망각하나

수능 킬러 문항 논란이 30년 만에 터진 건 그 자체가 의아하다. 2023년 여름, 윤석열 대통령의 한마디에 교육계가 들썩일 일이 아니었다. 고난도 킬러 문항을 내니 학생은 당연히 그런 종류의 연습 문제를 풀어보며 대비할 수밖에 없다. 세상에 어느 학생이 시험에 나오지도 않는 학습 영역은 공부하면서 지겨울 정도로 자주 나오는 영역은 무시하겠나. 킬러 문항도 그런 면에선 고난도 문제 풀이를 강요해 온 수능 출제기관인 한국교육과정평가원의 횡포다.

수능 킬러 문항도 '환류효과(Washback Effect)'의 하나로 볼 수 있다. 환류효과(또는 역류효과)는 한 마디로 평가의 중요성이다. 평가가 교육과정 설계와 운영, 학습 과정에 영향을 주는 현상을 의미한다. 평가란 곧 시험 문제다. '교사가 문제를 어떻게 내느냐'에 따라 학생들의 시험 준비 패턴이 달라진다.

"선생님, 이 문제 시험에 나와요?", "그래." 이 말이 환류효과의 집약체다. 수험생이 각 수능 시험 영역에서 높은 점수를 받기 위해 문제 패턴과 출제 빈도, 출제 가능성 등을 고려해 공부 시간을 투자하는 건 지극히 상식적이다.

교육의 환류효과는 중요하다. 하지만 교육부는 긍정적인 환류효과를 챙겨볼 생각도 하지 않았다. 체육 시간에 학생의 볼링 실력을 테스트한다고 치자. 내신 점수를 잘 받으려 볼링 연습장에 가는 학생이 많을 게 뻔하다. 아파트 단지에서 농구 연습을 하거나 줄 넘기를 하는 학생도 사실 그냥 운동을 즐기는 것은 아니다. 체육 시간 시험에 대비해 연습하는 학생이 많다. 일종의 동기부여다.

농구 '자유투 테스트'를 보자. 열 번 중 몇 번을 넣었는지 학생은 바로 안다. 왜 다섯 번밖에 못 넣었는지, 슛 자세 때문인지 공 던지는 포인트가 문제인지 선생님이 즉시 피드백해 주면 학생은 중점적으로 그 부분을 연습한다. 신속한 피드백이 환류효과를 극대화한다.

자유투 테스트를 하지 않는다면, 농구를 좋아하는 학생 외에는 자유투 연습을 잘 안 할 것이다. 당연히 예고된 줄넘기 테스트 연습에 매달린다. 이처럼 평가는 중요하다. 학생의 학습 동기 유발과 학습 준비에 결정적 영향을 미친다.

▌평가는 학습 동기 유발·준비에 결정적 영향

2028학년도 수능 개편에서 논쟁거리가 된 과목 중 하나는 경제다. 현재도 고교 경제 과목은 수능 응시자 비율이 1%대에 불과하다. 2023학년도 수능 응시인원 44만7,669명 중 경제 과목을 선택한 수험생은 전체의 1.1%인 4,927명이다. 수능 경제 과목 1등급은 상위 200명에 불과하다. 경제는 어렵다는 인식이 많은 데다 주로 상위권 학생들이 응시하니 많은 학생이 등급 받기 불리한 경제를 외면하는 것이 현실이다.

2028학년도 수능에서는 국어·수학, 사회·과학탐구, 직업탐구 영역에서 존재하던 선택과목이 폐지된다. 즉, 모든 학생을 같은 기준과 내용으로 평가하는 통합형 수능이 치러진다. 특히 사회와 과학은

2022 개정 교육과정 과목인 '통합사회'와 '통합과학'을 출제한다. 교육부는 선택과목에 따른 수능 점수 유불리를 해소하고 실질적인 문·이과 통합을 구현하기 위해 통합형 과목 체계를 도입했다고 밝혔다.

이와 함께 '심화수학(미적분Ⅱ·기하)' 은 수능 출제 과목에 포함하지 않는다. 심화 수학이 신설되면 사교육 부담이 가중될 것이라는 우려와 대학이 학생부를 통해 학생의 수학적 역량과 심화 학습 여부를 충분히 확인할 수 있다는 점을 고려했다는 게 교육부 설명이다.

눈여겨볼 대목은 경제 과목 위축이다. 통합사회에는 지리·경제·정치와 법·사회문화 등이 결합한 형태의 문항이 출제될 것이란 분석이다. 주어진 자료와 도표 등을 해석·분석해 개념 지식과 연계하는 문제 유형이 나올 전망이다. 사실상 경제 과목은 큰 주목을 받지 못하게 된 셈이다. 2025년 고교학점제 도입을 계기로 교육부가 교과목을 개편하면서 현재 9개인 사회교과 일반선택 과목을 4개로 줄인다. 여기서 문제가 생긴다. 경제 등 5개 과목은 수능에 출제하지 않는 진로 선택 과목이 된다. 그러면 누가 경제 과목을 공부하겠나.

▮ 경제 지식 중요한 시대, 경제 과목 위축은 문제

경제 공부는 중요하다. 우리나라는 세계 10대 경제 강국이다. 그런데 학생들이 교역과 산업, 환율과 금리 같은 기본적인 지식은 고사하고 실생활에 필요한 경제 상식을 제대로 몰라서야 글로벌 시민이 될 수 있을까. 사실 우리 생활 자체가 모두 경제의 연속이다. 전화 금융사기, 은행 대출, 가상화폐, 부동산 매매, 주식 거래 등등 모든 영역은 곧 경제와 연관돼 있다. 우리 사회의 디지털 생태계가 급진전 되면서 경제교육이 점점 더 중요해지는 상황인데 경제교육이 무력화되면 교육의 환류효과를 기대하기는 어렵다.

경제지표 자체를 이해하지 못하는 경제 문해력이 갈수록 떨어지는 현상도 확인되었다. 2022년에 기획재정부가 전국 초·중·고생 1만 5,000명을 대상으로 경제 이해력을 조사해 보니 평균 60점(100점 만점)에 그쳤다. 그런데 수능에서 경제 과목이 아예 제외되면 학교는 경제교육을 소홀히 할 것이고, 학생들도 건성으로 배울 게 자명하다.

경제 선진국인 미국과 영국은 글로벌경제 시대에 경제교육을 더 강화하고 있다. 미국은 경제 과목을 수학, 과학, 역사(미국사) 등과 함께 9개 핵심 과목으로 지정하고 있다. 대학 입학 전까지 초중고 단계에서 반드시 학습하도록 하고 '경제교육향상법' '조기금융교육법'을 제정해 연방정부 차원에서도 관심을 기울이고 있다. 영국은 금융교육 전담 기구인 자금연금청을 두고 있다. 자금연금청은 '금융 복리를 위한 국가전략'을 통해 교육 목표를 제시하고 추진하는 역할을 한다. 더불어 영국민들이 일상 경제생활에서 재무적 의사결정을 도와주기 위한 정보도 제공한다.

반면 우리나라는 국민이 금융이나 재무 등 모든 일상생활에 관한 결정을 본인 스스로 해야 하는데 경제교육을 받은 이는 극소수다. 장바구니 물가도, 근로자 임금도, 유가 변동도, 주식시장도 모두 경제 톱니바퀴인데 경제교육을 하지 않는 이상한 구조다. 경제가 불안할수록, 내 앞날이 불투명할수록 궁금증과 불안감은 증폭하게 마련이다. 금융 지식이 부족해 무리한 투자, 불완전한 매매, 금융사기 등 각종 피해를 볼 수도 있다. 경제 상식과 경제학습이 점점 더 중요해지는 이유다.

교육의 환류효과는 교사가 피드백을 신속히 제공함으로써 학생의 학습 행동 변화를 끌어내는 효과적인 기법이다. 교사와 학생이 친밀하게 소통하며 수시로 피드백하면 중간고사에 효과가 나타나고, 중간고사 피드백은 기말고사로 이어지는 선순환이 될 수 있다. 그런데 평가가 없으면 환류효과는 기대하기 어렵다. 시험에도 나오지 않는 과목을 공부할 학생은 없을 테니 말이다. 경제 과목이 그렇게 된다는 것은 적자생존의 글로벌 시장경제 사회를 거꾸로 사는 교육정책이라고 볼 수밖에 없다.

III

대학입시의 두 얼굴

대한민국 교육의 블랙홀은 대학입시다. 학력과 학벌주의 사회가 고착하는 과정에서도 대학입시는 전위대 역할을 했다. 중학교 입학시험, 명문 고등학교 입학 전쟁, 대학입시는 좋은 대학에 진학하려는 욕망을 부추겼다. 그리고 사법고시를 비롯한 각종 국가고시 성적이 대학입시 서열화와 비슷한 양상을 보여왔던 것이 사실이다.

그런데 대입은 매년 논란이 되어 왔다. 시험이 어렵고 쉽고를 떠나 제도 자체가 너무 자주 바뀌었다. 대학도 수시나 정시 전형 기준과 반영 비율을 시도 때도 없이 변경해 학생들의 발을 동동 구르게 했다. 그 과정에서 사교육이 팽창하고 사교육에 대한 정보 의존은 갈수록 심화한다.

필자는 기자 시절 교육 분야를 취재하면서 대학수학능력시험(수능) 때 기자들이 사교육 취재원에 과도하게 의존하는 현상을 직접 체험했고 목격했다. 아쉬웠다. 언론인으로서 자괴감도 느끼곤 했다. 그럼에도 데드라인(마감시간)을 지켜야 하는 기자로서 신속한 분석을 내놓는 사교육 정보원을 외면하기는 힘들었다.

수능과 사교육 3인방

2022학년도 수능 때였다. 2021년 11월 18일 결전을 치른 수험생은 정보에 목말랐다. 당시는 변화가 적지 않았다. 우선, 수능이 문·이과 통합형으로 바뀌었다. 인문학적 상상력과 과학적 창조력을 두루 갖춘 융합형 인재를 키우자는 취지에서였다. 국어와 수학 영역은 공통과목과 선택과목으로 개편됐다. 문·이과 계열 지원 수험생이 함께 평가받았다. 선택과목에 따라 수험생 개개인의 점수에 유불리가 발생하던 구조가 기존의 탐구 영역에 이어 국어와 수학 영역에서도 나타났다.

국어·수학·직업탐구 영역은 공통과목 75%, 선택과목 25%로 배분됐다. 예컨대 수험생은 문·이과 계열 지원 구분 없이 공통과목으로 수학 I 과 수학II를 치르고, 선택과목으로 '확률과 통계' '미적분' '기하' 중 1개를 치렀다. 2022학년도 수능은 교육방송(EBS) 교재 연계 비율도 변수였다. 연계 비율이 기존의 70%에서 50%로 낮아졌다. EBS 교재 연계 비율 자체가 코미디지만, 수험생들이 느끼는 체감도는 상당했다. "반은 비슷하고 반은 아니다"라는 뜻이었으니 말이다. 수능 출제 기관인 한국교육과정평가원이 예년보다는 더 민첩하고 풍성한 정보를 제공했어야 했다.

한데 평가원의 '앵무새'는 여전했다. "학생들이 학교 교육을 충실히 받고 EBS 연계 교재와 강의로 보완하면 해결할 수 있는 수준으로 문제를 출제하겠다"라고 밝힌 게 전부다. 정보에 목마른 학부모와 수험생들은 사교육에 매달렸다. 6월과 9월 모의평가는 물론 수능까지 사교육 정보에 의존했다. 중앙일간지와 방송사도 사교육을 주요 취재원으로 활용했다. 문·이과 통합형 수능에 대한 분석, 개별 과목에 대한 분석, 본 수능에 대비하기 위한 전략 등 대부분의 정보가 사교육으로부터 나왔다.

대한민국의 입시 정보는 한때 이만기(유웨이교육평가연구소장), 이영덕(전 대성학력개발연구소장), 임성호(종로학원하늘교육 대표) 3인방에서 나온다는 말이 나왔었다. 이들은 언론에 수시로 등장하며 수험생의 나침반 역할을 하는 '입'이 되었다. 언론은 오랜 노하우와 실력이 검증된 3인방을 수능의 고급 취재원으로 활용했다. 외려 언론이 이들에게 고마워할 정도였다.

교육 기자가 기사에 인용하는 공교육과 사교육 취재원은 학생과 학부모의 대입 지원 전략에 큰 영향을 준다. 필자는 이런 상황을 실증적으로 파악해 보려고 조사를 했다. 언론이 수능 관련 보도의 취재원을 어떻게 활용하는지 알아보기 위해 5년간(2017~2021학년도) 종합지인 조선일보와 한겨레의 수능 기사 115건에 나오는 취재원을 분석했다(교육문화연구 27호 논문집). 그 결과는 예상대로였다.

조선일보와 한겨레 모두 공교육보다 사교육 취재원 의존도가 과도했다. 조선일보는 전체 취재원의 52%, 한겨레는 34%가 사교육 취재원이었다. 조선일보의 수능 취재원은 사교육 전문가 → 학생 → 교사 → 평가원 → 교육부 → 한국대학교육협의회(대교협) 순이었다. 반면 한겨레는 사교육 전문가 → 교사 → 평가원 → 교육부 → 학생 → 대교협 순이었다. 두 신문 모두 평가원, 교육부, 대교협을 메인 취재원으로 활용하지 않았다.

놀라운 것은 두 신문이 기사에 인용한 사교육 업계 유명 3인방은 전체 사교육 실명의 78%를 차지했다는 점이다. 반면, 고교 진학 담당 교사로 대표되는 공교육 취재원은 맥을 못 췄다. 조선일보는 10%, 한겨레는 19%에 불과했다.

6월과 9월 모의평가와 10월 모의고사 직후에 나온 언론의 취재원 인용 경향도 크게 다르지 않았다. 사교육 정보원의 수능 지배력이 대세였다. 공교육 교사와 한국대학교육협의회, 교육부, 한국교육과정평가원은 정보제공자의 역할이 미약했다. 매년 수능 때마다 이런 현상은 심화한다.

▌더딘 공교육 취재원, 신속한 사교육 취재원

언론의 수능 취재원 사교육 의존 심화를 교육기자 탓으로 돌릴 수는 없다. 교육기자는 공교육과 사교육 취재원을 균형 있게 인용하려 한다. 하지만, 사교육 취재원은 정보의 신속성·정확성·풍부성이 공교육에 비해 상대적으로 앞서기 때문에 불가피하게 더 자주 인용하는 게 현실이다.

그렇다면, 언제까지 이런 현상을 지켜보고만 있을 것인가. 사교육은 공교육의 보완재일 뿐 대체재가 아닌데 교육 당국 스스로 수능 정보를 대체재로 인정하고 있는 게 아닌가. 수능의 불편한 진실이다. 1993년부터 33년째 시행되는 수능의 근본적인 성찰이 필요한 시점이다. "수능을 서술·논술형으로 손질하자", "아예 폐지하자" 등등의 거창한 '입놀림'보다는 정확하게 정보를 제공하는 노력이 더 절실하다. 그래야 수능의 불편한 현실을 바로잡을 수 있다.

우선, 교육 당국이 수능 정보 제공을 활성화해야 한다. 수능 전문가를 양성하고 빅 데이터를 바탕으로 체계적이고 실증적인 정보를 내놔야 한다. 수능 당일 대교협 교사단이 반짝 힘을 내봐야 사교육을 누를 수 없다.

수능의 구조적인 결함인 '등급 컷' 예측의 맹점도 바로잡아야 한다. 수능 직후 치러지는 수시 논술을 수능 성적표 발표 이후로 바꿔 사교육 등급 컷 의존의 사슬을 끊어야 한다. 대입 일정을 조정하자는 의미다. 더 중요한 것은 대학의 정보공개 확대다. 각 대학은 대입정보포털에 공개하는 합격선(70% 컷)보다 더 정확한 자료를 내놔야 한다. 30% 자료가 더 중요하다. 그러니 수험생들이 사교육 예상 합격선에 매달리는 것이다. 학령인구가 감소해도 소위 상위권 일부 대학의 입시 경쟁은 수그러들지 않을 것이다. 그럴수록 사교육 정보 의존도가 높아지게 되니 정보 확대는 필수다.

교육부와 한국교육과정평가원의 역할은 그래서 중요하다. 공교육 전문가 풀의 전문성과 지속성을 확보하고, 상세한 입시 빅 데이터를 공개해야 한다. '보안'을 핑계로 주저하다 이 지경에 이르렀다. 이제는 바꿔야 한다. 사교육이 수능을 종신 지배하고 있다.

그런데 교육부는 움직이지 않는다. 매년 수능 전후로 사교육 정보원 의존도는 더 심화하고 있다. 수능 직후 신속하게 분석을 발표하고 가채점 결과를 내놓은 것은 사교육이다. 대학의 횡포도 여전하다. 목요일 수능 직후 바로 주말에 논술을 치러 학생들을 파김치로 만든다. 학사 일정을 일주일만 조정해도 될 일인데 외면한다. 대입 정보는 여전히 깜깜이다. 수능 점수로 어느 대학을 선택해야 할지를 사교육 전

망치가 좌우한다. '서연고 서성한 중경외시' 같은 말이 인공지능(AI) 시대에도 오르내리는 것은 정상이 아니다. 그리고 대입 정보를 사교육에 의존하는 것은 더더욱 정상이 아니다.

▮ 입시 일타 컨설턴트의 비밀

수능을 앞둔 대형 종합입시 학원의 입시 분석실은 열기로 가득하다. 대학생 아르바이트생이 지난해 입시 성적을 대학별로 정리하느라 컴퓨터 자판을 두드리며 몰두한다. 코로나19 시대에는 대학이 온라인 수업을 진행해 학원에 대학생 아르바이트생이 더 많이 몰렸다. 자신의 수업 시간에 줌 영상 강의를 틀어놓고 아르바이트하는 학생도 있었다.

학원 측이 아르바이트 근무 조건으로 수업 참여 시간을 보장해 주니 대학생이 더 몰린다. 아르바이트생들은 대학별 전년도 수능 합격선과 2024년 6월, 9월 모의고사 성적, 그리고 본 수능 성적을 모두 기록한다. 그게 바로 '2025학년도 입시 중요사항 및 2024학년도 입시 결과표'이다. 각 대학의 전공별 정시 가, 나, 다 군 모집인원, 모집군 변화, 최근 2개년도 경쟁률, 2025학년도 수능 주요 사항을 토대로 합격선 추정 점수를 산출한다.

이를 토대로 본 수능 가채점 결과가 나오면 예상 합격선을 촘촘하게 쪼개는 이른바 '황금 배치표'를 만든다. 대형 입시학원에는 보통 3,000~5,000명의 수강생이 있다. 이들은 해마다 빅 데이터의 메인 소스가 된다. 수강생의 내신 성적과 수능 성적이 고스란히 학원의 데이터베이스에 입력되니 누가 어떤 점수로 어느 대학에 합격했는지,

탈락했는지를 알 수 있게 되는 구조다. 그러니 대형 학원의 배치표는 영향력이 막강하다.

지금이야 입시가 다양하고 대학별 전형이 다양해 배치표의 영향력이 절대적인 것은 아니다. 그래도 학원의 배치표는 여전히 전국의 고3 담임에게는 '전조등' 역할을 한다. 교육부나 한국교육과정평가원, 대학 그 어느 곳에서도 학원만큼 세밀하게 불빛을 비춰주는 곳이 없으니 말이다.

대학은 고교에 정보도 제공하지 않으면서 별난 일을 벌인다. 지방대학 입학처장이 고교 교장과 고3 담임을 만나 "제발 우리 대학에 학생을 보내달라"며 선물을 돌리는 것과는 차원이 다르다. 그건 최소한의 홍보 전략이고 눈물겨운 노력이다. 대학은 대형 학원을 대상으로 로비한다. 부총장, 입학처장, 입학처 직원이 주로 로비에 나서는데 어떤 대학은 총장이 직접 학원장을 만나 밥과 술을 사기도 한다. 학원의 정시 배치표에 경쟁 대학보다 높은 곳에 찍어 달라고 청탁하기 위해서다. 대학은 학원에 광고를 실어주고 선물을 안기기도 한다.

"입시 경쟁률은 곧 돈이죠. 학생이 내는 전형료 수입이 어떤 대학은 수십억 원에 이릅니다. 학원이 내놓는 입시 관련 책자나 입시 컨설팅에 따라 대학 경쟁률이 어느 정도 영향을 받아요. 한때 대학이 입학 전형료를 마음대로 쓰던 시절에는 집으로 갈비 세트가 오기도 했어요. 요즘은 그런 일은 없지만, 서울 중위권 대학과 지방대학의 로비는 여전해요."

서울의 한 대형학원 입시 컨설턴트의 말이다. 우리나라 입시의 현실이다.

▌이영덕 부산대, 이만기 인하대, 임성호 경희대

입시학원의 소위 일타 컨설턴트는 베테랑이다. 경력이 풍부하고 거느린 연구진이 탄탄하다. 연구진이 분석한 자료를 토대로 각종 언론에 입시 분석과 지원전략을 소개하니 수험생과 학부모가 몰릴 수밖에 없다. 한편으론 이들이 없다면 수험생과 학부모는 암흑 속에서 헤맬지도 모른다. 이들이 수험생과 학부모들에게는 한 줄기 빛이다.

그렇다면 한때 이영덕, 이만기, 임성호로 상징되던 국내 사교육 '빅3'는 SKY 대학을 나왔을까. 그렇지 않다. 이영덕은 부산대, 이만기는 인하대, 임성호는 경희대를 졸업했다. SKY 대학을 많이 보내는 베테랑 입시 전문가여서 당연히 그 대학을 나왔을 것이란 예측은 허상이다. 개인의 열정과 노력이 '최고'를 만든다는 점은 입시업계도 예외가 아니다. 이들이 공교육의 적이 아니라 공교육의 부족함을 메워주는 도우미 역할을 하고 있다는 현실을 부인하기는 어렵다. 입시 고수 역시 저절로 만들어지는 것이 아니기 때문이다.

대성학원 평가 이사를 지낸 이영덕은 부산대 교육학과를 졸업했다. 중학교에서 2년간 도덕 교사로 학생을 가르치다 사교육에 발을 들여놓았다. "공부를 더 하고 싶었어요. 교사를 그만두고 무작정 서울로 올라왔지요. 대학원에 진학하려 했는데 돈이 없었어요. 그래서 우선 학원에 들어가 몇 달 일해서 학비를 벌려고 생각했죠."

학원 출근 첫날, 이영덕은 전국 대학의 커트라인 배치표를 그리는 일을 맡았다. 재수생 학력 통계를 내고 입시 분석을 하는 일에 매력을 느꼈다. 그렇게 만들기 시작한 대학 배치표가 전국적인 명성을 얻기 시작했다. 전국의 수험생과 학부모, 교사가 그가 만든 배치표에 울고

웃었다. 1990년대 학력고사 시대였다. 1986년 대성학원 공채 1기로 입사해 40년 가까이 입시 업무를 해 온 그는 입시업계의 인플루엔서가 됐다. 입시업계의 전설이었던 이영덕은 은퇴했다.

이만기 유웨이중앙교육 평가 이사도 교사 출신이다. 인천 송도고등학교와 인하대 국어교육과를 졸업했다. 인천의 한 고교에서 16년간 국어 교사(1986~2002)를 하던 중 EBS에 국어 강사로 출연한 게 결정적인 인생 전환점이 됐다. 인기가 치솟자 사교육이 손짓했다. 이만기는 2002년 교단을 떠나 메가스터디의 국어와 논술 강사로 활동하며 인생 경로를 바꿨다. 그는 수능 강의를 그만둔 지 오래됐어도 끊임없이 입시를 연구하며 책을 쓰고 컨설턴트의 명성을 유지하고 있다.

임성호 종로학원 대표이사는 30년 가까이 입시업계에 몸담은 현역 베테랑이다. 경희대 경제학과를 졸업한 그는 롯데그룹 공채로 입사했다가 1996년부터 학원 강사로 활동했다. 그런데 경제학도가 전공과는 무관한 수학 강사로 일했다. "경북 예천의 시골 중학생일 때 수학 자습부장을 맡았어요. 수업이 끝나면 한두 시간씩 친구들을 가르쳤어요. 담임 선생님이 교사를 하라고 제안할 정도로 괜찮게 가르쳤나 봐요. 제가 교육계 발을 들여놓게 된 계기가 된 것인지도 모르겠네요."

임 대표는 학원계로 길을 바꾼 뒤 하늘교육 대표이사, 종로학력평가연구소 대표이사를 거쳐 종로학원 대표이사를 맡고 있다. 사교육 업계에선 방송 출연이 가장 왕성하고 분석력이 뛰어난 인물로 꼽힌다.

사교육 업계에서 언론에 자주 등장한 3인방의 공통점은 SKY 출신이 아니라는 점이다. 그럼에도 대한민국 입시의 최고 전문가가 됐다.

전국의 N수생 중 이들의 영향력에서 완전하게 자유로웠던 수험생이 얼마나 될까.

3인방도 자녀의 입시 진로를 직접 자신이 정하지는 못했다고 한다. 대신 서로 크로스 컨설팅을 해준 것으로 유명하다. 아무리 입시 베테랑이라고 해도 자식 문제는 어려운 일이다. 입시 일타 베테랑도 자식 앞에선 학부모다.

킬러 문항을 킬 하라

어이없고 황당하다. 대통령의 한마디에 뜨거운 여름이다. 2023년 6월, 윤석열 대통령이 대학수학능력시험 킬러 문항(초고난도 문제)을 지적한 지 하루 만에 교육부가 한국교육과정평가원을 감사하고 공정거래위원회, 경찰청이 수사에 나선 건 무시무시하다. 국세청이 즉각 유명 입시학원에 특별 세무조사를 실시한 것도 모자라 "애들만 불쌍하지…"라고 한마디 한 일타 강사까지 세무조사를 때리는 건 영화를 보는 느낌이다.

그래도 마동석은 엉뚱한 악한을 때려잡지는 않았다. 윤 대통령이 잡아야 할 상대는 "학원에서 다 배웠지?"라며 얼렁뚱땅 넘어가는 안일한 공교육과 교육부의 무사안일, 그리고 그런 문제를 출제한 한국교육과정평가원이었다. 공교육을 제대로 이끌지 못한 교육부 대신 벤처 마인드로 무장한 사교육에 킬러 문항의 원죄를 묻는 것은 이상했다. 영화에선 편집이라도 할 수 있지만 현실에서 잘못 휘두른 '몽둥이'는 어쩔 것인가.

윤석열 대통령의 수능 킬러 문항 발언은 사회 이슈를 집어삼켰다. 윤 대통령은 "수십만 명의 학생들을 대상으로 한 부적절하고 불공정한 행태다. 약자인 우리 아이들을 갖고 장난치는 것"이라고 말했다. 6월 모의고사에서 킬러 문항이 출제됐다는 이유로 교육부 담당국장까지 경질했다.

▮킬러 문항, 대통령 한 마디에 화들짝

2021년 10월, '킬러 문항을 킬 하라"는 칼럼을 쓴 적이 있다. 그때 교육부는 아무런 관심을 보이지 않았다. 권력이 세니, 언론인이 떠드는 말을 우습게 여겼다. 사실 킬러 문항이라는 말이 언제부터 등장했는지는 정확하지 않다. 매년 수능을 취재할 때마다 '불수능' '물수능'이라는 용어를 달갑지 않게 생각하던 터였다. 달리 표현할 방법이 마땅치 않아 할 수 없이 "올해 수능 '불수능', 국어·영어 어려웠다"와 같은 기사를 쓰곤 했다.

그런데 특정 문항이 몹시 어려운 '초고난도'라는 의미의 '킬러 문항'이란 말이 나돌기 시작했다. 기사에는 그런 말을 쓰지 않고 "가장 어려웠던 문항" 또는 "최고 난도의 문항" 등으로 표기했는데 어느 순간부터 언론은 킬러 문항을 일반 용어로 사용했다.

학원에서는 "킬러 콘텐츠 필살기" "킬러 문항 총정리" "킬러 문제 여기가 급소"와 같은 현란한 강좌가 등장했다. 애초에 학원이 킬러 콘텐츠라는 말을 상술용으로 사용했는지는 분명하지 않다. 어쨌든 학생들은 학원으로 몰렸다. 그러더니 어느새 한국교육과정평가원, 교육부, 교육청 등 이른바 교육 당국이라고 불리는 행정기관도 "킬러 콘텐츠 문항 어쩌고~~"하는 말을 자연스럽게 사용했다. 정체불명의 킬러 문항은 매년 수능을 치를 때마다 초미의 관심사였다. 입시학원 상술에 수능이 놀아나고 있다는 생각이 들었다.

킬러 문항은 대입 수험생 몇 명을 위한 것일까. 수능 만점자 등 극소수를 위한 문제일까. 2016년이었다. 수능 만점자와 인터뷰했다. 그는 국어·영어·수학, 탐구 2과목, 베트남어 등 6과목 만점을 받고 서울대에 정시로 합격했다. 그런데 의외의 말을 들었다. 수학 30번 문제 하나를 푸는 데 한 시간을 매달렸다는 거다. 30문항 중 29문항을 40분 만에 다 풀고 30번 문제 하나를 60분 동안 풀었다는 얘기였다. 다음은 당시 만점자와의 인터뷰 내용이다.

"수학 29문제 40분 만에, 킬러 1문제 60분 동안 풀었다"

- 수능 만점을 받을 거라 예상했나.

"예상하지 못했다. 모의고사보다 어렵다고 느꼈었다."

- 고난도 문제가 있었나.

"국어에도 있었고, 수학도 있었다. 그래서 만점을 생각하지 못했던 거다."

- 수학은 어땠나.

"29번까지는 쉬웠는데 마지막 문제인 30번이 이제껏 본 문제 중 가장 어려웠다. 100분의 수학 시험 시간 중 한 시간을 그 문제에 매달렸다. 평소 어려운 문제에 많은 시간을 투자하기 위해 쉬운 문제들은 의식적으로 빨리 푸는 연습을 했었다."

- 30번 문제 하나에 60분을 매달렸는데 답에 대한 확신이 있었나.

"풀기는 했는데 답이 222였다. 숫자가 이상했다. 불안했다. 그런데 다행히 정답이었다."

- 국어도 어려워 '멘붕'에 빠졌다는 학생들이 많았다.

"헷갈리는 문제가 있어 긴장했다. 뭐, 이렇게까지 문제를 꼬나 싶었다."

수능 만점자의 얘기를 듣던 중 나는 수능 출제에 근본적인 문제가 있다고 생각했다. 수학 30개 문제 중 29개 문제를 40분 만에 풀 수 있게 낸 것 자체가 문제 아닌가. 더욱이 고난도 문제, 특히 킬러 콘텐츠라는 문제 한두 개로 최상위권 변별력을 유지한다는 게 말이 되나. 킬러 콘텐츠 한 문항을 맞히기 위해 재수, 삼수하는 학생이 얼마나 많은가. 인터뷰한 그 만점자 학생도 재수생이었다. 문제 하나를 더 맞히고 덜 맞히는 게 학생 간 실력에 어떤 차이가 있을까. 2016년에 기사와 칼럼으로 지적했지만, 킬러 문항은 킬 되지 않았다.

▌50만 수험생 들러리 세우는 수능의 오만

수능은 출제위원과 검토위원으로 구성된다. 국어의 경우 통상 출제위원 30명, 검토위원 20명으로 구성(*숫자는 해마다 다를 수 있음)되니 50명이 문제를 본다. 그런데 출제위원도 검토위원도 풀기 어려운 꽈배기 문제를 학생들에게 풀라고 강요한다. 풀라는 게 아니라 틀리라고 하는 것이나 다름없다. 고교 교사도 혀를 내두르는 문제다. 그런 고교 교육과정 밖의 문제를 계속 내고 있었던 게 작금의 수능 흑역사다.

문제가 불거질 때마다 교육 당국은 "고교 교과과정을 충실히 이행한 학생은 누구나 풀 수 있는 문항을 출제했다"라고 해명했다. 난이도 조절과 변별력을 동시에 갖추려다 보니 해마다 무리수를 두면서도 그에 대한 개선책을 여태까지 세우지 않았다는 자백이다. 급기야 '킬러 문항' 출제를 금지하는 '공교육 정상화 촉진 및 선행교육 규제에 관한 특별법'(공교육정상화법) 개정안까지 발의되는 지경에 이르렀다. 대표 발의한 제21대 강민정 민주당 의원은 "킬러 문항이 고교 교실을 기계적 문제풀이 중심 전근대적 공간에 머무르게 하는 장본인"이라고 지적했다. 일부 킬러 문항이 상위권 학생을 변별한다는 명분으로 묵인돼 온 관행을 개선하자는 취지다.

킬러 문항이 '실력 감별기' 아니다

하지만 논란은 여전하다. 반대 측에선 "킬러 문항을 없애면 상위권 변별력을 유지하기 어렵고 종합적인 사고력을 측정하기도 어렵다"라고 주장한다. 찬성 측에선 "고교 교육을 정상화하고 선행학습을 줄여 사교육을 없애려면 만시지탄이지만 환영한다"라고 주장한다. 양쪽 다 일리는 있다. 문제는 수능을 왜 시행하느냐에 있다. 학생들의 실력을 측정하기 위해서인가, 학생들을 골탕 먹이기 위해서인가. 킬러 문항의 의도는 후자임이 분명하다. 소위 상위권 학생 몇 명을 위해 50만 수능 응시생을 들러리 세우는 거나 다름없기 때문이다.

결국 킬러 문항은 사라져야 옳다. 상위권 1~2%를 추려내려면 그들만의 리그에서 생존게임을 벌이게 해야지, 50만 수험생을 희생양으로 삼는 건 도덕적이지도 않다. 대학 입시 개혁은 그래서 필요한 것이고, 대입 자율은 그래서 더 절실하다. 왜 대학 입시를 정부가 통제하고, 사교육의 든든한 후원자인 양 정권마다 꼬박꼬박 입시를 바꾸는지 답답하다.

입시는 이제 대학에 맡기면 될 일이다. 대학이 공정하지 못한 방법으로 학생을 선발한다면 그 대학 간판을 떼어버리면 될 일이다. 학생을 채우지 못하는 좀비 대학은 그냥 망하게 놔두라. 인공호흡기를 대줄 이유가 없다. 인공지능(AI) 시대에, 연간 24만 명밖에 태어나지 않는 초저출생 시대에, 수능 킬러 문항이 '실력 감별기'라는 착각을 버려야 한다. 이제는 발상을 전환할 때가 되었다. 킬러 문항을 킬하라.

▮그 후 어떻게 됐나

“킬러 문항을 킬 하라”는 칼럼을 썼지만, 교육부와 한국교육과정평가원은 귀를 닫았다. 그러다가 2023년 6월 윤석열 대통령이 이주호 장관에게 “공정한 변별력은 모든 시험의 본질이므로 변별력은 갖추되 공교육 교과과정에서 다루지 않는 분야는 수능에서 배제하라”고 지시했다. 대통령이 나서 수능 킬러 문항까지 언급한 이례적인 일이 벌어졌다. 당시 6월 모의평가에서 킬러 문항 논란이 거셌다. 파문이 일자 교육부 담당 국장이 경질됐고 수능 출제기관인 한국교육과정평가원 이규민(연세대 교육학과 교수) 원장이 물러났다. 국무총리실은 윤 대통령의 “교과과정 밖 수능 출제 배제” 지시가 떨어지자, 한국교육과정평가원 복무 감사와 교육부 현장 감사를 진행했다. 교육부는 2023년 6월 26일 킬러 문항 예시를 발표하는 한편, 국세청은 강남 유명 학원에 대한 세무조사를 실시했다.

본 수능에서 킬러 문항은 배제됐을까. 2023년 11월에 치러진 2024학년도 수능은 난도가 내려갈 것으로 예측됐지만, 정반대로 국·영·수 모두 불수능이란 평가를 받았다. 교육부는 킬러 문항 없이도 변별력을 유지했다고 자화자찬했다. 그러나 수험생들은 “문제가 더 까다로웠고 킬러 문항 같은 문제가 여럿 있어 점수도 내려갔다”라고 주장했다. 실제로 수능 만점자는 1명에 불과했다. 킬러 문항이 배제된 것인지, 계속 출제된 것인지 논란이 컸던 이유다.

2024년 11월에 치러진 2025학년도 수능은 문제가 다소 쉽게 출제됐다. 최중철 2025학년도 수능 출제위원장(동국대 화학과 교수)은 2024년 11월 14일 정부세종청사에서 열린 수능 출제 방향 브리핑에서 "N수생 비율 등의 데이터를 면밀히 분석했다"고 말했다. 그는 "킬러 문항을 배제하면서도 충분히 변별력을 확보할 수 있도록 출제했다"고 자평했다.

과연 그럴까. 2025학년도는 의대 증원 여파로 N수생 응시자 수가 16만1,784명으로 21년 만에 역대 최다를 기록했다. 수능 만점자는 11명이다. 11명 중 7명이 N수생이다. 변별력과 킬러 문항의 상관관계를 어떻게 볼 것인가. 킬러 문항을 배제하면서 변별을 갖추는 것이 관건인데 각 과목 만점자가 급증했다. 국어 만점자는 1,055명으로 64명에 그쳤던 지난해의 16.5배나 됐다. 2022년 통합수능 도입 이후 가장 많다. 수학의 표준점수 최고점은 140점으로 2024학년도 수능 148점보다 8점 떨어졌다. 수학 만점자는 작년 612명의 2.5배인 1,522명이다. 영어는 원점수 90점 이상인 1등급이 6.22%(2만8,587명)이다. 영어가 절대평가로 전환된 이래 1등급 비율이 가장 낮았던 2024학년도(4.71%)보다 1.51%포인트 올랐다.

결론적으로 쉬운 수능이었다. 만점자만 11명이 나왔다. 국어는 만점자가 1,055명, 수학은 1,522명으로 변별력을 상실했다는 평이다. 킬러를 킬 하려다 변별력을 킬 한 게 아닌가.

재수 권하는 사회

한국 사회에서 자녀의 재수는 누가 결정하나. 학생일까, 부모일까. 결정적 변수는 부모의 경제력이다. 부모가 뒷받침하지 않으면 재수는 쉬운 일이 아니다. 물론 학생 스스로 여러 방법으로 대입에 재도전할 수도 있겠지만, 그건 고난의 길일 수밖에 없다.

재수하려면 연간 2,400만 원 이상 든다. 독학하지 않고 사설 학원에 다니거나 기숙학원에 들어가 있을 때의 최소 비용이다. 사교육업체의 얘기를 종합하면, 재수 종합학원은 월 200만 원, 기숙학원은 300만 원 정도가 든다. 사립 4년제 대학 등록금으로 보면 최소 5학기 또는 최대 8학기 비용이다. 재수하는 데 4년제 대학 학비의 절반 또는 4년 치 학비를 고스란히 감당할 학부모가 얼마나 되겠나.

결국 재수도 돈 없으면 못 하는 게 우리 사회의 현실이다. 재수를 거듭하는 N수생도 있다. 재수생, 삼수생, 사수생도 있으니 아예 넘버(Number)의 N자를 붙였다. 그런 N수생이 우리 사회에 점점 늘고 있다. 대입이 요동칠수록 N수생은 증가한다. 부모의 경제력이 뒷받침하는 경우라 해도 여간 버거운 일이 아니다. 일반화하기는 어렵지만 'N수생=부모 경제력'은 통하는 등식이다.

대학 가는 길은 고행길이다. '반수생'도 적지 않다. 대학에 일단 진학해 1학기를 다니고 여름방학부터 다시 입시를 준비한다고 해서 반수다. 1학기는 대학 생활은 건성으로 하고 2학기는 휴학하는 반수생,

합격하면 1학기 다닌 것은 버리고 다른 대학으로 갈아탄다. 사회적 비용이 이만저만 아니다. 그런 현상이 계속되고 있다.

반수생과 N수생이 증가하는 것은 입시 영향이 크다. 입시제도가 정권마다 바뀌고 같은 정권 안에서도 바뀌니 수험생의 유불리가 달라진다. 그러니 청춘들은 자신이 원하는 대학, 원하는 학과에 다시 도전하고 싶은 욕망이 분출한다. 도전은 물론 나쁜 건 아니다. 청춘의 시련과 좌절은 긴긴 인생 여정의 자양분이 될 수 있다. "실패를 경험하지 못한 사람은 인생의 쓴맛을 모른다"라는 말이 괜히 나온 얘기가 아니듯이 말이다.

당장 2024년만 봐도 N수생이 급증했다. 수능 킬러 문항 논란과 의대 열풍이 재수 부추기는 사회의 정점을 향해 치달았다. 사실 수능 기준으로 보면 재수해도 점수가 크게 올라가지 않는다. 최상위권 학생의 경우 수능 한두 문제를 더 맞히면 성공이다. 중위권은 대부분 점수가 비슷하거나 하락하기도 한다. 재수한다고 수능 점수가 크게 올라가지는 않는다는 게 정설이다. 교육부는 이런 통계를 알면서도 밝히지 않는다.

수능 한두 문제를 더 맞히면 재수 성공이라고 한다. 대학과 전공이 달라지기 때문이다. 이게 정상인가. 수능 1점, 2점, 3점은 학생 개인의 실력이나 능력과도 별 상관없고, 인생으로 보면 의미 없는 숫자에 불과하다. 그런데 대학 이름이 달라지고, 대학의 전공이 달라지는 이런 기현상이 갈수록 심화한다. 학생 수는 급감하는데 재수생은 해마다 늘고 있는 것은 정상이 아니다.

▮ 2025학년도 수능 N수생, 전체의 35%인 18만 명

2023년 11월에 치른 2024학년도 수능 응시자는 50만4,588명이다. 이 가운데 N수생은 17만7,942명으로 전체 응시자의 35.3%다. 2024년 11월에 치른 2025학년도 수능도 비슷했다. 전체 응시자 52만2,670명 중 N수생은 18만1,893명으로 34.8%였다. N수생 숫자로만 보면 2004학년도 수능 19만9,025명 이후 가장 많다. 의대 정원 확대와 입시 불안의 합작품이다.

전체 N수생을 전체 응시자로 나눈 N수생 비율로만 보면 1996학년도 수능이 37.3%로 최고치를 찍었다. 1996학년도 수능은(1995년 11월 22일 실시) 수능과 본고사 체재의 마지막 시험이었다. 당시 수능은 200점 만점이었고 1997학년도부터는 400점 만점 체제로 바뀌는 등 대변화를 앞두고 있었다. 그러니 N수생이 급증한 것이다. 시험제도가 바뀌니 마지막으로 한 번 더 수능에 응시하는 학생이 늘어날 수밖에 없었다.

이런 사실만 보더라도 N수생 급증은 대입 제도 자체의 영향이 크다. 대입 제도는 누가 바꾸나. 정부다. 정부 중 어느 부처인가. 교육부다. 교육부의 정책에 따라 N수생 숫자가 춤을 추는 형국이다. 그런 현상은 앞으로 더 심화할 수도 있다. 왜 그럴까. 바로 의대 정원 불확실성과 2028학년도 대입 변경이다. 의대 정원을 1,000명, 2,000명 늘리면 상위권 대학에는 지각변동이 일어난다. 의대 정원 규모에 따라 지원 가능 대학의 일반 학과 범위가 달라진다.

입시 정책 하나가 전체적인 입시 판도를 바꾼다. 전국 40개 의대 다음이 SKY대 공대와 자연대라는데 의대 정원 확대 여부는 간단한 문제가 아니다. 게다가 의대 외에 치대, 약대, 수의대, 한의대까지 연쇄적으로 영향을 미친다. 의대 정원 확대는 이처럼 입시에는 파괴력 있는 변수다.

최근 5년간 수능 N수생 추이

학년도	N수생(명)	전체 응시생 중 비율(%)
2022	14만9,111	29.2
2023	15만7,791	31.1
2024	17만7,942	35.3
2025	18만1,893	34.8
2026	18만2,277	32.9

자료: 한국교육과정평가원(*N수생에는 검정고시 포함)

의대생의 60~70%는 N수생, 부모의 경제력 변수

현재도 의대 입학생의 60~70%는 N수생이다. 고교 3학년 때 수능을 치르고 의대에 진학하는 학생이 20~30%에 불과하다. 실제가 그렇다. 21대 국회 민주당 강득구 의원실에 따르면, 2020~2023학년도 4년간 전국 의대 입학생의 77.5%는 N수생이었다. 특히 3수생과 4수생 이상이 35.2%였고, 고3 재학생은 21.3%에 그쳤다. '의대생=N수'가 공식화한 것이다. 2022학년도에 3수생과 4수생은 41.6%, 2023학년도에는 29%였다.

여기서 주목할 포인트가 있다. 합격자의 출신 지역 분포다. 4년 평균 기준으로 서울이 전체의 36.7%를 차지한다. 이어 경기 242명(19.1%), 전북 92명(7.3%), 부산 89명(7.0%), 대구 88명(6.9%), 대전 45명(3.6%), 광주 44명(3.5%), 경남 43명(3.4%), 충남 41명(3.2%), 울산 34명

(2.7%), 전남 16명(1.3%), 경북 16명(1.3%), 인천 13명(1.0%), 충북 12명(0.9%), 제주 9명, 강원 7명, 세종 4명 순이다.

특히 전국 의대의 정시 합격자 5명 중 1명은 강남 3구 출신이다. 2022학년도에는 서울대와 전국 의대 정시에서 강남 3구 출신 학생들이 22%를 차지했다. 고교 3학년 현역을 주로 뽑는 수시 합격자(7%대)의 세 배에 가까운 합격률이다. 이는 곧 재수도 부모의 경제력이라는 통설을 뒷받침한다.

의대 정원의 불확실성은 앞으로 여러 변수를 부를 것으로 보인다. 의대 정원 확대가 강남지역을 비롯한 부유층의 '재수생 마켓'을 확대하는 기폭제가 될 우려도 있고, 정원 동결 내지는 의대생 '제로' 선발이 현실화하면 그 혼란은 엄청날 수 있다.

그러면 좋아하는 것은 학원뿐이다. 사교육은 이렇게 하나, 저렇게 하나 정부가 도와준다. 입시는 생물이기 때문이다. 윤석열 정부는 깊이 고민하지 않았다. 의대와 대입 N수가 부의 전유물이 되는 불공정 사회를 부추겼다. 재수 권하는 사회의 또 다른 민낯이다.

수능 멜랑꼴리아

수능은 멜랑꼴리아(melancolia)다. 수능 성적표를 받는 수험생도, 학부모도, 교사도 우울하다. 수험생과 학부모는 갈팡질팡한다. '물수능' '불수능'을 오가더니 '용암수능'에 '킬러 문항' 논란까지 돌출했다. 수능의 변별력은 난제다. "난이도는 신도 못 맞춘다"라는 말이 있다. 수능 30년 역사 내내 사라지지 않은 말이다. 이해는 간다. 수능 출제기관인 한국교육평가원의 원장 직책은 그래서 수능 결과에 따라 목이 왔다 갔다 한다.

예전에 수능 오류로 자리를 물러난 분들이 있다. 그중 정강정 전 평가원장이 생각난다. "제 이름이 정강정이라 이름을 바로 불러도 정강정, 거꾸로 불러도 정강정입니다. 제가 책임져야죠."

2007년 12월 24일 크리스마스이브 날, 2008학년도 대학수학능력시험 물리II 11번 문제의 정답이 두 개로 나왔다. 파문이 몰려왔다. 정강정 원장(2003년 12월 24일~2007년 12월 24일)은 바로 자리에서 물러났다. 그 누구에게도 책임을 돌리지 않았다. 그는 평가원 역사상 최초로 연임한 9급 공무원 출신이다.

수능 대혼란, 누가 책임지나

2021년 12월 10일. 수능 성적표를 받은 수험생들이 울상을 지었다. 성적이 예상보다 덜 나와서만이 아니다. 당장 수시 최저 등급을 뛰어넘기 어렵게 된 것은 그렇다 치고, 입시 지원 전략 자체가 막막해서다. 교사들도 진학지도를 어찌할지 몰라 우왕좌왕했다. 필자의 지인인 고교 진학 교사는 "교사 생활 30년 만에 이런 입시는 처음이다. 기존의 정보도 무용지물이다. 학원에 가서 정보를 얻을 수밖에 없다"라고 했다. TV 드라마에서 유명 배우가 읊조리던 "6·25 때 난리는 난리도 아니다"라는 말이 떠올랐다.

2022학년도 수능의 가장 큰 문제는 난이도보다는 수능에 대한 신뢰 그 자체였다. 수능이 탄생한 1994학년도 이후 처음으로 수능 '생명과 과학 II' 20번 문항 점수가 '공란'으로 나갔다. 법원이 수능 성적 발표 하루 전날인 2021년 12월 9일 "특정 문항의 정답 확정을 유예하라"고 판결했기 때문이다. 평가원의 오만과 학계의 태만이 불러온 참상이었다.

그 문제는 수능 직후 논란이 됐다. 고3 교사들과 입시 학원가에서도 "문제가 있는 문제"라고 이의를 제기했다. 그런데도 평가원은 모르쇠로 일관했다. 그러자 수능 응시생 92명이 평가원을 상대로 집행정지 가처분 신청을 냈고, 법원이 받아들였다. 결과는 모두 정답처리였다. 혼란이 이어졌다. 그 혼란은 정시모집에 영향을 미쳤다.

사태가 커진 데는 당시 강태중 평가원장의 책임이 컸다. 그는 2022학년도 수능이 1997년 이래 역대 최고난도로 출제되며 난이도 조절에 실패했다는 평가를 받던 와중에 출제 오류가 논란이 되자 이렇게 말했다.

"문항의 조건이 완전하지 않더라도, 교육과정 성취 기준을 준거로 학업성취 수준을 변별하기 위한 평가 문항으로서의 타당성은 유지된다."

그러고선 2021년 12월 9일에 다시 해명했다. "생명과학II 20번 문항 정답 결정 집행정지 가처분이 내려지면 대입 전형에 미칠 영향이 매우 크다는 점을 재판부에 충분히 소명했다. 정답 오류가 인정될 상황을 예단하고 있지 않아,(전원 정답처리 등 플랜 B에 대해)시뮬레이션은 하지 않았다." 법원이 평가원 편을 들어줄 것으로 믿었다는 얘기다. 그의 수능 데뷔 무대는 참담했다. 결국 불명예 퇴진했다.

▌과학계의 침묵, 책임 외면하는 반지성적 행위

평가원 못지않게 비난받을 이들은 교수다. 해당 문항에 오류가 있다고 수험생들과 교사들과 학원 강사들이 아우성치는데도 학계 차원의 입장은 한 줄도 나오지 않았다. 해당 문항이 생명과학 문제이니 당연히 과학계에서 문제의 오류 여부를 따져보고 입장을 냈어야 했다. 그런데 학계 차원은 고사하고 정의감 있는 개인 학자도 나타나지 않았다. 수능 출제위원은 교수가 대부분인데 반지성적인 침묵이었다.

수능 출제위원은 교수를 중심으로 구성된다. 수능 시행 초기의 교수 중심이 지금은 고교 교사 참여형으로 바뀌었지만, 여전히 교수 중심이다. 고등학생을 가르쳐 보지 않은 대부분 사범대와 교육대 교수가 수능 출제 합숙소에 감금돼 자기 전공 영역의 문제를 출제한다.

물론 수능의 보완 장치도 일부 마련됐다. 2014학년도와 2015학년도 수능에서 연달아 출제 오류가 발생하자, 2016학년도 수능부터는 출제위원장과 동급의 검토위원장직을 신설했다. 검토위원단을 출제위원단과 독립시켜 검토 과정을 강화했다. 그러나 2022학년도 수능에서도 검토위원의 역할이 미흡했던 것이 드러났다. 해명 브리핑장에서 검토위원장의 직접 사과를 했으면 더 적절했을지도 모른다.

2022학년도 수능은 30년 역사의 '흑역사'로 기록됐다. 전국의 학생과 학부모에게 갑으로 군림해 온 한국교육과정평가원과 수능의 근본적인 혁신을 과제로 남겼다. 수능 멜랑꼴리아는 올해도 계속된다.

▮ 찍기 수능의 비애, 언제까지 '오지선다'인가

대한민국에서 대입은 초·중·고 교육의 나침반이다. 학생의 인·적성을 살리는 맞춤형 교육, 인공지능(AI) 시대의 디지털 활용 교육도 대입 앞에선 움츠러든다. 이리 치이고 저리 치이다가 뒤늦게 교육부가 내놓은 '텐텐(1010) 시안'이 딱 그렇다. 텐텐 시안은 2023년 10월 10일 교육부가 발표한 '2028학년도 대입 개편 시안'을 말한다. 고민의 흔적은 보이지만 미래 세대를 키울 혜안과 성찰은 부족했다.

텐텐 시안의 핵심은 세 가지다. 첫째는 2028학년도 수능(2027년 11월 실시)부터 공통과목을 도입한다. 모든 수험생이 국어·영어·수학·사회탐구·과학탐구 5과목을 똑같이 풀어야 한다. 교사나 사회학자, AI 전문가나 의사를 꿈꾸는 학생의 구별이 없다. 문·이과 장벽을 없애고 선택과목의 유불리를 없애 수능의 공정성을 확보한다는 명분이다. 일제강점기에 흘러들어온 이상한 문·이과 구분을 철폐하고 학생들이 같은 시험으로 실력을 겨루게 한다는 점에선 평가할 만하다. 하지만 인·적성 운운하던 고교학점제가 뒤틀리고 '1점' 경쟁은 더 치열해진다.

두 번째 핵심은 내신 평가 방식이다. 현행 9등급 상대평가를 글로벌 스탠더드에 맞게 5등급 상대평가로 바꾼다. '고르기' 위주의 시험 대신 일부는 서술형 내신 평가도 권장한다. 같은 반 친구끼리 공책도 빌려주지 않는 비인간적 내신 경쟁을 완화할 수 있는 진일보한 방법이다. 다만, 특목고와 자사고 쏠림 현상이 심화할 거란 얘기가 나온다. 그럴 가능성도 있다. 벌써 학원가에 문의가 몰린다니 학부모 반응은 기민하다.

세 번째 핵심은 대입 정시 비율 40%, EBS 연계 50% 유지다. 교육부는 대입 근간을 바꾸는 걸 두려워했다. 정시를 자율화하거나 EBS 연계 정책을 폐기하면 사교육 폭등 부메랑을 맞을까 봐 겁을 냈다. 대학에 정시 비율을 강압하고 EBS 연계를 고집하는 건 구각(舊殼)이다. AI 시대에 코미디 아닌가.

텐텐 시안은 '정치 공학적'이다. 2024년 4월 총선을 앞두고 학부모 불안감을 건드리지 않으려고 교육의 큰 줄기를 바꾸는 데 주저했다. 대입은 민감한 고차 방정식이다. 하나를 개선하면 다른 쪽에서 변수가 생긴다. 사교육 '풍선효과'는 동전의 양면이다. 이리하든 저리하든 사교육은 살아남는다. 대입 흑역사가 숱하게 입증해 왔다. 게다가 의대 정원 확대 변수까지 있으니, 사교육은 그저 정부가 고마울 뿐이다.

따라서 이번만큼은 결기가 필요했다. 유감스럽게 교육부 장관과 교육 관료는 소신껏 하지 못했다. 공직 세계의 비애다. 이번 시안은 그대로 확정이 됐다. 교육부는 '미적분Ⅱ'와 '기하'를 평가하는 '심화수학' 신설 여부를 국가교육위원회 검토 사항으로 넘겼을 뿐이다. 결국 '미적분Ⅱ'와 '기하'는 수능과목에서 빠지고 대수, 미적분Ⅰ, 확률과 통계로 확정됐다.

▌교육부 개편은 한계…대학별 입시요강이 중요

이처럼 대입 개편안을 두고 말이 많았다. 분명한 것은 교육 당국과 어른이 실수하고 있다는 점이다. 지금 학생들은 보고 듣는 일상에 익숙한 '영상 세대'다. 스마트폰과 컴퓨터에는 능숙하지만 스스로 써보고 생각하는 능동적 학습에는 미숙하다. 그런데 또 오지선다(五枝選多)의 '고르기' 수능이다. 4년 후에도 EBS 교재와 유사한 문제가 태반이다.

2028학년도에 수능을 치를 고1 2009년생은 44만4849명이다. 텐텐 개편안을 2033학년도까지 적용하면, 현재 초등 6학년(2013년생, 43만6455명)도 '고르기'를 해야 한다. 초등생의 오지선다 수능, 아찔하지 않나.

2028학년도 수능 주요 특징

과목	특징
국어, 수학, 사회 및 과학탐구	선택과목 없는 통합·융합형 수능
사회 및 과학탐구	- 통합사회, 통합과학 출제 - 탐구영역, 제2외국어·한문영역은 문항 수와 시험 시간 변경
대수, 미적분 Ⅰ, 확률과 통계	선택 없음

자료: 교육부

교육부는 다시 한계를 드러냈다. 정권마다 대입은 정치적 영향권에서 자유롭지 못하다는 걸 입증했다. 그러니 대학이 나서야 한다. 입시요강을 치열하게 고민해 고쳐야 한다. 예전의 통합형 논술처럼 대학별 시험을 비비 꼬는 순간 사교육은 폭발한다. 언제나 입시는 '공교육 파서블(possible)'이어야 한다. 고교 선생님들과 대학 간의 소통은 그래서 중요하다. SKY대학이 먼저 나서야 한다. 세 대학은 글로벌 무대에서는 명함도 제대로 못 내밀면서 안방에서는 '학벌 포식자'로 군림했다. 한 번이라도 수험생에게 따뜻한 난로가 되어 준 적이 있나.

'2028학년도 대입 개편'은 아쉽게도 시안대로 결정됐다. 공청회와 국가교육위원회를 거치면서 틀이 바뀌지 않았다. 길은 명확하다. 정부와 정치권은 디지털 세대의 입시에서 손을 떼고 대학은 지성을 회복하는 길이다. 총장이 나서야 한다. 그런데 4년제 대학총장협의체인 한국대학교육협의회는 침묵한다. 총장들이 입을 열라. 언제까지 고르기 수능인가.

대입 스타 교사를 만들자

2022년 3월에 새내기가 된 대학생은 극심한 입시 혼란을 겪은 세대다. 1993년 수능 도입 이후 처음으로 문과·이과 통합 수능이 치러졌고 수능 '생명과학 II'의 문제 오류까지 고스란히 체험했다. "대학이 뭐길래" 이렇게까지 청춘을 아프게 할까. 모두 어른 잘못이다. 소수점 0.1점 이하로 면도날처럼 합격자를 가리는 정시모집은 입시학원의 컨설턴트가 가장 바쁜 '시즌'이다.

"이런 적은 없었어요. 컨설팅 예약이 예년보다 4~5배는 늘었죠. 저희야 좋지만…." 2021년 12월 말 이었다. 정시모집 시작 전에 유명 학원 전문가의 말을 듣는 순간, 교육 당국은 영원한 사교육 도우미라는 오해를 다시 할 수밖에 없었다.

수험생과 학부모는 왜 사교육 입시컨설팅에 몰릴까. 바로 정보다. 학원은 수능 빅 데이터를 가지고 소수점까지 나눠 지원 전략을 제공한다. 쌍팔년도에 유행하던 대입 지원 배치표가 4차 산업혁명 시대에도 유효하다는 것 자체가 아이러니다. 역대 수능 정보를 담은 빅 데이터는 '인공지능(AI) 컨설턴트'의 탄생을 예고한다.

0.1점 입시, AI 컨설턴트가 더 정확할 수도

지금처럼 소수점 이하의 점수로 당락이 갈리는 것이라면, AI에 맡겨 정확하게 합격자를 가리는 게 더 정확할 수도 있다. 일부 대학에서 전산 오류로 합격자가 뒤바뀌는 사례도 있는데 차라리 대학이 AI에 입학 사정을 맡긴다고 선언하는 게 공정할지도 모른다. 차가운 기계에 수험생의 미래를 맡겨야 하는 시대가 온 것이다. 이럴 때일수록 선생님의 따뜻한 손길이 필요하다. AI 기계는 절대 할 수 없는 영역이다.

한국대학교육협의회(대교협)는 매년 대입상담센터를 통해 정시모집 때 수험생에게 무료 상담을 한다. 일선 고교 입시 담당 베테랑 교사들이 대교협 대입상담 교사단으로 활동한다. 교사단의 활동 기간은 제법 됐다. 그런데도 상당수 수험생은 사교육 컨설팅을 받는다. 과목 간 점수 차, 교차지원 변수, 수시 이월 인원 파악, 의대 지원자 급증으로 눈치작전이 더 심화했기 때문이다. 국어·수학 선택과목 간 점수 차이에 따른 유불리, 이과생의 문과 교차지원, 수시 이월 인원은 학교에서 즉시 파악하기 어렵다. 교사들의 고충이다.

대교협 대입상담교사단은 "고충을 덜어줄 터이니 학원으로 달려가지 말고 선생님에게 물어보라"며 봉사를 자처했다. 집중 상담은 대입 정보포털 '어디가'를 통해 온라인으로 진행했다. 수험생들은 대교협 협력고교에서 활용하는 대입 상담프로그램을 활용해 모의 지원도 했다. 그러나 협력고교 재학생만 참여가 가능한 단점이 있다. 수험생이 대교협 협력 고교인지조차 모르는 경우가 많은데 공급자 위주의 서비스다.

그러다 보니 수험생은 컨설팅받기 위해 학원으로 달려가는 구조다. 언제까지 이런 악순환을 되풀이해야 하나. 이런 현실을 타개하는 데 대교협 교사단의 활동은 중요하다. 공교육계의 나갈 방향이다. 학원 컨설팅을 무색하게 할 필살기가 필요하다. 전제 조건이 있다.

▌입시 빅 데이터 공개하고 스타 교사 양성을

첫째, 교육 당국과 대학이 입시 빅 데이터를 폭넓게 공개해야 한다. 관련 정보가 부족한 상황에서는 사교육을 따라잡기가 쉽지 않다. 교육부와 평가원은 수험생의 '갑'이 아닌 '서번트' 역할에 충실해야 한다. 그 첫걸음이 상세한 입시 빅 데이터 공개다.

둘째, 각 대학은 대입 정보 포털에 공개하는 합격선(70% 컷)보다 더 정밀한 자료를 내놔야 한다. 나머지 30%의 정보가 중한데 대학은 꽁꽁 숨긴다. 수험생들의 정보 목마름을 대학이 부추겨서는 안 된다.

셋째, 공교육 입시 전문가 풀의 전문성과 영속성을 강화해야 한다. 평생 입시에 매달린 사교육 전문가는 분석력이 민첩하다. 여기에 맞서려면 스타 고교 교사가 많아져야 한다. 왜 공교육에서는 스타 교사가 나오지 않나. 교육 당국의 지원이 적기 때문이다. 교사들이 전문적으로 입시를 연구할 수 있는 환경을 제공하고 공교육 전문가 풀을 상시 운영해야 한다.

넷째, 공교육과 사교육 공동 컨설팅 팀을 구성할 필요가 있다. 대교협 차원에서 대입 박람회를 열고 있지만, 사교육 입시 설명회에 비하면 썰렁하다. 사교육도 정보를 제공하고 싶어 하는데 공교육은 체면상 외면한다. 체면 차릴 때가 아니다. 일정 기간 시너지 효과를 내는 방안을 고민해야 한다.

이와 같은 조건은 어려운 일이 아니다. 교육 당국의 의지가 중요하다. 그런데 '의지박약'은 좀처럼 개선되지 않는다. 교육부가 그 뇌관을 건드려야 한다. 교사는 학원 강사보다 출발선에선 더 우수하다. 임용고시를 뚫지 못해 학원 강사가 되는 경우가 적지 않다. 그들 중에 일타 강사가 나온다. 왜 공교육은 EBS를 징검다리 삼아 사교육으로 전향하는 교사를 양산하는 악순환을 되풀이 하나. 구조적인 문제를 뜯어고쳐야 한다. 스타 교사를 만들어야 한다.

▮수능 출제, 교사 중심으로 하자

노무현 정부 시절 김신일 교육부총리와 교육부 출입 기자단과의 간담회 때 얘기다. 김 부총리는 "교육과정 개편은 권력투쟁(power struggle)"이라고 말했다. 노무현 정부의 마지막 교육부총리였던 그가 교육과정 개편의 어려움을 토로하면서 한 얘기다. 특정 과목 시수를 줄이면 그 과목 전공 교수를 비롯한 전국의 교사들이 들고 일어나던 시기였다. 교육부는 이러지도 저러지도 못했다.

교육과정 개편이 권력투쟁이라는 말은 지금도 유효하다. 교육과정 개편 때마다 교육계는 소용돌이가 몰아친다. 수능 과목에 포함되느냐 안 되느냐가 핵심 관건이다. 수능 과목에 포함되면 그 과목은 살아난다. 대학 사범대의 그 과목 전공은 계속 유지될 수 있고, 전공 구조조정 대상의 위험에서도 벗어날 수 있다. 그러나 수능 과목에서 제외되면 일선 고교에 해당 과목 교사 수요가 줄어들어 결국은 사범대의 해당 과목 전공이 위축될 수밖에 없다. 그런 구조이다 보니 교육과정 개편이 권력투쟁이 된다.

그런 이유로 수능은 우리나라 교육을 지배하는 절대 강자다. 1993년(1994학년도) 아날로그 시대에 태어나 4차 산업혁명, 메타버스,

디지털, 인공지능(AI) 시대를 맞은 30년의 긴 세월 동안 건재하다. 입시학원과 일타 강사가 학부모의 돈을 쓸어가는 구조가 1990년대나 2020년대나 바뀌지 않고 있다는 의미다.

수능 문제는 교수가 중심이 돼 출제한다. 처음에는 교수 중심으로 출제진이 짜였다가 지금은 고교 교사도 참여한다. 그래도 교수 중심이다. 고교생을 가르쳐 보지도 않은 교수들이 문제를 출제하는 건 아무래도 이상하다. 교육대와 사범대 교수들이 주축이 된 출제진은 각자 자신의 전공 영역에서 문제를 낸다. 이 과정에서 교과 이기주의가 발동하고 어느 과정이 들어가고 안 들어가고를 놓고 치열한 싸움이 벌어진다.

수능 출제위원과 검토위원 명단은 비밀이다. 명단이 알려지면 그 사람의 평소 강의 성향에 따라 예상 문제를 유추할 수도 있어서다. 매년 치르는 수능에는 대략 700명가량이 투입된다. 교사와 교수로 구성된 출제위원과 검토위원, 인쇄 인원을 포함한 관리직원을 모두 포함한 숫자다. 이들은 수능 출제위원으로 선발됐다는 사실을 주변 사람들에게 알릴 수도 없다.

수능 출제 기간에는 감금 상태에서 휴대전화도 모두 반납하니 그야말로 감옥이다. 원천적으로 문제를 외부로 유출할 수가 없다. 그래도 법은 엄격하다. 고등교육법 제34조 9항은 '시험 문제가 공개되기 전에 전부 또는 일부를 유출하거나 유포해선 안 된다'라고 규정하고 있다. 2016년에는 유포자 처벌 조항도 신설했다. '시험 문제가 공개되기 전에 그 시험 문제의 전부 또는 일부를 유출하거나 유포한 자는 5년 이하의 징역 또는 5,000만 원 이하의 벌금에 처한다(고등교육법 제64조 1항)'라고 명시했다.

▌교사가 출제, 교수가 검토하는 게 합리적

원래 출제·검토위원들은 30일가량만 합숙했다. 그러나 2017년 포항 지진으로 수능이 연기되자, 교육부는 2018년 시행한 2019학년도 수능부터 예비 문항을 만들기 시작했다. 2019학년도 수능 출제 합숙 기간이 46일로 가장 길었고, 대체로 40일 내외가 유지된다.

수능 출제 검토위원의 고충은 감금이 아닌 다른 데 있다. 더 이상 낼 문제가 없다는 고민이다. 30년 동안 문제를 내다보니 유사, 중복 문제를 제외하면 사실 고교 교육과정에서 더 이상 새로운 문제를 뽑아내기는 쉬운 일이 아니다. 문제은행도 아니고 매년 새로운 문제를 출제하는 것 자체가 기적이다.

고교 교사들은 현장에서 학생을 직접 가르쳐 학생 실력을 제일 잘 안다. 반면 교수들은 대학의 울타리 안에 갇혀 고교생의 실력이나 변화상을 체험하지 못한다. 핸드폰도 없던 시절에, 삐삐를 차고 다니던 시대에 시작한 수능을 지금까지 거의 비슷한 고교교육 과정에서 출제한다는 것 자체가 경이롭다. 그것도 대부분 고교 현장에는 얼씬도 안 한 교수들이 출제의 키를 잡고 있으니 더더욱 그렇다.

수능을 현 체제로 유지한다면, 이제는 출제의 키를 고교 교사에게 돌려줘야 한다. 언제까지 수능 문제를 교수들에게 맡길 작정인가. 교사들이 출제의 중심이 되고, 검토는 교수들이 하도록 역할을 바꿔야 한다. 교사만큼 학생들을 잘 아는 사람이 있나. 학생들이 무얼 배웠는지도 모르는데 교수들이 문제를 내는 모순을 우리 사회가 너무 오래 용인했다. 교육계의 권력투쟁에서 교사들이 교수들에게 을(乙)로 살아온 탓도 있다. 가르친 사람에게 문제를 내도록 하는 것이 당연하다. 교사들은 권리를 주장해야 한다. 2027년에 치를 2028학년도 변경 수능부터 도입하기를 바란다. 수능 출제 스타 교사가 많아져야 한다.

2025학년도 입시 혼란 징비록

2024년 4월 10일, 국민의힘은 총선에서 참패했다. 국회의원 300석 중 108석에 그친 집권 여당. 윤석열 대통령의 국정운영은 처절한 위기에 직면했다. 그러나 윤 대통령은 총선 참패 엿새 만인 4월 16일에야 입을 열었다. 대국민 담화도, 기자회견도 아닌 국무회의 모두 발언이었다. 첫째도 민생, 둘째도 민생, 셋째도 민생이라며 소통을 강조했다. 생뚱 맞았다.

의대 정원 2,000명 증원을 둘러싼 그간의 혼란은 언급하지 않았다. 의료 개혁은 계속돼야 한다는 공자님 말씀이 전부였다. 수험생과 학부모들은 답답해했다. 그 당시는 2025학년도 대입 수시 모집 일정이 5개월 앞으로 다가온 시점이었다. 안이하다는 반응이 나왔다. "대통령이 아이를 키워보지 않아서 학부모 심정을 모른다"라는 말까지 나돌았다.

그도 그럴 것이 2025학년도 대입은 혼란을 겪었다. 의대 입학정원을 2,000명 늘린다고 했다가 일부 대학의 배정 인원 축소로 1,500명 대로 줄었다. 대학별 무전공 선발 규모도 깜깜이인 상황이 지속됐다. 입시는 원래 3년 전 예고인데 2024년처럼, 즉 2025학년도 입시처럼 변칙 예고와 변칙 시행이 잇따른 적은 없다. 전두환 정권이 1980년 여름방학에 갑자기 본고사를 폐지했던 것을 제외하고는 그래도 교육부는 정도를 지켰다. 그런데 군부 독재 시절도 아닌 2024년에 이런 입시 파행이 벌어진 것은 이해하기 힘들다.

더 심각한 것은 예고는 됐는데 결정이 계속 미뤄졌다는 점이다. 전국 의대 정원을 2,000명 늘린다고 예고하고, 각 의대에 정원까지 배분(2024년 3월 20일)한 상태에서 최종 결정이 오락가락했다. 박민수 보건복지부 2차관은 4·10총선 이틀 전인 4월 8일 "(대학별) 신입생 모집 요강이 정해지기 전까지 물리적으로 변경할 수 없는 건 아니다. (의사단체가) 과학적·합리적 근거를 제시한다면 열린 자세로 논의할 수 있다"라고 했다. 복지부 2차관이 입시를 담당하는 교육부 장관인가.

교육부는 어정쩡했다. "기존 상황과 변화된 게 없다. 입시 관련 일정도 절차대로 진행 중이다"라고 밝혔다. 어처구니없는 일이다. 의대 정원 문제를 복지부가 주관한 것도 잘못된 일이지만, 최종 결정 과정에서도 교육부는 입시 주무 부처의 역할과 기능을 못 했다. 대입 관련 절차는 오롯이 각 대학과 한국대학교육협의회, 교육부의 고유 업무다. 복지부와는 무관하다. 그런데 3자를 다 제쳐놓고 복지부가 쥐락펴락했다.

기존 증원 배분 계획을 예정대로 확정하든 조정하든 조속한 결정이 필요했다. 수험생과 학부모의 불안감이 컸기 때문이다. 의대생 중에는 다시 수능을 치르려는 학생이 적지 않았고, 공대생과 약대, 수의대, 더 나아가 교대생까지 의대를 준비한 게 현실이다. 입시 판도에 예기치 않은 불확실성이 생겼다. 그런 불확실성 자체도 '민생'이다. 학부모의 조급증도, 수험생의 불안감도 민생이다. 윤 대통령은 민생을 세 번 강조했다.

▌무전공 입학 규모도 대입에는 또 다른 변수

대학 입학 당시 전공을 선택하지 않고 2학년 때 소속 전공을 고르는 일은 학생들 처지에선 좋은 일이다. 1학년 때 자유롭게 공부하다 2학년 때 전공을 택하게 하는 무전공 선발(전공 자율선택제)이다. 교육부는 대학구조 조정의 일환으로 무전공을 뽑아 들었다. 무전공 입학 학생에게 선택받지 못하는 일부 전공은 자연스럽게 퇴조해 학문 단위의 구조조정이 이뤄질 것이라는 복안이 깔렸다. 교육부는 이번에도 국민 세금을 경품으로 내걸었다. 대학혁신지원사업 및 국립대학육성사업 인센티브와 연계해 지원하는 게 핵심이다. 무전공 선발 비율의 가산점 최대 기준은 전체 정원의 25%다. 입학정원이 3,000명인 대학은 750명까지 무전공으로 선발하면 재정지원을 한다는 식이었다. 달콤한 사탕이니 대학의 욕망이 꿈틀댔다. 학내 비인기 학과는 반발했다.

문제는 이런 입시 형태가 사전에 예고된 것도 아니고 2024년에 전격 시행됐다는 점이다. 그런데 이 역시 수시가 코 앞인데도 무전공 선발 규모가 안갯속이었다. 의대 정원과 함께 대입의 새로운 변수인데도 말이다. 대학들은 무전공 인원을 늘리려다가 나머지 75% 학생의 교육이 왜곡된다고 하소연했다. 다시 말해 25%의 무전공 학생들의 1학년 교양교육 과정을 새로 짜다 보니 전공별 교양교육 위주의 기존 커리큘럼이 왜곡되는 현상이 발생한다는 것이다. 악화가 양화를 구축하듯 25% 무전공이 전체 커리큘럼을 뒤틀리게 한다는 주장이다. 대학은 이런 문제점을 발견하고서도 무전공을 강행했다. 그러나 결정 자체가 늦어지면서 수험생들은 2024년 봄부터 우왕좌왕했다.

▮3년 사전 예고 무시한 의대와 무전공, 교대 입시

2025학년도 입시는 혼란의 연속이었다. 의대 정원, 무전공, 교대 정원 12% 축소는 입시 판도에 상당한 변화였다. 현재 13개 대학 3,847명인 초등교원 양성기관의 입학정원은 2025학년도부터 3,390명으로 457명 줄어들었다. 초등교원 양성기관 정원이 줄어든 것은 2012학년도 이후 처음이다. 2012학년도 3,848명에서 2016학년도 3,847명으로 1명 줄어든 뒤 2024학년도까지 12년간 동결됐다. 교대는 최상위권 학생들이 진학해 왔다는 점에서 학령인구 급감 시대의 또 다른 입시 변수다.

그런 변수가 이제는 상수가 될 가능성이 크다. 의대 정원, 무전공, 교대 정원이 상수로 굳어지면 입시 판도는 요동친다. 그런데 2025학년도 입시는 의대 증원의 여파로 역대 최대급의 N수생, 쉬운 수능이 겹쳤다. 혼란이었다. 학부모들은 다시 사교육을 찾았다. '교육부를 폐지해야 교육이 산다'는 쓴소리는 사라지지 않았다. 미국 도널드 트럼프 대통령이 2025년 3월 "미국 교육부를 폐지하겠다"며 행정명령을 내린 것도 결코 남의 나라 얘기만은 아니다.

▮가을의 수험생, 가을 시험의 고통

2024년 10월 12일, 서울 신촌 일대는 북새통이었다. 연세대 수시 논술을 치른 수험생이 한꺼번에 쏟아져나오는 광경은 대한민국 입시의 상징이었다. 수험생의 표정은 다양하다. 후련하게 생각해 얼굴이 밝은 학생, 시험을 망친 것 같아 우울해 보이는 학생…. 이날 오전 9

시부터는 인문·사회 계열 논술시험이, 오후 2시부터는 자연 계열 논술시험이 치러졌다. 261명을 선발하는 자연 계열 논술에는 수험생 9,667명이 응시했다.

대입은 공정성이 생명이다. 그런데 이날 '이상한 일'이 벌어졌다. 한 고사장에서 감독관이 자연계열 논술시험 시간을 오후 1시부터로 착각하면서 문제가 생겼다. 이 감독관은 낮 12시 55분쯤 시험지를 고사장에 있던 수험생 31명에게 배부했다. 이해하기 힘든 일이다. 오후 2시에 시험이 시작되는 데 연세대 본부 측은 어떻게 문제지를 그렇게 일찍 감독관에게 배부했을까. 감독관은 왜 그렇게 일찍 시험지를 들고 고사장으로 갔을까. 가는 도중 옆 교실 상황도 봤을 터인데 의문투성이다. 연세대 측의 해명도 이상했다.

"감독관이 착오가 생긴 것을 알아차리고 15분가량 지난 오후 1시 10분경 회수를 완료했다."

감독관은 수험생들의 휴대전화도 수거하지 않았다. "시험지를 일찍 배부한 고사장에 있던 수험생이 시험 시작 30여 분 전인 오후 1시 27분 다른 고사장에 있던 친구 수험생에게 논술 일부 문항에 대한 정보를 휴대전화 메시지로 전달했다"는 양심고백이 나왔다. 연세대 측이 유출된 문제 자료가 시험 전이 아니라 시험이 끝난 다음에 찍은 것이라고 해명한 것과는 다르다.

그날 연세대의 수시 논술 응시자는 1만6,000명, 감독관은 490명이다. 감독관 1명당 32명의 수험생을 감독했다. 요즘 세상에 커닝 같은 부정행위는 거의 사라졌다. 더욱이 논술시험은 커닝하기도 쉽지 않다. 그러니 1명이 32명을 감독하는 일이 어렵지 않을 수 있다. 그래도 사태는 심각했다. 감독관의 시험시간 착오, 대학 본부 측의 시험지

배포 과정, 고사장에서의 휴대전화 수거 조치 등 일련의 과정이 이상했다.

연세대의 시험관 감독 지침을 보자. "시험 20분 전 휴대전화 전원을 끄고 가방에 넣은 뒤 가방째 회수하라(붉은 글씨로 강조). 그 뒤 답안지, 연습지, 그리고 문제지를 배부하라." 그렇다면 감독관이 낮 12시 55분쯤 시험지를 배부했다는 것도 이상하다. 오후 1시 시험이면 낮 12시 40분, 오후 1시 30분 시험이면 오후 1시 10분쯤 배부해야 지침상 맞다.

문제지 배포만이 아니다. 감독관 실수로 답안을 작성한 지 1시간 만에 답안지를 교체한 수험생도 있다는 증언이 있었다. 시간을 더 주지도 않았는데 다시 옮겨 적는 일은 사실상 시험을 망친 거나 다름없다.

▮ 입시 간섭 교육부, 사고 나면 대학 책임

연세대 수시 논술 파문이 일자 당시 윤석열 대통령은 이주호 교육부 장관에게 "책임자는 철저히 문책하고, 사태가 재발하지 않도록 엄정 조치하라"고 지시했다. 그러자 교육부 출입기자단에 문자를 보내 "대입 전형을 공정하게 운영하는 것은 대학의 책임이다. (대학은) 2025학년도 수시 문제 유출 논란에 있어 유출 경위 등 정확한 사실관계를 신속히 파악할 필요가 있다. 교육부는 정확하고 신속한 경위 파악을 대학에 당부했다"고 밝혔다.

물론 1차적으론 입시는 개별 대학 책임이지만, 총체적으로는 교육부에 책임이 있다. 대입을 그렇게 간섭하고도 문제가 생기면 대학 일이라고 발을 빼는 건 이상하다. 이번 사태는 3개월 가까이 법적 다툼으로 이어지다 2024년 12월 24일 일단락됐다. 수험생 측이 2024년 12월 20일 법원에 소송 취하서를 제출하자 연세대가 이를 받아들였다.

결과적으로 연세대의 2025학년도 수시 자연계열 논술전형은 당초 모집인원보다 97명 늘어난 358명이 최종 등록했다. 교육부가 2025년 3월 18일 언론 보도자료를 통해 밝힌 내용이다. 최종 등록 인원 358명은 1·2차 시험 중복 합격자 110명과 1·2차 시험의 총합격자(추가합격자 포함) 중 미등록자를 제외한 인원이다.

수험생은 돈을 내고 시험을 치른다. 수시와 정시 응시 때 전형료를 내고, 수능 시험도 돈을 내고 치른다. 대학의 전형료 수입은 짭짤하다. 등록금 동결로 대학 재정이 팍팍한 상황에서 경쟁률이 높을수록 전형료 수입은 많다. 연세대는 논술 100%로 실시한 이번 논술전형의 전형료로 수험생 1명당 6만5,000원을 받았다. 1만7,758명이 지원했으니 11억5,400만 원을 챙겼다. 이 비용으로 감독관 수당, 문제 출제 비용, 고사장 관리비를 충당한다. 나머지는 수익이다.

대학별 전형료 수입을 보자. 2024년 10월 13일 진선미 더불어민주당 의원이 공개한 국감자료에 따르면, 2024학년도 기준으로 중앙대는 전형료 수입액이 58억6,092만 원으로 가장 많았다. 이어 경희대 57억2,475만 원, 성균관대 53억7,961만 원, 가천대 53억6,875만 원 순이다. 고려대와 연세대는 각각 41억 원과 35억 원이었다.

부가 대학을 결정하는 사회

외국 대학에는 '3불(不)'이 없다. 대학이 학생을 알아서 뽑는다. 그걸 한국 사회가 부러워한 적이 있다. 한국의 대학들도 3불을 폐지하라고 강력히 요구했다. 본고사, 기여입학제, 고교등급제를 금지하는 3불은 한국 사회에서는 노무현 정부 때까지는 간간이 터져 나왔던 이슈다. 당시엔 교육부 장관이 대학을 압박하며 3불을 지키라고 강요했다. 그 후 3불은 논의 대상이 되지 않았다. 대학이 모두 지켜야 할 철칙이 됐다.

하지만 2028학년도 대입과 중장기 대입 개편을 계기로 3불이 다시 논란이 될 수 있다. 수능을 절대평가를 전환하거나 자격 고사화하면 대학이 자율 선발권을 가져야 하는 현실을 외면할 수는 없다. 그러면 어떤 유형이든 대학별 고사가 등장할 수 있다. 지금의 논술고사와는 전혀 다른 형태가 될 수 있다. 고교등급제는 금지돼 있지만, 소위 명문이라 불리는 고교 출신이 수시든 정시든 유리한 것은 사실이다. 분명한 것은 기여입학제는 곳간이 빈 대학이 끊임없이 탐내지만, 사회 정서상 엄두를 못 내는 금기다.

▮ 미국, "부모의 경제력이 대학 합격률 좌우" 보도에 술렁

2023년 7월 미국에서 학부모의 부(富)에 따라 대학 합격률이 달라진다는 보도가 나와 술렁였다. 특히 저소득층 부모들의 상대적 상실감이 컸다. 요지는 미국 소득 상위 0.1% 가정 자녀의 명문대 합격률이 같은 성적의 지원자보다 2.2배 높았고, 동문 자녀라면 8배까지 높다는 연구 결과다. 2023년 6월에 미국 연방대법원이 "소수인종을 배려하는 '어퍼머티브 액션(affirmative action)'은 위헌이다"라고 판결해 논란을 불렀는데, 대학들이 부유층 자녀를 선호한다는 연구 결과는 더 충격이 컸다.

부모의 부가 자녀의 대학 진학에 결정적인 변수가 되는 게 정의로운가. 태어나보니 금수저고 흙수저인 게 세상사다. 그런데 태생 자체가 개인의 미래에 영향을 미치는 '대학 진학'을 좌우하면 공정한 세상이 아니다. 대부분 사람은 안다. 부모의 부가 자녀의 대학에 많은 영향을 미친다는 현실을. 심증만 있지 물증이 없을 뿐이다.

그런데 미국에서 실제 그렇다는 사실이 연구 결과로 입증됐다. 연구팀은 불평등 문제를 연구하는 하버드대 경제학자들 모임인 '오퍼튜니티 인사이트'다. 이들은 1999~2015년 미국 대학 입학생 부모의 소득세 납부 정보와 2001~2015년 대입 자격시험(SAT, ACT) 성적 등을 분석했다. 그 결과는 놀라웠다. 미국 사회에서 기여입학제와 동문 자녀 우대 정책은 공공연한 사실이었지만, 시험 성적이 같은데도 부모가 돈이 많을수록 합격률이 높다는 점이 실증적인 데이터로 입증됐다.

연구팀이 주목한 대학은 아이비리그 8개 대학(하버드·예일·컬럼비아·브라운·프린스턴·다트머스·코넬·펜실베이니아대)과 스탠퍼드대, 듀크대, 매사추세츠공대(MIT), 시카고대 등 12곳이다.

아이비리그 학생 6명 중 1명은 부모 소득이 상위 1%에 속한다는 사실은 예전에 알려졌다. 일각에서는 부유층 자녀의 성적이 좋고, 지원자가 많으므로 당연한 결과라는 추정이 있었다. 그런데 실제로 보니 다트머스대는 상위 0.1% 가정 출신 지원자 합격률이 5배까지 높았다. 명문 사립대가 시험 성적 외에 가정환경, 즉 기부금의 미래를 고려해 학생을 선발한다는 사실이 밝혀진 것이다.

전체적으로는 부모의 연간 소득이 61만1,000달러 이상인 상위 1% 가정의 지원자가 명문 사립대에 합격할 확률은 성적이 같은 다른 학생보다 34% 높았다. 상위 0.1% 소득 가정은 2.2배까지 높았다. 유의미한 차이가 발견되지 않은 대학도 일부 있지만, 전반적으로 부와 합격률의 상관관계는 밀접했다. 뉴욕타임스는 "명문 사립대가 부와 기회의 대물림 영속화를 보여주는 명확한 연구 결과"라고 평가했다.

미국의 명문 사립대는 결국 학교 재정 확충을 목적으로 불공정한 입시를 진행하고 있다고 볼 수 있다. 한국의 대학도 내심으론 그러고 싶어 하지만, 그러지 못하는 게 현실이다. 한국 사회에서 입시 공정성만큼 사회적 폭발력이 큰 소재는 없어서다.

▮강남 3구, 서울대 의대와 전국 의대 20% 차지

그렇다면 정말 한국 사회는 부모의 부와 자녀 입시의 상관관계가 없을까. 그렇지 않다. 서울 강남 3구 출신의 재수생을 통해 알아보자. 통상 재수를 하려면 연간 3,000만~4,000만 원 든다는 게 일반적인 속설이다. 사립대 연평균 등록금이 700만~800만 원인데 최고 5배나 더 드는 재수 비용을 감내하려면 부모의 경제력이 절대적일 수밖에 없다.

21대 국회 강득구(더불어민주당) 의원실과 '사교육걱정없는세상'이

2023년 4월 발표한 4개년(2019~2022)의 서울대와 전국 의대 신입생의 출신 지역 분포도는 이런 점을 추정하게 한다. 서울대의 63.4%, 전국 의대생의 45.8%가 수도권 출신이었다. 특히 서울대와 전국 의대 신입생 5명 중 1명 이상이 서울 강남 3구 출신이다.

2019~2022학년도 서울대 신입생 출신 지역 비율(%)

학년도	수도권	비수도권
2019	61.8	38.2
2020	63.7	36.3
2021	63.4	36.6
2022	64.6	25.4

자료: 제21대 국회 강득구 의원실, 사교육걱정없는 세상
*정원 내 + 정원 외 포함, 최초 등록인원 기준, 검정고시 및 외국 소재 고교 제외

시민단체 '사교육걱정없는세상'에 따르면, 서울대 신입생 가운데 수도권 출신은 2019학년도 61.8%. 2020학년도 63.7%, 2021학년도 63.4%, 2022학년도 64.6%로 4개년 평균 63.4%였다. 전국의 의대도 2019학년도 44.2%, 2020학년도 46.5%, 2021학년도 46.4%, 2022학년도 46.3%로 평균 45.8%였다.

전형별로도 차이가 두드러졌다. 서울대는 최근 4년간 수시 전형에서 58%에서 59.5% 사이였던 수도권 출신 비율이 정시전형에서는 2022학년도 기준으로 78.4%까지 치솟았다. 10명 중 8명이 수도권 출신이다. 의대는 최근 4년간 수시 전형에서 36.1%~38%였던 수도권 출신 비율이 정시전형에서는 2022학년도 기준 60.3%까지 치솟았다.

수도권 출신의 서울대와 의대 집중 현상은 뭘 의미하나. 수도권에 부가 집중되고 특히 강남 3구 출신의 명문대 진학률이 높다는 사실은

학부모의 부가 자녀의 진학에 영향을 미치고 있음을 보여준다.

2019~2022학년도 의대 신입생의 출신 지역 비율(%)

학년도	수도권	비수도권
2019	44.2	55.8
2020	46.5	53.5
2021	46.4	53.6
2022	46.3	53.7

자료: 제21대 국회 강득구 의원실, 사교육걱정없는 세상
*정원 내 + 정원 외 포함, 최초 등록인원 기준, 검정고시 및 외국 소재 고교 제외

▍의대 정시 합격자 10명 중 8명이 N수생

21대 국회 교육위원회 소속인 강득구 의원(더불어민주당)실에 따르면, 2020~2023학년도 전국 정시모집 의대 신입생 중 N수생이 77.5%를 차지했다. 3수생과 4수생 이상이 35.2%로 나타났으며, 현역인 고3 재학생은 21.3%에 그쳤다. 정시가 사실상 N수생을 위한 전형인 셈이다. 정시는 수능으로 선발한다는 점에서 의대생이 되려면 재수 이상이 필수 코스가 된 것이다.

최근 4년간 의대 신입생 중 재수생(42.2%), 3수생(21.8%), 4수 이상(13.4%)이라는 점을 고려하면 의대는 고교에서 보내는 것이 아니라 입시학원에서 보낸다는 말이 증명된 거나 다름없다. 특히 3수 이상 비율이 35%를 넘어섰다는 것은 부모의 재력이 자녀의 의대 진학에 결정적인 영향을 미치고 있음을 보여준다. 재수도 버거운데 3수 이상을 감당하려면 부모 재력이 없으면 어려운 일이기 때문이다.

2020~2023학년도 의대생 합격자(명, 비율)

학년도	고3	재수	3수	4수 이상	기타	합계
2020	270 (21.0%)	586 (45.5%)	285 (22.1%)	138 (10.7%)	8 (0.6%)	1,287 (100%)
2021	234 (18.0%)	561 (43.1%)	309 (23.7%)	177 (13.6)	22 (1.7%)	1,303 (100%)
2022	263 (20.4%)	471 (36.6%)	303 (23.5%)	233 (18.1%)	17 (1.3%)	1,287 (100%)
2023	329 (26.0%)	553 (43.6%)	226 (17.8%)	142 (11.2%)	17 (1.3%)	1,267 (100%)
2020~2023 합계	1,096 (21.3%)	2,171 (42.2%)	1,123 (21.8%)	690 (13.4%)	64 (1.2%)	5,144 (100%)
		3,984 (77.5%)				

자료: 21대 국회 강득구 의원실

특히 상위권 학생들은 수능 한 문제로 의대의 당락이 갈리는 상황이어서 킬러 문항이 출제된 근본적인 원인이 되고 있다. 그렇다면 재수는 곧 돈인데 재수생들, 특히 의대생들과 부의 상관관계를 분석할 필요가 있다. 그러나 교육 당국은 한 번도 그런 분석을 하지 않았다. 민간 차원에서 연구하려고 해도, 대학과 교육부가 자료를 숨기니 분석하기가 어렵다. 이런 상황이라면 '의대=N수생=부유층' 공식은 더 공고화할 수밖에 없다.

지역별 편차도 두드러진다. 2023학년도 의대 입시에서 서울지역 출신은 460명(전체 의대 정원의 36.3%)이 진학했다. 의대 합격자 수는 서울에 이어 경기 242명(19.1%), 전북 92명(7.3%), 부산 89명(7.0%), 대구 88명(6.9%), 대전 45명(3.6%), 광주 44명(3.5%), 경남 43명(3.4%), 충남 41명(3.2%), 울산 34명(2.7%), 전남 16명(1.3%), 경북 16명(1.3%), 인천 13명

(1.0%), 충북 12명(0.9%), 제주 9명, 강원 7명, 세종 4명 순이었다.

▌전국 의대생 37%는 서울지역 고교 출신이 차지

전국적으로 서울지역 고3 재학생 비율은 16.7%다(한국교육개발원 교육통계서비스, 2023). 서울을 제외한 16개 광역시도 지역의 고3 재학생이 83.3%를 차지하는 데 서울 출신 고교생의 의대 진학 점유율은 견고하다. 특히 2020학년도부터 2023학년도까지 4년간 서울지역 출신 학생의 의대생 점유율이 평균 36.7%로 나타났다. 이는 전국 의대생 열 명 중 서너 명이 서울 소재 고교출신인 것을 의미한다.

반면 지역 간 격차는 더 벌어지고 있다. 2023학년도 기준으로 전국 17개 광역 자치단체 가운데 전체 의대생 정원의 합격률이 10%를 넘는 곳은 서울을 제외하고 경기도가 19.1%로 유일하다. 전북·부산·대구·대전·광주·경남·충남 등 거점 국립대 의대가 있는 곳은 모두 10% 미만이다. 지역 거점 국립대 의대들은 지역 내 고교출신을 의대생으로 뽑는 데 어려움을 겪고 있다. 전국 지역대학 로스쿨이 지역 출신 신입생 선발 할당을 채우지 못하는 것과 비슷한 양상이다. 서울지역 출신 고교생들이 전국 의대의 중심 입학생이 되는 것은 지역 의사 배출과 공공의료 서비스 확대 차원에서도 바람직하지 않다.

충북·제주·강원·세종 지역은 더 심각하다. 해당 지역 출신 고교생의 의대 진학률은 1%에도 못 미친다. 예컨대 제주대 의대는 정원이 2023학년도에 40명이었는데 합격자 중 제주 출신은 9명이었고, 다른 지역 고교출신은 31명이었다. 윤석열 정부가 의대 정원을 2025학년도에 2,000명 늘렸다가 올해 입시(2026학년도)부터 예전의 3,058명으로 환원했지만, 2025학년도 입시에서 서울 출신 고교생의 의대 지배력은 옅어지지 않았다는 분석이다.

교육부는 2025학년도 의대 입학생의 출신 지역 통계를 정확히 내놓지 않고 있다. 제21대 국회에서 강득구 더불어민주당 의원이 열정을 갖고 의대생 통계를 공개한 것은 평가할 만하다. 제22대 국회 교육위원회 소속 여야 의원은 상당수가 바뀌었다. 의원들이 의대 문제에 더 많은 관심을 갖고, 의대생에 관한 정보를 국민에게 알리는 노력을 하기를 바란다.

이재명 정부로 정권이 바뀌었어도 교육부는 이런저런 이유로 관련 통계를 내놓지 않을 것이 분명하다. 그렇게 되면 학생과 학부모들은 계속 사교육업체가 내놓는 정보에 의존하게 된다. 의대생의 77.5%가 재수생 이상이라는 점, 강남 3구 출신 합격자가 두드러진다는 점을 국민이 왜 사교육업체 자료를 보고 알아야 하는가.

미국 사회가 '어퍼머티브 액션(Affirmative Action)'에 이어 명문 사립대의 부의 대물림 이슈로 떠들썩했지만, 한국 사회 또한 부의 대학 진학 상관관계는 여러 경로로 증명된 바 있다. 의대의 예만 보더라도 서울, 특히 강남 3구의 쏠림현상이 두드러지고 있다. 교육 당국이 더 체계적인 분석 결과를 내놓기 바란다. 뭐가 두려워 데이터를 공개하지 않나. 솔직해지자.

Ⅳ

대학의 시간

대한민국 고등교육이 직면한 위기에는 '불편한 진실'이 있다. 대학이 교수와 교직원을 개혁의 대상으로 삼지 않는다는 점이다. 대학이 구성원 문제는 쏙 빼놓고 교육부 규제, 등록금 동결, 빈약한 재정지원, 획일적인 평가, 수도권 중심의 서열화를 대학 발전을 가로막는 5적(適)으로 꼽는다. 한국대학교육협의회, 국공립대학총장협의회, 한국사립대학총장협의회의 주장이 비슷하다.

서울대를 통해 수도권 대학의 현실을 보자. 서울대는 종종 미국 스탠퍼드대 사례를 들곤 했다. 4차 산업혁명과 인공지능(AI) 시대를 대비해 스탠퍼드대는 2008년 141명이던 컴퓨터공학과 정원을 2020년 745명으로 다섯 배 늘렸다. 반면, 서울대는 같은 기간 55명에서 70명으로 15명 늘리는 데 그쳤다. 아무리 애를 써도 교육부가 정원 확대를 막아 AI 시대에 뒤처졌다는 주장이다. 서울대는 학교 경영 자율권을 확보한 법인화 이후에도 교육부 간섭은 달라진 게 없다며 불평했다.

지방대학은 등록금 동결, 경제협력개발기구(OECD) 평균의 70%를 밑도는 고등교육 재정, 전국 대학을 같은 잣대로 들이대는 획일적 대학평가, 수도권 중심의 쏠림현상에 대해 볼멘소리를 한다. 그러면서 학생 충원이 안 되고 중도 탈락생이 속출해도 발만 구른다. 교육의 질이 낮아 중도에 그만두면 학비 전액을 돌려주겠다고 선언하는 대학은 거의 없다.

대학 정원은 교육부 규제를 받는다. 대학은 늘리고 싶어 하고 교육부는 억누른다. '필요악'이기도 하다. 만일 교육부가 대학 정원을 자율화했다면 수도권 쏠림 현상이 가속해 지방대는 벌써 초토화됐을 것이다. 정원규제가 필요악인 까닭이다.

사회적 수요가 증가하는 전공의 정원을 늘리는 방법은 간단하다.

수요가 적어 외면받는 전공은 정원을 줄이고, 수요가 늘어나는 전공은 강화하는 방식이다. 대학의 의지에 따라 가능한 일이다. 하지만 현실적으로는 어려움이 많다. 비인기 전공은 대부분 순수 학문에 몰려 있다. "문과라서 죄송합니다"라는 '문송시대'에 접어들면서 인문사회계열 전공의 인기는 갈수록 시들어 간다. 그렇다고 학과를 마음대로 줄일 수도 없다. 대학이 고민 끝에 묘수를 찾아낸 것이 자유교양대학이다. 학과를 없애 전공이 사라진 교수들을 자유교양대학에 배정해 인문사회계열 전공을 가르치게 한다. 사실 정체성이 모호하다. 대학이 정년이 보장된 교수를 건드리지 못하니 그런 일이 벌어진다.

서울대는 더 심하다. 모든 전공을 움켜쥐고 간다. 서울대 총장은 교수 눈치를 본다. 특정 전공의 정원을 줄이거나 없애면 그만큼 교수도 줄여야 하는 어려움이 있다. 예를 들어 동양사학과, 서양사학과, 국사학과를 합치는 안을 가정하자. 가능한 일이다. 세부 전공은 연구 중심의 대학원에서 가르치면 될 일이지 학부가 그렇게 나눌 필요가 있나.

영문학과도 마찬가지다. 전임 교수가 30명에 가까운 데 전공이 조각조각이다. 16세기 소설과 시, 물론 학문적으론 중요하다. 하지만 그게 학부생이 목맬 분야인가. 대학원 가서 파고들어도 된다. 더구나 영문학으로 인생을 건 박사 지망생은 대부분 미국이나 영국으로 간다. 국내 영문학 박사를 서울대가 뽑아주나. 교수들이 자신의 지위를 지키기 위해 전공을 고집할 뿐 학생에게 별 도움이 안 된다.

총장도 그걸 알고 있다. 그러나 칼을 빼지 못한다. 그랬다간 엄청난 저항에 시달릴 것이어서 굳이 제 손에 피를 묻힐 생각을 하지 않는다. 그냥 좋게 간다. 총장 선거에 나오는 인사도 교직원에게 수당을 더 줄 궁리를 하는 게 솔직한 현실이다.

만일 서울대가 의지가 있었다면, 진즉에 컴퓨터공학과 정원을 늘릴 수 있었을 것이다. 서울대가 전공 재구조화를 못 하는 이유는 교수 기득권 때문이다. 기득권을 깨지 않으면 전공 재구조화는 어렵다. 이기준 서울대 명예교수(2000~2004년 서울대 총장)는 총장 재직 당시의 대학의 상황을 '중세의 정치 체제'라고 진단한 적이 있다.

> "종합대학이라는 국가에서 대학 본부는 권한이 제한되고 통치력이 약한 황실이다. 국가 안에 단과대학이라는 봉건영주들이 저마다 영토를 지키고 있다. 그리고 그 안에 다시 여러 개의 학과가 고만고만한 장원같이 저마다 요새를 지어 봉토를 지키고 있다."
>
> (대한민국 교육 40년, p.63 중에서)

이는 비단 서울대만의 문제가 아니다. 전국 모든 대학이 비슷하다. 교육부가 인공지능과 반도체 등 첨단학과 정원을 1,829명 늘린다고 발표했다. 그런데 대학 입학자원은 37만 명으로 5만 명 줄어든다. 학생 수는 매년 줄어드는데 대학 정원을 늘리는 기현상이 벌어진다.

여기다가 의대 정원 2,000명 증원 사태까지 터졌다. 첨단학과 증원은 이슈조차 되지 않는다. 공대생과 의대생의 전공, 대학 갈아타기는 현실화한다. 그래도 대학들은 치명적인 위협을 느끼지 않는 모양이다. 통계청에 따르면 지난 2000년 327만 명이었던 학령인구는 2024년 190만 명으로 24년 만에 42% 줄었다. 이런 추세는 당분간 이어져 2030년 188만 명, 2040년 119만 명이 될 것으로 전망됐다. 지금도 의대 열풍으로 상위권 대학의 공대생 자퇴가 적지 않은데 지방대는 어떻게 되겠나. 서울대도 현행 백화점식 전공을 손본다는 얘기가 들리지 않는다.

결국 문제의 핵심은 대학이다. "그 많던 학생은 다 어디 갔을까"라며 "아, 옛날이여"를 외치는 대학은 더 이상 설 자리가 없다. 이제는 대학의 시간이다. 바보야, 문제는 대학이다.

존 듀이의 시카고대와 서남표의 옹고집

1997년 가을, 새 학기가 시작된 미국 시카고대의 캠퍼스는 활기가 넘쳤다. 그런데 우울한 곳이 있었다. 교육학과였다. 학교 측이 "100년 만에 처음으로 대학원 박사과정 지망생이 한 명도 없다"며 교육학과 폐지를 결정했다. 당시 뉴욕타임스(1997년 9월 17일자)는 "시카고대의 교육학과 폐지 논란(End of Chicago's Education School Stirs Debate)"이라는 기사를 실었다. 뉴욕타임스는 당시 상황을 이렇게 보도했다.

> "시카고대가 결단을 내렸다. 세계적인 석학 존 듀이가 1885년 설립한 교육학과를 폐지하기로 했다. 존 듀이(1859~1952)는 달달 외는 암기식 교육을 없애기 위해 시카고대에 랩 스쿨(Lab School)을 설치한 인물이다. 시카고대가 그런 전통의 교육학과를 폐지키로 한 것은 교육과 연구의 본질에 대한 근본적인 질문 때문이다. 교육학과가 교사 연수와 실제 학교생활과의 모든 유대를 끊고 이론에만 몰두해 스스로 곤경에 처했다. 존 듀이가 랩 스쿨을 설립하면서 응용과 실용 연구를 한 교육학과의 운명은 잔인한 역설이다."

사실 1970년대까지 시카고대는 교육에 대한 헌신이 강했다. 학과 외에도 교사 양성에 전념하는 교육대학원이 있었고, 교사 지도와 연구과제를 겸한 랩 스쿨과의 연계가 두터웠다. 존 듀이의 존재만으로 대학의 존재감이 컸다. 포드재단이 지원하는 40명의 전임 교수가 있었을 정도였다. 하지만 1970년대 후반부터 교육에 대한 집중이 멀어졌고 연구비는 고갈됐다. 그러자 시카고대는 교육대학원을 폐쇄했다. 1996년에 교수진은 15명으로 쪼그라들었고 12명은 60세가 넘었다. 랩 스쿨과의 연계도 단절됐다. 그 여파가 결국 학과 폐지로 이어진 것이다.

시카고대의 교육학과 폐지는 중요한 시사점을 던져준다. 시카고대는 박사과정 지원자가 한 명도 없을 정도로 정체성(identity)이 사라졌고, 현장과 동떨어진 연구와 다른 학문과의 연계가 없는 폐쇄성을 내세워 교육학과를 폐쇄했다. 우리는 어떤가. 이런 결단을 내릴 수 있나. 교수들의 반발, 동문의 반대, 교직원 신분 보장 문제에 짓눌려 한 발짝도 내딛지 못한다.

테뉴어 교수의 현실과 딜레마

민간기업은 경제 상황에 따라 구조조정의 회오리를 겪는다. 외환위기와 금융위기 때 우리는 처절한 현장을 봤다. 평상시에도 기업은 경영 상황에 따라 수시로 구조조정을 한다. '핀 테크' 활성화에 따라 금융권의 인력 재조정도 계속 이뤄진다. 하지만 대학은 여전히 성역이다. 학문 수요에 따라 전공의 재구조화가 제때 이뤄지지 않는다. 물론 부분적으론 움직임이 없는 것은 아니다. 그런 정도로는 어림없다. 일부 전공을 없애고 일부 교수를 교양학부로 돌린다고 해결될 문제가 아니다. 이제는 선택해야 한다. 더는 예외가 없다. 성역도 없다. 교수 정년을 65세까지 보장하는 시대는 지나갔다.

미국 조지아주는 2021년 10월 대학가에 강력한 메시지를 던졌다. 조지아 주정부 대학위원회가 28개 모든 공립대학 교수에 대해 테뉴어(정년보장)를 폐지하는 안건을 만장일치로 의결했다. 신임 교원뿐만 아니라 테뉴어를 받은 6,000명 가까운 교수의 기득권도 인정하지 않기로 했다. 파격적이고도 혁신적인 결단이다.

이유는 명징하다. 교수들이 테뉴어를 받고 느긋하게 지내면 대학의 경쟁력이 강해지지 않는다는 것이다. 테뉴어를 받더라도 쉼 없이 연구와 교육에 매진하는 문화를 조성하지 않으면, 2류, 3류를 넘어 도태될 수 있다는 경고의 메시지였다. 테뉴어를 받은 교수도 업적을 평가하고, 교수가 학생의 학업이나 사회 진출에 얼마나 도움을 줬는지도 평가에 반영한다는 방침이다.

한국의 교수처럼 미국 교수도 저항하는 것은 마찬가지다. 교수의 신분이 불안정해 교육과 연구에 매진할 수 없다는 이유 또한 비슷하다. 그렇지만 미국 대학의 테뉴어는 우리와는 다르다. 테뉴어라도 매년 성과에 따라 연봉이 달라진다.

필자는 2011년에 미국 하와이대학교에서 연수하며 현지 교수를 많이 만났다. 그리고 테뉴어·연봉·안식년 시스템 등에 관해 얘기를 나눴다. 그들은 깜짝 놀랐다. "한국 교수들은 큰 특혜를 받는 것 같다"는 말을 들었다. 하와이대 정치학부 교수이자 미래학연구소장인 짐 데이토 교수의 말은 특히 가슴을 후볐다. 1933년생인 그는 종신교수였다. 학교에 오전 7시 30분에 나오며 세 과목을 강의했다.

– 안식년(sabbatical year)을 몇 번 갔나.

"평생 간 적이 없다. 그건 사치다. 방학이 있는데 무슨 휴식."

– 한국 교수들은 안식년에 급여를 일부 받는다.

"놀랍네!(Amazing!) 대학이 그리 부자인가. 우린 상상도 할 수 없다."

– 연구하려면 안식년이 필요하다는 게 교수들 주장이다.

"물론 연구하지 않으면 사라진다(Publish or perish). 하지만 평소엔 뭘 하나."

세계 미래학계의 대부로 불리는 그는 공짜는 없다고 했다. 하와이대도 교수 간 경쟁이 치열했다. 대부분의 학부 게시판에는 개인별 '연구 실적(Published Research)'이 게시돼 있었다. 실적이 없는 일부 교수는 짐을 쌌다. 데이터 교수는 "당연하다. 더 중요한 것은 강의를 사랑하는 일"이라고 했다.

– 욕심이 많은 것 같다.

"내 직업은 강의와 연구다. 평가가 나쁘면 나도 떠나야 한다."

– 자신이 어떤 교수라고 생각하나.

"글쎄, 별나면서(weird) 좋은(good) 교수…아하, 나쁜(bad) 사람인가."

취재 수첩에 적힌 짐 데이토 교수와의 인터뷰 장면은 지금도 눈에 선하다.

▮ 카이스트 서남표의 '펀치'

국내 대학가에 '테뉴어 쇼크'가 밀어닥친 적이 있다. 2007년에 KAIST 서남표 총장이 테뉴어 심사를 강화한 것이 신호탄이었다.

KAIST발 테뉴어 강풍이 불면서 국내 대학들이 승진 심사를 강화하기 시작했다. '철밥통'으로 인식되던 교수 사회에도 생존 게임이 시작되는 분위기였다. KAIST는 테뉴어 심사 대상자 35명 가운데 15명을 탈락시켰다. 당시 서 총장은 "연구하지 않는 교수는 대학에 있을 필요가 없다"며 강력한 펀치를 날렸다. 서남표 발 대학 혁신의 시발이었다.

서남표 총장은 당시 '개혁전도사'로 불렸다. 서 총장은 미국 매사추세츠공대(MIT)의 잘 나가던 교수였다. 52년 만에 KAIST 총장으로 금의환향한 2006년, "연구 안 하는 교수, 공부 안 하는 학생은 죽은 지식인"이라며 호통쳤다. 그리고 교수 업적 평가와 학생 장학금 지급 규정을 엄격히 했다. 당시 KAIST에서 극단적인 선택을 하는 학생들이 있었는데 마치 서 총장이 성적평가를 엄격히 한 것이 원인인 것처럼 오도됐다. 당시 필자가 취재한 결과를 종합한 결론은 "사유를 밝히기 불편한 학생의 개인적 사유"가 있었다.

하지만 서남표는 교수와 학생들의 극렬한 저항에 부닥쳤다. 결국 연임 임기를 채우지 못하고 2013년 2월 물러났다. 그가 물러나자마자 테뉴어 심사와 교수 성과급제, 장학금 지급 규정은 느슨해졌다. 서 총장에게 반기를 들었던 교수들이 주요 보직을 차지했고 테뉴어 심사는 물렁물렁해졌다.

서남표 총장 재직 당시 39명의 교수가 테뉴어 심사에서 탈락했는데 그 후로는 대부분 통과했다. 물론 연구 성과가 좋아졌기 때문일 수도 있겠지만, 꼭 그렇게만 볼 수도 없었다. 2015년에 필자는 미국 보스턴으로 돌아간 서남표 총장하고 e메일로 소식을 주고받은 적이 있다. 언론에 보도는 하지 않았는데 취재수첩에는 내용이 남아 있었다.

– KAIST 테뉴어 심사가 다시 물렁물렁해진 느낌이다.

"학자의 연구는 학자끼리 경쟁하는 게 아니고 역사와 경쟁하는 것이다. 역사에 남는 학자가 되기란 결코 쉬운 일이 아니다. 따라서 끊임없이 자기 혁신을 해야 한다. 학자의 숙명이다. 나는 그걸 자극하려 했다. 그걸 교수들이 인위적인 개입으로 받아들였던 것 같다. 아쉽지만 후회는 없다."

당시 서남표식 개혁은 대학가에 큰 반향을 불러왔지만, 결과적으론 실패로 끝난 것으로 보였다. 그렇지만 나는 실패라고 생각하지 않는다. 총장이 욕을 먹어야 대학이 발전하는데 서남표 총장은 그걸 두려워하지 않았다. "대학 개혁이 곧 국가의 미래이고 경쟁력"이라는 메시지는 강렬했다. 굼뜨고 방만한 우리 대학에 대한 경고였다. 지금도 그 경고는 유효하다. 고등교육이 위기라지만 패러다임 전환은 상시적인 과제다. 교수와 직원의 기득권과 낡은 행정의 틀을 깨는 혁신도 마찬가지다.

머니 이데올로기에 갇힌 대학

대학 발전의 결정적인 요인은 뭘까. 좋은 교수, 좋은 학생, 좋은 교육시설, 좋은 동문 등 그 요인은 다양하다. 그러나 무엇보다 중요한 것은 '돈'이다. 좋은 교수와 좋은 교육시설을 갖춰야 좋은 학생이 오고 좋은 성과를 내기 마련이다.

돈의 위력은 국내 대학이나 세계적 명문대학이나 다를 바 없다. 특히 미국과 유럽의 글로벌 대학은 막대한 기금으로 우리가 부러워할 투자에 나선다. 동문의 거액 기부와 기금 운용 수익 규모는 국내 대학의 혀를 내두르게 한다. 최근에는 중국 대학과 싱가포르 등 아시아권 대학의 투자가 괄목할 만하다.

반면 우리나라 대학은 등록금에 의존해 재정이 팍팍하다. 정부 재정지원이나 사회적 기부금은 미약하기 짝이 없다. 그러다 보니 외국인 교수 유치와 교육환경 투자, 글로벌화가 더디고 국제경쟁력은 갈수록 떨어진다. 총장들이 기를 쓰고 기부금을 유치하려 해도 소위 '빅3' 대학에 전체 기부금의 90%가 몰린다. 국내 대학의 딜레마다.

그렇다고 외국의 명문대가 공짜로 곳간을 채우는 건 아니다. 총장은 영업사원이고 비즈니스맨이다. 기부금을 유치하지 못하는 총장은 오래 버티기 힘들다. 몇 년 사이 미국에서 벌어진 총장 사태를 봐도 그렇다. 돈이 대학을 지배하고 있는 것은 국내외가 따로 없다.

▌아이비리그 총장들도 기부금 유치 시달려

2023년, 미국 대학가에서 가장 큰 화제는 여성 총장이었다. 아이비리그(동부 명문 사립대) 8곳 중 6곳의 리더가 여성이 됐다. 여기에 글로벌 공학 명문인 매사추세츠공과대학(MIT)과 미국 경제의 심장인 뉴욕의 뉴욕대 총장도 여성이어서 주목받았다. 여자대학교를 포함한 4년제 대학 총장이 극소수에 불과한 우리나라 대학 현황과는 완전히 다르다. 글로벌 명문대학의 여성 전성시대는 대학 행정의 대변화를 기대하면서 전 세계 대학의 화두가 됐다.

그런데 아쉽게도 두 명의 여성 총장이 연말연시에 하차했다. 펜실베이니아대(유펜) 엘리자베스 매길(57) 총장은 2023년 12월 9일, 하버드대 클로딘 게이(53) 총장은 2024년 1월 2일 물러났다. 외견상 명분은 반유대주의에 대한 미온적인 대응이다. 두 총장과 MIT 샐리 콘블루스(62) 총장은 2023년 12월 5일 나란히 워싱턴 연방 하원 교육위원회 청문회에 출석했다. 이스라엘과 하마스 전쟁 이후 벌어진 캠퍼스 내 반유대주의 시위에 소극적으로 대응했다는 비판이 일자 하원 교육위원회가 증인으로 채택했다.

의원들이 "유대인 학살을 외치는 일부 학생들이 대학 윤리강령을 위배했느냐"라고 묻자, 총장들은 "상황에 따라 다르다"라거나 "표현의 자유를 폭넓게 인정한다"며 돌려 말했다. 총장들로선 그렇게 답변할 수밖에 없는 상황이었을 듯하다. 뉴욕타임스(NYT)는 "변호사처럼 답변해 대학의 유대인 학생, 교수진, 졸업생에게 도덕적 명쾌함을 제공하는 데 실패했다"고 꼬집었다.

유펜의 매길 총장과 하버드대 게이 총장은 오래 버티지 못했다.

유대계를 중심으로 퇴진 운동이 거셌고, 게이 총장은 연구 부정행위와 박사학위 논문표절 의혹까지 제기됐다. 유펜의 매길 총장은 결국 2022년 7월 취임 이후 1년 4개월 만에 물러났다. 스탠퍼드대 로스쿨 학장, 버지니아대 부총장 등을 거친 그였다. 2024년 새해 벽두에는 게이 총장이 물러났다. 그는 "내가 물러나는 게 하버드에 가장 큰 이익이 될 것"이라고 했다. 미국 뉴욕의 아이티 이민자 가정 출신으로 2023년 7월에 하버드대 역사상 286년 만에(1636년 설립) 첫 흑인 총장의 역사를 썼던 게이 총장의 쓸쓸한 퇴장이다. 결국 청문회에 출석했던 MIT 콘블루스 총장만 직을 유지했다. MIT 역사상 두 번째 여성 총장인 그는 유대인 혈통이다.

▮ 미국 대학 총장 사임의 숨은 퍼즐도 '머니'

미국 대학의 '총장 사임' 사건의 숨은 퍼즐은 '돈(money)'이다. 반유대주의, 종교, 인종, 성별, 표현의 자유, 학내 자율성 같은 표면적 문제보다는 '머니 이데올로기(Money Ideology)'가 핵심이라고 본다. 유펜은 청문회 직후 비상이 걸렸다. 스톤리지 자산운용의 로스 스티븐스 최고경영자(CEO)가 "매길 총장이 보인 행태에 경악했다. 1억 달러 기부를 철회하겠다"라고 발언했기 때문이다. 유펜은 학술 운영 예산의 17%를 기부금에 의존한다(월스트리트 저널 보도). '재정 쇼크'를 직감한 유펜은 돈을 선택했을 가능성이 크다.

하버드대도 비슷하다. 이사회가 게이 총장의 신임을 재확인했지만, 유대계 혈통인 빌 애크먼 퍼싱스퀘어 캐피털 회장의 압박은 거셌다. 하버드대 사회학과와 MBA 출신인 애크먼 회장은 '큰 손 모교 기부자'로 알려졌는데 이사회에 총장 해임까지 촉구했다. 게다가 매년 최대 수억 달러를 기부하던 졸업생들의 '1달러만 기부' 시위 동참이 이어지자, 하버드대는 압박을 느낀 듯하다. 하버드대는 2023년 미국 대학 중 가장 많은 507억 달러(한화 66조5,000억 원)의 기부금을 거뒀다. '총장 능력=기부금'이라는 말이 나올 정도다. 결국 하버드대의 첫 흑인 총장은 돈 앞에서 6개월 만에 신기루가 됐다.

유펜과 하버드대의 격렬했던 소용돌이는 복잡한 시사점을 던진다. 대학의 지성과 다양성, 독립성, 평등성, 표현의 자유가 재정 문제를 뛰어넘지 못한다는 역설이기도 하다. 미국 대학 총장들은 재정 확충에 직을 걸 정도인데 실적이 부진하면 총장직이 위태하다. 'CEO형 총장'이란 용어가 통용된 배경이기도 하다. 유펜과 하버드대 사태도 그런 연장선으로 봐야 한다.

미국 대학과는 달리 우리 대학은 정부 영향력이 절대적이다. 미국 대학처럼 거액 기부자나 동문의 후원이 적은 데다, 그나마 기부자도 몇몇 대학에만 몰아주니 다른 대학은 궁핍하다. 그렇다고 대한민국 역사상 기부금을 적게 모은다고 쫓겨난 총장은 거의 없다. 총장들은 자존심이 상해도 공무원의 눈에 거슬리지 않으려고 머리를 숙인다. 대학 등록금이 17년째 동결돼도, 법정 상한선까지 올릴 수 있어도 올리지 말라고 교육부가 요청하면 따른다. 정부가 국민 세금을 미끼로 총장들을 길들인 세월이 대체 몇 성상(星霜)인가.

미국 대학이 기부자와 동문의 '머니 이데올로기'에서 자유롭지 못하다면, 우리 대학은 정부의 '머니 이데올로기'에서 자유롭지 못하다. 우리 대학의 갈 길이 아직 멀다는 방증이다. 대학 발전에 재정이 절대적인 요소인 점은 우리나 미국이나 마찬가지다. 근본적인 차이점은 우리는 아직도 관치 재정에서 벗어나지 못했다는 점이다. 정부의 고등교육 투자는 빈약한 데 정부 통제는 많이 받는 구조다. 재정 관치의 골은 깊고 대학 자율은 갈 길이 멀다.

OECD 주요국의 학생 1인당 공교육비(2020)

(단위: $ (PPP))

구분	OECD 평균	한국	미국	영국	일본	프랑스	독일
고등교육 (OECD 평균 대비)	18,105	12,225 (67.5%)	36,172 (199.8%)	29,534 (163.1%)	19,676 (108.7%)	18,880 (104.3%)	20,760 (114.7%)
초 · 중등교육 (OECD 평균 대비)	11,352	15,148 (133.4%)	15,186 (133.8%)	13,141 115.8%	11,076 (97.6%)	12,119 (106.8%)	14,343 (126.3%)

자료: OECD, 「Education at a Glance 2023」

국립대와 사립대, 우물을 달리하자

대학이 목마른 것은 어제오늘의 일이 아니다. 목마른 대학이 우물을 파야 하는데 팔 줄도 모른다. 교육부가 수익사업의 규제를 일부 풀긴 했어도 대학이 수익을 창출할 역량을 발휘하지 못한다. 기부금 유치에 팔을 걷어붙여도 특정 대학 몇 곳에 쏠리는 구조를 깨기가 쉽지 않다. 그러니 오로지 등록금, 등록금만 외친다.

대학 등록금은 정치공학적이다. 선거를 앞두면 정부든 여당이든, 야당이든 그 어느 쪽도 등록금은 건드리지 않는다. 공무원 월급이 올라도, 물가가 올라도 등록금은 '동결'의 요새에 갇혀 있다. 대한민국 역사상 16년간 1원도 올리지 못한 품목이 있을까. 자유시장주의가 돌아가는 사회에서 기네스북에 오를 기록이다. 2025년, 전국 109개 대학이 교육부에 반기를 들고 등록금을 올리기는 했지만, 갈증을 씻기에는 역부족이다.

그렇다면 정부가 고등교육 재정을 현실에 맞게 배분하는 노력을 해야 한다. 국립대와 사립대는 출발부터 불공정하다. 국립대는 등록금이 사립대의 절반이고, 대신 교직원 인건비와 운영비 등 제반 학교 경상 운영비를 정부가 지원한다. 교수와 교직원 인건비도 일반 공무원처럼 매년 조금씩이라도 꼬박꼬박 오른다. 등록금이 동결된 사이 국립대와 사립대 간의 급여 차이는 없어졌다. 지금은 국립대의 급여가 웬만한 사립대보다 많다.

물론 선진국 대학과는 비교 대상이 안 되지만 대한민국 안에서는 국립대가 사립대보다는 경영환경이 나은 것은 사실이다. 지방의 일부 사립대는 교직원 월급도 제대로 못 줘 송사에 휘말리고 있으니 말이다.

윤석열 정부의 지역대 대책은 현란했다. 저출생 여파로 대학이 어려워지자, 교육부는 글로컬(Glocal)과 라이즈(Rise) 사업을 통해 지역대 지원에 나섰다. 그런데 글로컬과 라이즈는 국립대 중심의 사업 경향이 강하다. 기존 지원에다 또 다른 지원을 얹어주는 격이다. 지역 사립대는 상대적으로 쪼그라들었다. 수도권 사립대는 역차별이라고 주장했다.

국립대가 세금을 지원받으면 그에 보답해야 한다. 국민이 사랑하는 게 아니라 오로지 정부의 일방적 사랑이니 말이다. 하지만 국립대의 경쟁력이나 발전 가능성은 기대에 미치지 못한다. 국내 대학평가에서도 서울대를 제외하면 대부분의 국립대가 20위 밖이고, 글로벌 대학평가에서는 명함도 못 내민다. 2000년대 이후 지난 20년간 국립대는 무사안일과 관료화가 심화했고, 학령인구 감소 흐름에도 둔감했다. 자생력을 잃고 국민 세금만 바라보는 천수답 처지가 됐다.

▌교명에 '국립' 넣는다고 경쟁력이 생길까

전국에 4년제 국공립대가 39개 있는데 국민은 과연 몇 곳이나 국립대라고 기억할까. "아, 저 대학도 국립이었어?"라는 반응이 나오자 너도나도 학교명에 '국립' 넣기 경쟁을 벌인다. 학교 경쟁력이 국립다워야지 이름에 '국립'을 넣는다고 연구와 교육의 가치가 높아질 리 없다. 그런데 재정을 더 얹어준다니 둔감증이 도진다. 왜 그런지 재정 현황을 살펴보자.

교육부는 학자금 지원과 국공립대 경상 운영비를 제외한 일반 지원사업으로 국내 대학에 연간 2조7,224억 원을 지원한다. 이 가운데 대학에 직접 지원하는 돈은 2조2,410억 원 규모인데 2025년부터는 라이즈사업 등을 통해 광역자치단체에 지원금을 내려보낸다.

한국사립대학총장협의회 분석에 따르면, 교육부가 대학에 직접 지원하는 일반지원사업비 2조2,410억 원 중 41.5%는 국공립대 몫이다. 사립대에는 나머지 58.5%가 배분된다. 사립대가 많아 보이지만 그건 착시다. 4년제 국공립대는 39개지만 사립대는 151개다. 1개 교당 지원 금액은 국공립대가 238억 원, 사립대가 84억 원이다. 국공립대학이 사립대에 비해 학교당 4.8배를 더 배분받는 셈이다.

대학별 지원액의 편차도 크다. 연간 700억 원 이상의 일반사업비를 가져가는 국공립대학은 다섯 곳이고 사립은 한 곳도 없다. 연간 500억~699억 원 미만은 국공립이 두 곳, 사립대가 세 곳이다. 전남대는 2021년에 약 934억 원을 지원받아 전체 1위였다. 전남대의 국내 대학 순위는 25위(중앙일보 기준)이고, 글로벌 평가 순위는 851~900위(QS 기준)다. 국내 대학 중 100위 안은 서울대(41위), 카이스트(56위), 연세대(76위), 고려대(79위), 포스텍(100위)뿐이다. 국내 대학 중 가장 많은 정부의 일반지원사업비를 가져가는 전남대의 성적표를 어떻게 봐야 하나.

정부 일반 재정지원금은 전남대 다음으로 서울대(약 908억 원), 경상국립대(884억 6,000만 원), 충남대(884억 4,000만 원), 충북대(714억 원) 등이다. 그다음은 사립대가 차지했다. 고려대(615억 원), 연세대(603억 원), 성균관대(573억 원)이다. 이들 사립대학의 경쟁력은 서울대를 제외하면 일반재정 지원금 톱 5위 대학보다 월등히 높다. 한 마디로 가성비가 안 나오는 지원이다.

▮ 국공립대와 사립대 재정지원 투 트랙 절실

한국사립대학총장협의회는 더 세밀하게 분석했다. 즉, 국공립대는 39개교 중 24곳이 연간 100억 원 이상을 지원받는다. 반면 사립대는 151개교 중 50곳만 100억 원 이상을 배분받는다. 연간 지원액이 1억 원 미만인 곳은 24개다. 정부 재정지원이 적어도 교육부의 간섭이 많은 것은 문제다. 국립대와 달리 사립대는 재정지원을 적게 받으면서도 교육부의 규제에는 차등이 없다. 이런 모순을 고쳐야 한다.

현재와 같은 정부의 고등교육 재정 방식은 문제가 있다. 국공립대와 사립대를 같은 선에 놓고 국공립대에 더 많은 특혜를 주는 건 불합리하다. 따라서 인건비와 운영비 등 경직성 비용을 제외한 일반 재정지원 사업의 지원 방식을 투 트랙으로 해야 한다.

첫째, 같은 잣대로 공정하게 국공립대와 사립대를 평가하는 방식이다. 지금처럼 국공립대가 전체 일반재정 지원액의 41.5%를 가져가는 것은 공정하지 않다. 국공립대와 사립대를 같은 저울 위에 놓고 공정한 심사를 하지 않는다는 증거다.

둘째, 같은 잣대로 평가하지 않을 것이라면 평가 트랙을 달리해야 한다. 국공립대는 국공립대 간 경쟁으로, 사립대는 사립대 간 경쟁으로 재정 배분 방식을 달리하자는 얘기다. 그게 공정한 경쟁이고 객관적인 평가다.

대학은 가시밭길을 걷고 있다. 합계 출산율이 세계 최저 국가가 된 상황에서 머지 않아 전국 4년제 대학의 절반이 문을 닫아도 이상할 게 없을 정도다. 이제는 재정지원 재설계에 나서야 한다. 경쟁력 없는 국공립대를 세금으로 먹여 살려서는 곤란하다. 경쟁의 잣대를 들이대야 한다. 그게 국공립대 통폐합과 재구조화의 첫걸음이다.

서울대 10개 만들기의 허상

1980년대까지만 해도 전국의 거점 국립대는 인기가 좋았다. 등록금은 사립대의 절반, '인 서울' 대학에 뒤지지 않는 취업률, 사법·행정고시를 비롯한 각종 국가고시 합격자 상위권의 명성이 자자했다. 지방의 우수 인재는 서울대에 입학하지 못하면 서울 상위권 대학과 부산대와 경북대를 놓고 고민했다. 당시에는 전남대·전북대·충남대·충북대·강원대·제주대 등 거점 국립대가 SKY 대학 다음으로 인기가 괜찮았다. 그런 대학 선호도는 1990년대 초반까지 이어졌다. 국립대는 국민 세금을 꼬박꼬박 받으면서 풍요를 누렸다.

하지만 2000년대 들어서면서 상황이 바뀌었다. 국립대 등록금이 사립대의 절반 정도로 싸다고 효도하기 위해 국립대에 진학하는 학생이 많지 않았다. 대신 기를 쓰고 '인 서울' 대학에 진학하려는 분위기가 확산했다. 그런 분위기에 학령인구 감소까지 겹쳐 거점 국립대는 명성을 잃으며 '인 서울' 대학에 밀리는 형국이 됐다.

▌거점 국립대의 거품과 현실

'인 서울' 대학을 채우고 나야 거점 국립대 순서가 온다는 자조는 시사점이 크다. 학생 가치관이 바뀌었고, 사회구조가 수도권 중심이어서 그렇다고 치부할 일만은 아니다. 거점 국립대는 방만했고, 공무원 조직 특유의 관료화가 심화했고, 글로벌 흐름에 둔감했고, 교육부 나침반이 고장났던 게 퇴조의 원인이라 보기 때문이다. 전국 39개 국립대 중 거점 국립대는 일반적으로 9개로 본다. 광역자치단체에서 가장 규모가 큰 고등교육 기관이다. 강원대·경북대·경상국립대·부산대·전남대·전북대·제주대·충남대·충북대다. 9개 대학은 지역의 대표 대학임에도 지역사회와의 소통을 소홀히 했다. 정부가 지어준 '세금 온실' 아래서 '그들만의 세상'을 누리다 학생 모집까지 걱정하는 처지가 됐다.

거점 국립대는 미국으로 치면 주립대학처럼 지역사회의 교육·연구·경제·문화의 중심지가 돼야 했다. 미국은 명문 사립대학교 못지않게 각 주의 주립대학교 입지가 튼실하다. 필자가 미국 연수 시절 탐색했던 노스캐롤라이나주립대(UNC)는 미국 제1호 주립대학교다. 농구 황제 마이클 조던을 배출한 대학으로도 유명한데 지역 커뮤니티의 메카였다. 채플힐에 있는 대학을 중심으로 지역 경제가 움직이고, 연구가 활성화하고, 일자리가 생기고, 문화예술이 꽃피우고, 다운타운이 형성됐다.

한국의 거점 국립대학은 그런 역할을 해왔는지 자문해 볼 일이다. 우선, 교수부터 문제다. '인 서울' 대학에서 자리 잡지 못해 지방으로 내려온 교수들은 늘 서울을 동경한다. 물론 인지상정이다. 적지 않은 교수가 서울에 주거지를 두고 강의가 있는 날만 대학에 내려가고, 지방에서 받은 월급을 서울에서 소비한다. 대학은 폐쇄적이어서 지역 주민을 끌어들이지도, 지역 문화의 계승자 역할도 못 한다. 방학 중에 대학이 주민을 위해 문을 활짝 열고 맛있는 강좌를 진행했다는 사례를 찾아보기 힘들다.

교직원은 치열하지 않다. 공무원 신분이어서 정년이 보장된다. 외환위기(IMF) 때 민간 기업체 직원이 거리로 내몰려도 국립대 직원은 견고했다. 급여 또한 매년 공무원 임금 인상분에 맞춰 적든 많든 오른다.

▌교육부의 비전 부재와 대학의 게으름

거점 국립대의 쇠락은 국립대를 관리하는 교육부의 비전 부재와 대학의 게으름이 뒤섞인 결과다. 거점 국립대의 학사 운영이나 커리큘럼, 전공은 비슷비슷하다. 그러니 지방의 인재들은 지방 국립대에 매력을 느끼지 못하고 서울행을 택한다. 궁지에 몰린 대학은 교명에 '국립'을 넣고 홍보한다. 경남 진주에 있는 경상대는 2021년 '경상국립대학교'로 교명을 변경했다. 이 대학의 입학 정원은 4,313명으로 서울대 3,100명보다 1,200명이나 많다. 경남과학기술대와 통합해 덩치가 커졌지만, 경쟁력이 그만큼 향상됐는지 의문이다.

국립대는 셀프 개혁을 외면하고 정부에 손을 벌린다. 거점 국립대 총장협의회는 2022년 2월 9일 국회에서 기자회견을 열고 "거점 대학을 서울대 수준의 연구중심대학으로 육성하자"라는 내용의 고등교육 대선공약을 제안했다. 총장들은 "세계적 수준의 연구중심 대학을 만들어야 국가균형발전을 앞당기고 고등교육 경쟁력을 강화할 수 있다"며 "미국은 19세기까지 독일에 뒤처져 있었지만, 전역에 연구중심 대학을 육성해 세계 최강국이 될 수 있었다"고 주장했다. 독일·스웨덴·영국이 연구중심대학 육성을 통해 국가 균형발전을 이뤘다는 예도 들었다. 제안은 네 가지였다. 이런 제안이 국립대를 살릴 수 있을까. 몸이 부실하면 운동해서 스스로 체력부터 키워야 하는 데 말이다. 네 가지 제안을 살펴보자. 3년 전 제안이 2025년 현재도 유효하니 다시 소개한다. 이재명 정부가 서울대 10개 만들기를 공약했으니 말이다.

① 서울대 수준 교육비 vs 전공 재구조화부터

거점 국립대 총장협의회는 "국가경쟁력 강화를 위해서는 수도권 중심의 대학서열 구조를 탈피하고 지역에 특성화된 연구 중심대학을 육성하는 것이 해결책"이라고 강조했다. 그러면서 우선 국립대학법을 제정해 서울대의 3분의 1 수준인 학생 1인당 교육비를 국립대학 법인 평균 수준으로 늘려달라고 요구했다.

사실 거점 국립대의 교육여건은 서울대에 못 미친다. '대학알리미' 통계를 보니, 서울대의 교수 1인당 학생 수는 15명이다. 반면 충남대는 25.5명, 충북대는 24.6명, 부산대는 23.4명, 경북대는 23.3명, 전남대는 20.5명이다. 교육비 격차는 더 크다. 부산대는 서울대(1조 2,575억 원)의 절반이 안 되는 5,232억 원이다. 서울대의 1인당 교육비(100점 기준)를 기준으로 부산대는 40.7점, 나머지 거점 국립대는 30점대다.

그렇다면 서울대 수준으로 교육비를 늘려주면 거점 국립대가 서울대가 될까. 어림없는 일이다. 지금도 서울대는 글로벌 대학 순위에서 명함을 제대로 못 내민다. 전국 0.5% 인재를 싹쓸이하고도 글로벌 인재 양성에 뒤처진다. 교수 연구력도 글로벌 수준에 이르지 못한다. 무엇이 문제인가. 법인화가 되었어도 정부 규제는 여전하고, 구성원은 절박함이 없고, 학부 중심인지 연구 중심인지 정체성이 모호하고, 대학 주변에 연구밸리가 없고, 지역과 커뮤니티를 이루지 못하는 '나홀로 서울대'에 머물러 있기 때문이다.

그런데 거점 국립대에 서울대 수준의 지원을 한들, 대학 스스로 바꿔지 않으면 무엇이 달라질 것인가. 왜 거점 국립대조차 전문대 전공을 카피하나. 왜 거점 국립대에 물리치료학과, 작업치료학과, 방사선학과, 안경광학과, 응급구조학과, 치위생학과, 건강뷰티향장학과, 뷰티산업학과, 외식산업학과가 있나. 염치가 없다. 전공 재구조화부터 시작해 대학 스스로 파괴적 혁신의 몸부림을 보여줘야 한다.

② 지역인재 채용의무제 50%로 확대 vs 역차별과 실력 문제

총장들은 "지역 우수 인재가 지역에 남아야 국가균형발전을 도모하고 수도권 과밀을 해소할 수 있다"고 주장했다. 특히 "공공기관이 신입사원 채용 시 해당 지역 학생을 30% 의무적으로 선발하고, 해당 지역 외 비수도권 출신도 20%를 더 뽑아 지방대 출신 비율을 50%로 확대하도록 혁신도시법을 개정해 달라"고 주문했다.

반은 맞고 반은 틀리는 말이다. 물론 지역 할당제가 50%로 높아지면, 취업을 위해 서울행을 포기하는 지역 학생이 많아질 수 있다. 예컨대 전남 나주의 한국전력 신입사원 공채에 나주 출신 30%를 뽑고, 나머지 20%를 충청도나 경상도 등 지방에서 뽑고, 나머지 50%를 수도권 인재로 선발하자는 제안이니 말이다.

하지만 이런 방식으로 과연 50%를 지방인재로 채울 수 있을지 의문이다. 로스쿨은 아무리 지방 우대를 해도 지역 학생을 뽑지 못하는 딜레마에 빠져 있다. 해당 지역 학생을 뽑으려 해도 실력이 안 돼 뽑지 못한다. 지역인재 의무 채용은 대학이 잘 가르쳐 학생 실력을 높인 다음 요구하는 게 순리다. 그래야 역차별 논란을 잠재울 수 있다. 무작정 의무 채용 비율을 높인다고 지역인재가 지역에 잔류하지 않는다. 대학이 잘 가르쳐야 한다. 여기서 다시 연구중심대학과 잘 가르치

는 학부중심대학의 정체성이 충돌한다.

③ 무상 등록금 vs 총장실부터 슬림화

미국 주립대학은 해당 주 출신과 다른 지역 출신 학생의 등록금이 다르다. 해당 주 출신 학생의 등록금은 다른 지역 출신 학생의 절반 수준이다. 우리도 그런 시스템을 적용하는 걸 고려해 볼 만하다. 수도권 출신 학생이 부산대에 입학하는 경우와 부산지역 학생이 부산대에 입학하는 경우의 적용을 달리하자는 얘기다. 그런데 총장들은 지역 국립대 학부생 등록금을 국가나 지방자치단체가 전액 부담하자고 제안했다. 학령인구 감소에 따른 지역소멸 방지와 헌법과 교육기본법이 정한 교육 받을 권리 및 균등한 교육 기회 보장을 위한 것이라고 주장했다.

자치단체들은 제 몸 추스르기도 어려울 만큼 재정자립도가 낮다. 과연 지자체가 일부라도 부담할 여력이 있나. 거점 국립대가 전액 무상등록금을 지원받을 만큼 경쟁력을 갖췄나. 제 몸의 고질병은 고칠 생각도 하지 않고 세금만 탐내고 있다. 무상등록금을 요청하려면 대학의 살림살이부터 뜯어고쳐야 한다. 총장실과 부속실, 관용차 등 눈에 보이는 것을 시작으로 재정 다이어트를 통한 변화의 몸부림을 보여줘야 한다. 줄일 것도 없다고 하지만, 민간의 눈으로 보면 참으로 여전히 느슨하다.

④ 지역 R&D 재정 강화 vs 파괴적 연구 노력부터

총장들은 지역의 연구개발(R&D) 역량을 키워 지역산업 발전에 도움을 주려면 캠퍼스에 국가출연연구소를 신설하거나 분원(分院)을 설립하자고 제안했다. 전국에 '서울대 10개 만들기'로 축약할 수 있는 세계적 수준의 연구중심대학을 지역에 만드는 것은 지역의 미래 산업 지도를 바꿀 혁신적 대안이라고 주장했다. 고등교육의 이정표를 세우는 전환점을 위해선 바람직한 제안이다.

그간 대학은 지역의 연구 메카가 되지 못했다. 미국 대학이 캠퍼스 주변에 연구 메카인 '밸리'를 형성하며 지역과 호흡하고, 연구소와 기업을 대학에 끌어들인 것과는 대조적이다. 이런 일이 제대로 이뤄지지 않은 것은 정부의 각종 규제와 비전 없는 정책이 큰 원인이다. 그럼에도 대학의 연구 역량 강화는 필수다. 네이처(Nature)와 사이언스(Science)지의 세계 300위 논문 우수 대학 중 한국 대학은 손가락에 꼽을 정도다. 세계 최고 권위의 노벨상과 필즈상 수상자를 배출한 대학도 없다. 거점 국립대는 자신의 위치가 어디에 있는지 점검해봐야 한다.

▮ 교육부와 국립대, 共進化 안 하면 몽상에 불과

이재명 대통령은 대선 당시 '서울대 10개 만들기'를 공약으로 내걸었다. 전국 9개 거점 국립대에 집중 투자해 서울대 수준으로 육성하자는 정책이다. 10년 내 세계 100대 대학에 거점 국립대 3개 이상을 진입시키자는 목표도 제시했다. 물론 그렇게 되면 좋다. 국민도 거점 국립대가 변화하는 모습을 원한다. 하지만 그 방법이 국민 세금만 퍼주는 모습이어서는 곤란하다. 자기 혁신이 중요하다. 슘페터의 창조적 파괴(creative destruction) 정신이 필요하다. 그런 바탕 위에 교육부도, 거점 국립대도 함께 혁신해야 한다. 고등교육 패러다임을 바꾸려면 교육부의 혁신이 먼저다.

왜 그런가. 교육부가 대학의 숨통을 조여왔기 때문이다. 대학을 바꾸려면 교육부가 먼저 바뀌어야 하는 까닭이다. 결국 정부와 대학이 함께 진화해야 한다. 코에볼류션(coevolution), 즉 공진화(共進化)다. 규제 중심적, 국가 중심적 시스템을 대학 중심적, 지역 중심적 시스템으로 진화시켜야 한다. 교육부와 거점 국립대의 공진화가 없으면 지역대학 살리기와 서울대 10개 만들기는 몽상(夢想)에 불과하다. 글로컬(Glocal) 사업과 라이즈(RISE) 사업도 마찬가지다.

▮ 총장 말은 옳지만, 셀프혁신이 더 중요하다

대학 총장들은 정권 초기에는 말을 아낀다. 권력 앞에 할 말을 하지 못한다. 정부의 재정사업에 휘둘리다 보니 혹여 밉보여 자신의 대학에 해가 될까 두려워서다. 그러다가 정권 말기가 되면 말문을 연다. 그런 녹화 필름은 더 이상 이상할 것도 없다. 제20대 대선 때는 특이한 일이 벌어졌다. 대학 총장들이 대선 주자에게 건의문을 내고 차기 정부에서는 꼭 재정 문제와 대학 자율 문제를 해결해달라고 요청한 것이다. 진일보한 일이었다.

2022년 1월 26일 열린 한국대학교육협의회(대교협) 정기총회. 총장들은 "고등교육 경쟁력 하락은 곧 국가경쟁력 하락을 초래한다. 20대 대통령 선거 후보자에게 뉴 노멀 시대를 이끄는 세계적 수준의 대학으로 도약하기 위한 발전 과제를 제안한다"고 밝혔다. 총회에는 전국 4년제 대학 중 115개 대학 총장이 참석했다.

사실 대학은 어려움에 직면해 있었다. 코로나19 상황에서 대학 목줄을 죄는 재정·기본역량진단 평가가 추상같이 이뤄지고, 재산세 종합과세라는 복병이 기습하고, 학령인구 감소로 입학 정원을 못 채우고, 등록금은 동결돼 곳간이 텅 비는 상황이었다.

그런 상황을 읍소하며 총장들이 내건 '2022 대학 발전을 위한 건의문'의 줄기는 크게 네 가지다. 첫째는 학생 1인당 교육비 초·중등생 교육비 수준으로 상향, 둘째는 뉴 노멀과 4차 산업혁명 시대 대응을 위한 대학 교육 자율성 확대, 셋째는 국가경쟁력에 부합하는 세계적 수준의 연구와 인재양성, 넷째는 지역대학의 균형발전과 구조조정 지원이다. 네 가지 사항은 총장들이 정부에 줄기차게 요구해 왔던 내용이다. 물론 교육부도 나름 노력했지만, 대학과의 체감에는 상당한 차이가 있음이 다시 입증된 셈이다.

이 제안은 2025년 7월 현재 새 정부에 요구해도 하나도 이상할 게 없다. 그동안 아무것도 실현된 것이 없기 때문이다. 시기만 2025년으로 바꿔 지원한다고 해보자. 4대 제안을 실현할 방안이 뭘까.

① 고등교육 재정 재설계 시급

대학은 영양실조에 걸려 있다. 고등교육의 정부 재정지원이 경제협력개발기구(OECD) 평균에도 한참 못 미치는 게 근인이다. 초등생은 OECD 대비 130.4%, 중학생은 124.1%, 고등학생은 138.1%, 전문대는 47.4%, 일반대는 69.1% 수준이다(OECD, Education at a Glance 2021). 이는 국내 총생산(GDP) 대비 고등교육 지원율이 OECD는 평균 1.1%인 반면 우리나라는 0.6%에 불과하기 때문이다. GDP 대비 고등교육 재정 1.1% 확보는 김영삼 정부의 5·31 교육개혁(1995년) 당시부터 과제였다. 강산이 두 번 바뀌었는데도 진척이 없다. 전체 고등교육의

80%를 차지하는 사립대가 힘들어하는 이유다.

사실 초·중등교육과 고등교육의 재정 배분에는 문제가 있다. 국세분 교육세를 고등교육세로 신설해 5조3,000억 원을 확보하고, 초·중등교육의 손실분은 지방교육재정교부금(내국세)을 현행 20.79%에서 21.89%로 확대해 충당하는 방안이 나오는 까닭이다. 하지만 내국세를 올리는 것보다는 내국세의 일정 부분을 고등교육에 지원하는 병행 배분 방식이 납세자 부담을 덜어주는 방안일 수도 있다. 일부 선출직 교육감이 선심성 퍼주기 행정을 했던 것도 사실이기 때문이다.

② 네거티브 규제로 전면 전환

총장들 주장대로 규제 개혁과 맞춤형 대학평가 체제 구축은 필요하다. 보광 한태식 전 동국대 총장이 필자와의 인터뷰에서 "현행 고등교육법령 체제에서는 절대 미네르바대학이 나오기 어렵다"고 질타한 말이 생각난다. 교육부가 태재대학교 인가 과정에서 보였던 태도가 그렇다. 교육부는 강의계획서(syllabus)까지 제출하라고 요구했다. 물론 학령인구 감소 시대에 대학인가를 내주는 것은 특이한 일이어서 심사를 깐깐히 해야 하는 건 당연하다.

문제는 디지털 대전환 시대에도 교육행정의 변혁이 굼뜨다는 점이다. 대학 정책은 '네거티브 규제'로 가는 게 합리적이다. 입시든, 학사든, 재정이든 대학에 자율권을 주고 꼭 하지 말 것만 규제하는 방식이다. 이 과정에 '규제샌드 박스'가 필요하다. 대학설립·운영 4대 교육요건, 교지·교사·교원 규정, 수익용 기본재산의 과감한 혁신이 포인트다. 물론 대학의 책무성은 더 엄격해야 한다.

③ 대학평가 맞춤형으로 혁신

전국의 대학을 동일 잣대로 평가하는 것은 4차 산업혁명 흐름에 맞지 않는다. 교육과 연구 중심대학으로 이원화해 맞춤형 대학평가로 전환해야 한다. 서울대와 지방 군소대학을 같은 평가 지표로 측정하는 게 합리적인가. 전국 190개 4년제 대학을 대상으로 모두 연구 실적까지 평가한다는 건 난센스다. 일부 상위권 대학을 제외하면 연구 능력이 있는 학생 자원 자체가 없는 게 현실이다. 그런 대학은 잘 가르쳐 상위권 대학에 가서 연구하도록 길을 열어주는 역할을 해야 한다. 전국 대학의 절반 이상이 학부 중심으로 대학의 정체성을 바꿔야 하는 이유다.

지방대는 울지만 말고 학부 중심의 특성화 대학으로 생존을 모색해야 한다. 그 과정에서 교육부는 대학기본역량진단, 대학기관 평가인증, 정부재정지원 제한대학 평가 등을 학부와 연구 중심대학으로 나눠 맞춤형 평가를 해야 한다. 과도기적으로는 이들 평가를 간소화해 단계적으로 연구 또는 학부중심 대학 전환을 지원해야 한다.

④ 글로벌 인재 양성, 난양공대를 보라

총장들은 세계적 수준의 연구와 인재양성을 하려면 정부 지원이 필수라고 주장한다. 이는 '허상'이다. 글로벌 인재는 정부 지원만으론 육성할 수 없다. 대학의 뼈를 깎는 혁신이 더 중요한 조건이다. 싱가포르 난양공대(NTU)를 보라. 1991년 설립 당시 한국의 KAIST를 벤치마킹했는데 30년이 지난 지금 글로벌 대학으로 우뚝 섰다. 으스대던 KAIST는 부끄러워해야 한다.

아시아의 MIT로 불리는 난양공대는 캠퍼스에서 200개 넘는 기업이 공동 연구를 진행한다. 조인트 랩(공동 연구실)이 곳곳에 둥지를 틀었다. 본부의 거버넌스도 특이하다. 외국인 총장을 적극 영입한다. 총장이 외국인이면 부총장은 내국인, 총장이 내국인이면 부총장은 외국인이 맡는 투 톱 체제다. 실력이 있으면 국적 불문으로 교수와 학생을 영입한다. 정년보장 테뉴어 교수 합격률은 연간 20%에 불과하다. 실력 없는 교수는 짐을 싼다. 대학의 셀프 혁신에 정부 지원이 시너지를 내 글로벌 명문이 된 게 아닌가. 우리는 어떤가. 세계 경제 10위권이지만 세계 30위권에 드는 대학도 없다. 혁신의 출발은 대학이다.

⑤ 지역대학, 서울대 따라 하지 말라

학생 수 감소 '쓰나미' 충격은 지방 전문대→수도권 전문대→지방 일반대→지방 국립대→수도권 대학 순으로 덮친다. 대학에 들어갈 학생이 없는데 어떻게 할 것인가. 총장들은 지역 불균형 해결을 위한 지자체-대학 협력기반의 지역혁신사업을 촉구했다. 좋은 방안이다. 대학이 지역 속으로 파고들어야 한다. 대학과 지역이 상생하는 커뮤버시티(Commuversity)로 가는 방안이다. 대학이 없어지면 지역이 소멸한다고만 말고, 대학이 '지역의 따뜻한 난로'가 돼 줘야 한다. 지금 대학은 외딴 섬이다.

커리큘럼과 전공도 문제다. 거점 국립대나 서울대나 비슷비슷하다. 심지어 거점 국립대가 전문대 전공까지 카피한다. 사립 지방대는 어떤가. 수도권 대학과 다르지 않다. 그런 상황에서 어떻게 지역의 싱크탱크가 되고, 연구 메카가 되고, 평생교육기관 역할을 하며 상생할 수 있나. 대학-기업-R&D 기관-시민센터가 공존하는 대학도시를 만들려면 대학 재구조화가 먼저 이뤄져야 한다. 미국의 실리콘밸리, 보스턴밸리, 리서치트라이앵글파크(RTP)가 저절로 생긴 것은 아니다.

디지털 대전환 시대를 맞아 우리 대학도 앙트레프레너십(Entrepreneurship, 기업가 정신)이 필요하다. 학생들에게 똑같은 커리큘럼으로 교수들이 가르치고 싶은 것만 가르쳐 놓고, 한정된 일자리를 가지고 경쟁하게 만들면 대학의 미래는 없다. 학생의 도전정신, 창발성, 잠재력을 키워줄 앙트레프레너십 교육이 필요하다. 미국 보스턴에 있는 뱁슨 칼리지를 보자. 전교생이 2,300명에 불과하지만, 미국에서 가장 우수한 경영 커리큘럼을 운영한다. 포브스지 등이 21년 연속 경영전문대학원(MBA) 최고 우수대학으로 선정했다. 졸업생 창업 비율이 17%로 스탠퍼드대 13%, 하버드대 7%, 컬럼비아대 5%보다도 높다. 뱁슨 칼리지는 하버드대를 카피하지 않는다. 우리나라 지역대의 길도 거기에 있다.

서울대를 위한 제언

15년 전 부산에 취재하러 갔을 때의 일화다. 부산대학교를 취재하고 교수들과 저녁 자리가 있었다. 여러 얘기가 오갔다. 지역대의 현실과 어려움을 생생하게 들을 수 있었고 서울 중심의 기사만 쓰는 기자의 게으름을 깨닫는 기회가 됐다. 대화 도중 깜짝 놀랄 얘기를 들었다. 처음엔 지역대 교수의 넋두리인 줄 알았다. 듣다 보니 열패감의 발로도 아니었고 근거 없는 주장도 아니었다. 서울대의 폐부를 콕콕 찔렀다.

> "저도 서울대 나와 미국에서 박사를 땄거든요. 서울대를 졸업하고 나와 같은 길을 걸었던 친구가 있어요. 그 친구는 서울대 교수, 저는 지방대 교수가 됐죠. 그 후로 둘의 인생이 확 바뀌었어요. 제가 아무리 노력해도, 논문을 많이 써도 전 그냥 지방대 교수일 뿐이에요. '서울대 교수' 신분으로 대접받고 프로젝트 따내고 강의 초청받는 친구와는 하늘과 땅 차이죠. 서울대 '프리미엄', 정말 무섭습니다. 질투하는 게 아닙니다. 현실을 얘기하는 거죠."

50대 중반의 그 교수는 서울대의 오늘을 오만과 굴욕으로 표현했다. 당시 서울대 수의학과 조모 교수가 옥시로부터 금품을 받고 가습기 살균제 실험 보고서를 조작한 혐의로 구속된 것만 봐도 그렇다고 했다. 옥시가 '서울대 연구'라는 이름값을 이용하려 의도적으로 조 교수에게 접근했을 가능성이 크다는 주장이었다. 만일 그 교수가 지역대 소속이었다면 옥시가 절대 유혹하지 않았을 것이라는 그의 말이 뼈를 때렸다.

▌2011년 법인화 날개, 변화의 날개는…

서울대는 대한민국을 대표하는 대학이다. 매년 전국 최상위권 인재를 싹쓸이하고 정부 지원금도 가장 많이 받는다. 그런 만큼 성과를 내야 하는 것은 당연한 일이다. 정부는 2011년 12월 서울대에 법인화 날개를 달아줬다. 공무원 냄새를 추방하고 인사·재정·투자를 자율적이고 독립적으로 운영해 글로벌 대학으로 도약하라는 국민의 주문이었다. 정부 재정지원은 더 늘어났고 교직원 신분도 공무원 때와 다르지 않게 보장했다. 서울대 법인화 법이 일종의 '서울대 혜택 자율화 법'이었던 셈이다.

서울대는 2022년 새로운 중장기 발전계획을 내놨다. 법인화 당시에도 새로운 비전을 발표했는데 목표만큼 시행했는지는 서울대가 잘 알 것이다. 2022년 중장기 발전계획에는 학교 체질을 바꾸겠다는 일곱 가지 핵심 과제가 담겨 있다.

첫째는 전공·학과(부)·단과대학(원) 간 장벽 없애기, 둘째는 생애 전주기에 걸친 개방적 교육체계 수립, 셋째는 국가와 인류 난제 해결을 위한 도전적 융합 연구, 넷째는 국가와 인류를 위한 사회공헌 확대, 다섯째는 전략적이고 질적인 국제화, 여섯째는 다양성이 존중되는 포용적 무장벽 캠퍼스 구현, 일곱째는 대학 운영 시스템의 혁신과 재정

확충이다.

서울대는 “일곱 개 과제의 성공적 수행은 단지 서울대의 수준을 향상하는 데 그치지 않고, 서울대 구성원들과 동문, 우리 국민과 세계인들에게 끊임없이 희망을 주는 메시지로 전달될 것”이라고 강조했다. 좋은 방향이고 좋은 설계다. 꼭 실행해 성과를 내야 한다. 다만, 본질적으로는 법인화 당시의 거창한 목표에서 벗어나지 않는다. 목표를 세우는 것은 나태함에 곁을 주지 않는 긍정적인 신호이다. 관건은 실행의 연속성이다.

서울대는 2023년 2월 1일 자로 학내 거버넌스가 바뀌었다. 유홍림 총장이 새로 취임했고 부총장을 비롯한 보직자들이 전면 물갈이됐다. 정치권의 정권 교체와 별반 다르지 않다. 4년마다 서울대의 거버넌스가 바뀌지만, 그 교체 방식은 후진적이다. 강력하고 지속적인 리더십은 기대하기 어렵고, 4년간 자립적인 살림도 꾸리지 못하고 외려 정부에 손을 더 내민다. 지난 14년간 괄목할 만한 성과를 냈다고 볼 수 없다.

▮ 총장 순혈주의, 4년마다 정치판 같은 선거

서울대의 전임교원(2,300여 명)과 연간 예산(1조6,000억 원)은 국내 대학 최대 규모다. 서울대 헌장은 “자유롭고 비판적이며 창의적인 학문의 전당으로서 대학의 자율과 사회적 책임의 중요성을 되새기면서 진리 탐구의 사명에 충실할 것을 다짐한다”고 명시하고 있다. 과연 서울대 79년 역사와 재학생, 그리고 교수들은 그런 다짐을 새기고 있을까. 우선 서울대의 현상을 짚어보자.

첫째, 본부 거버넌스다. 4년마다 총장 선거를 치르는데 정치선거와 다를 바 없다. 현직 총장파와 전직 총장파 간에 세력 다툼이 벌어진다. 왜 그럴까. 총장 선출 방식이 간선제이지만 직선제 성격이 강하다. 즉, 총장추천위원회가 총장 예비 후보자 4명 내외를 추천하면 교직원과 학생으로 구성된 정책평가단이 예비 후보자의 공약을 평가한 뒤 순위를 가린다. 총추위가 상위 1~3위를 이사회에 올리고 이 중 1명을 최종 후보자로 선출하는 방식이다. 그러다 보니 후보자들은 교수와 직원들을 상대로 선거운동을 하고 총추위원을 대상으로 로비한다. 피로도가 극심하다. 그 과정에서 총추위원과 현직 또는 전직 총장과의 친소관계에 따라 유불리가 점쳐지기도 한다. 공정 경쟁의 출발점이 인맥에 따라 달라질 수 있다.

서울대 총장은 순혈주의다. 본교 출신이 아닌 후보가 도전할 엄두를 내지 못한다. 급변하는 고등교육 환경을 이끌 새 리더를 뽑는 데 한계가 있다. 외부 출신이나 외국인 인사에 대한 문턱을 낮춰야 한다. 특히 중장기 과제를 추진하려면 연임이나 4+2(4년+2년)제도를 도입하는 게 필요하다. 본부의 보직도 2년마다 일률적으로 물갈이하면 업무의 연속성과 지속성을 보장하기 어렵다. 미국의 유명 대학들은 총장을 10년, 20년 하고 본부 보직자들도 장기간 복무함으로써 대학 운영의 안정화를 도모한다. 행정 트랙과 교수 트랙 사이의 절충이 필요하다. 서울대가 치열하게 고민해야 한다.

▮ 2024년 정부출연금 6,129억 원, 법인화 당시의 두 배

둘째, 살림살이다. 2022년 현재 서울대 법인회계를 보면 총세입은 9,411억 원이다. 이 가운데 57.2%가 정부출연금(5,380억 원)이다. 서울대 역사상 최대치다. 사실상 법인화 첫해인 2012년은 정부출연금이 2,747억 원이었는데 배로 껑충 뛰었다. 총세입 중 정부출연금 비중이 2012년 45.9%에서 2022년 57.2%로 11.3%포인트가 증가했다. 그런데 2024년에는 총세입이 1조56억 원으로 처음으로 1조 원을 돌파했다. 정부출연금 역시 6,129억 원으로 그 비중이 58%로 커졌다.

이는 뭘 의미하나. 국민 세금 의존도는 높아졌고 재정자립도는 거꾸로 낮아졌음을 의미한다. 법인화 취지에 역행한다. 정부 의존도가 높아지니 자율성은 더 오그라든다. 교육부 눈치를 보며 정부출연금이나 더 따내려고 대학의 지성을 내려놓는다.

노력도 부족하다. 손쉬운 출연금에 의존하다 보니 발전기금이나 기부금 모금이 부진하다. 독지가들이 서울대에 기부금을 몰아주는데도 2019년 1,152억 원이던 기부금이 2022년에는 677억 원으로 40% 이상 급감했다. 발전기금(6,460억 원)을 활용한 운용·이자 수익도 284억 원에 불과했다. 이게 국내 1위 서울대의 살림살이다.

서울대는 국내 전체 고등교육 예산의 4.5%, 국립대 지원 예산의 13.6%를 독식하고 있다. 우리의 경제 규모상 최대치에 가깝다. 그렇지만 서울대는 당연히 배고프다. 물론 미국 하버드대·스탠퍼드대 등 50조 원이 넘는 발전 기금을 굴려 연간 투자 수익만 10조 원을 올리는 대학과 비교하는 것은 언감생심이다. 연간 예산이 2조~4조 원대인 중국 베이징대·칭화대, 싱가포르국립대, 일본 도쿄대 등 아시아 경쟁대학과 비교해도 초라하다.

▮ 배고프면서도 배부르고 입학 성적 명성만 여전

나는 서울대의 문제점을 다음과 같이 진단한다. 15년 전 부산에서 만난 그 교수의 진단과 다르지 않다

첫째, 배고프면서도 배가 부르다. 서울대의 연간 예산은 국내 대학 최대 규모다. 그래도 배가 고프다. 세계적인 인공지능(AI) 전문가 영입도, 구닥다리 실험실 장비 교체도 돈이 모자라 제대로 못한다. 그러면서도 헤프다. 조국 사태에서 보았듯 장학금은 신청하지 않아도 주고, 학기 중에 불쑥 복직해 등산만 다녀도 월급을 준다.

둘째, 학문 '근친교배(academic inbreeding)'가 여전하다. 같은 과 선후배끼리 엮인 전공별 교수진은 폐쇄적이고 관료적이다. 예전에 서울대 학부 출신이 아닌 타 대학 학부 출신이 서울대 교수가 됐다고 신문에 기사를 쓴 적이 있다. 그게 20년 전이다. 그렇다고 지금 순혈주의가 크게 완화된 것도 아니다. 인문사회계열은 여전히 80~90%에 이르고, 자연대와 공대도 70%대다. 글로벌 일류 대학 중 이런 곳은 없다. 오세정 전 총장이 몸담았던 물리·천문학부도 38명의 교수 중 외국인은 한 명뿐이고 대부분 서울대 출신이다. 하버드 총장을 지낸 로런스 로웰은 "학과는 감방에 갇힌 은둔자를 양산하는 곳이 아니다"라고 했다.

셋째, 국내용 단타 논문만 양산한다. 서울대 논문 생산량은 세계 10위다. 영양가는 적다. 상위 10%에 드는 논문 비율이 전체의 7.6%다. 라이덴 랭킹은 세계 656위(2019년)에서 1,009위(2024년)으로 추락했다. 내수용 단타에만 골몰하니 장외 홈런이 나오겠나. 연구 방식을 뜯어고쳐야 한다. 원천기술과 기초·미래연구 등 다른 대학이 못하는 분

야에 집중해야 한다. 그게 기초과학을 살리고 노벨상 수상자 '0'의 굴욕을 씻는 길이다.

글로벌 랭킹은 100위를 오르락내리락한다. US 뉴스 & 월드 리포트 평가는 2015년 72위 → 2019년 129위 → 2023년 129위 → 2024년 135위, 영국의 THE 평가는 2015년 85위 → 2019년 64위 → 2024년 62위다. QS평가는 2024년 62위다. 유홍림 총장(2023년 2월~현재)체제에서 국제경쟁력이 답보상태를 보인다고 평가할 수 있다.

유 총장은 2025년 1월 2일 신년사에서 "올해는 서울대가 관악캠퍼스로 종합화된 지 50주년이 되는 해다. 진정한 종합화는 캠퍼스의 통합만이 아니라 대학의 본분인 교육과 연구에서의 통합을 발판으로 새로운 시너지를 창출하는 것"이라고 강조했다. 서울대가 집단지성을 발휘해 경쟁력을 강화할지는 유 총장의 리더십이 변수가 될 수 있다.

▌호모 아카데미쿠스의 집합체, 성과 내야

넷째, 잘 가르치고 있는지 의문이다. 서울대 입학정원은 산술적으론 전국 수험생 50만 명의 0.5~1%에 해당한다. 전국의 공부 선수, 즉 '호모 아카데미쿠스'의 집합체다. 그런데 학점이 높을수록 비판적·창의적 사고력이 떨어진다. 잘 받아쓰는 수용력만 강하다(『누가 서울대에서 A+를 받는가』 중에서). 잘 가르치는 것은 스승의 무한 소명(calling)이다. 0.5%를 5%, 10%로 만드는 건 아닌가.

다섯째, 자율은 누리고 책임 의식은 옅다. 2011년 말 법인화 이후 사탕만 빼먹었다. 자율과 책임의 무게를 냉혹하게 인식하지 않는다. 그러면서 봉급은 매년 공무원 인상분에 맞춰 꼬박꼬박 올린다. 사립대엔 언감생심이다. 교직원의 권위주의도 여전하다.

여섯째, 공동체 가치관이 무너졌다. 조국 사태가 공교롭게 그런 걸 보여줬다. 로스쿨 직원이 복직신청서를 대리 작성했고 대학 집행부는 방관했다. 일류가 되려면 공동체 규범이 선명해야 하거늘 소가 웃을 자동 복직 규정 운운하며 정치적 보신을 했다. 학문적 자세와 정치적 선택은 양립할 수 없는 게 아닌가. 이것도 서울대만 예외인가.

서울대는 현실을 직시해야 한다. 세계 대학 가운데 어느 위치에 있는지 통렬히 체감하고 겸손해야 한다. 글로벌 일류가 되려면 자만심·우월주의·특권의식·순혈주의를 버려야 한다. 서울대의 명성은 입학 성적만으로 얻어지는 게 아니다. 기득권을 내려놓고 국내 대학은 물론 세계 대학과의 경쟁에 나서 실력을 입증해야 한다. 총장을 비롯한 교수와 교직원의 자성이 필요하다.

결코 '미션 임파서블'이 아니다. 자성의 호루라기를 불어야 한다. '진리는 나의 빛(VERITAS LUX MEA)'을 명심해야 한다. 그래야 오만과 굴욕에서 탈출할 수 있다. 서울대가 바뀌면 대한민국 고등교육이 바뀔 수 있다. '서울대 10개 만들기'도 이런 되새김이 없으면 허언으로 그칠 가능성이 크다. 현재의 서울대를 10개 만드는 것은 안 만드는 것만도 못하다. 서울대부터 바꿔라.

지역대 위기, 커뮤버시티로 돌파하라

지역대가 어렵다는 건 새로운 얘기가 아니다. 2000년대 들어서 지역대 문제는 고등교육의 화두였다. 언뜻 2013년의 일이 기억난다. 정부는 지방대를 살리려면 대기업이 지방대 출신을 많이 뽑아야 한다고 독려했다. 그러고선 2015년부터 7급 공무원 채용 때 지방대 출신을 20% 이상 선발하며 기업을 압박했다. 정부는 또 지방대 특성화를 명분으로 2014년부터 5년간 1조 원을 지원했다. 한 걸음 더 나아가 2015학년도 대입부터 지방의 의대·한의대·치대와 법학전문대학원(로스쿨) 등 인기 대학·대학원에 대해 모집 정원의 일정 비율을 현지 고교 졸업생과 현지 대학 출신으로 뽑는 '지역인재 전형'도 도입했다.

2025년 현재, 과연 지역대는 살아나고 있나. 살아나기는커녕 더 위험해졌다. 전국 4년제 대학 중 60%는 지역대다. 지역대 위기는 지역사회의 붕괴로 이어질 수 있는 심각한 문제다. 지역대 위기는 사실 정부가 고등교육 수요 예측 방아쇠를 잘 못 당긴 탓이 크다.

정부는 1996년 대학설립 요건을 완화한 '대학설립준칙주의'를 도입했다. 그 결과 4년제 대학 52개, 전문대학 9개 등 60여 개가 생겨났다. 고등교육 공급은 넘치는 데 학생은 거꾸로 줄어들었다. 당연히 정원 미달과 부실 경영이 이어졌다. 지난 2005년 이후 지역대학 14곳이 문을 닫았다.

지역대의 위기는 거점 국립대도 예외는 아니다. 지역 명문은커녕 정원 채우기에도 급급한 모습이 나타나고 있다. 지역대학들이 신입생 충원율을 채우고, 유지충원율을 달성하기란 현재도, 앞으로도 쉽지 않은 환경이다. 대학들은 “등록금 규제를 풀어 달라”, “재정지원을 늘려 달라”, “규제를 풀어 달라”고 하소연했으나 ‘생존 액션 플랜’ 가동에는 소극적이다. “나 때는 괜찮다”는 구성원의 이기심에다 지역사회와 상생할 근본적인 구조 개혁에 나서는 열정이 부족한 탓이다.

2021년 11월에 경남 창원, 충북 충주 등 전국 비수도권 9개 지자체가 정부에 2차 공공기관 지방 이전을 촉구하고 나선 일이 생각난다. 9개 지자체는 경남 창원시, 충북 충주시·제천시, 충남 공주시, 전남 순천시, 경북 포항시·구미시·상주시·문경시 등이다. 9개 시는 건의문을 통해 “지방 도시가 저출생과 고령화, 주력산업 쇠퇴와 일자리 감소, 지방대 위기와 지역혁신기반 약화 등 총체적 위기 상황에 직면했다”며 “수도권에 남아 있는 공공기관을 지방으로 이전해 달라”고 요청했다.

수도권 공공기관을 지방으로 싹쓸이 이전한다고 지역대가 살아날까. 공공기관 근무자들은 지방으로 주소도 옮기지 않는 경우가 허다하다. 충청권까지는 출퇴근, 그 이남 지역은 주말부부로 지내면서 자녀들을 수도권 학교에 보내는 경우가 많다. 단순히 공공기관을 이전한다고 지역대학이 살아날 수 없는 게 현실이다. 그동안 이전한 공공기관들이 지역대학을 살렸는지를 생각해 보면 안다.

▮고등교육 거품 걷어내는 작업이 필요하다

그러면 무엇이 문제인가. 고등교육의 거품이 문제다. 과연 대학일지 싶을 정도의 커리큘럼, 학생들이 원하는 내용을 가르치지 않고 교수들이 가르치고 싶은 내용만 가르치는 강의, 대학 간 전공 베끼기와 학과 이름만 고치기, 1970~80년대식 대학 구성원 근무 관행과 급여 체계, 지역사회와 지역 경제 기여가 미약한 교수들의 정주(定住) 문제, 정부의 획일적인 평가 등이 뒤섞이고 부딪쳐 포말(泡沫)이 생기는 바람에 잔뜩 거품이 낀다.

고등교육 거품의 주된 원인은 대학 본부의 비전 부재에 있다. 대학별로 가장 잘할 수 있는 분야에 승부를 걸어야 하는데 전국 대부분 대학이 학부와 연구 중심, 전공의 구분이 별로 없다. 서울대 영어영문학과는 전임교원만 30명 가까운데 지방 군소대학까지 영문과를 운영한다. 수능 영어 점수가 낮아도 그냥 뽑는다. 과연 누구를 위한 전공인가. 지역 군소대학의 정체성도 모호하다. 어정쩡하다. 거품이 끼어 있다.

지역 군소대학은 학부 중심으로 개편하고, 전공을 전면 리모델링해 거품을 걷어내야 한다. 학문 후속 세대 양성이란 명문으로 대학원을 운영하는 건 제 발등 찍기나 다름없다. 학문 후속 세대 양성 기능에 욕심을 낼 필요가 없다. 가성비가 떨어진다. 정원 감축이나 학문 구조조정은 합리적인 생태계 구축을 위해서 필요한 일이다. 그 결단을 대학 스스로 해야 한다. 부실 운영이 부실 교육을 초래해 매년 경쟁력 없는 '거품 졸업장'만 찍어서는 안 된다. 대학 스스로 생존 방법을 세밀히 다듬고 또 다듬어야 한다.

▌지역사회와 함께하는 커뮤버시티가 길이다

전국 각지에 둥지를 튼 대학은 국가 균형발전의 측면에서도 바람직하다. 대학이 지역 발전에 기여하려면 콘텐츠가 지역과 밀접해야 한다. 대학이 지역사회와 기업의 인재 메카가 되어야 한다는 뜻이다. 지역사회와 대학의 융합, 즉 커뮤버시티(Commuversity, Community+University)를 지향하지 않으면 생존이 어렵다.

그런 마당에 학생 수는 계속 감소한다. 2000년 811만 명이던 학령인구는 2020년 546만 명으로 급감했고, 지금은 500만 명도 위태하다. 앞으로 그 속도는 더 빨라질 것이다. 작가 박완서는 "그 많던 싱아는 어디 갔을까"라고 물었지만, 나는 "그 많던 학생은 어디 갔을까"라고 묻고 싶다. 한 해 24만 명밖에 태어나지 않는 합계 출산율 0.7명 시대의 세계 최저 아기 울음소리는 어른 책임이다.

격랑이 밀려오고 있는데도 대학은 여전히 굼뜨다. 특히 지역대학은 계속 물이 끓고 있는데도 그걸 모르는 냄비 속 개구리와 같다. 대학 구조와 운영 방식 등 전체적인 변혁을 통해 냄비를 박차고 나오는 결단이 필요하다. 네덜란드 헬더란트주에 있는 바헤닝언대(Wageningen University and Research)를 보라. 학생 수가 1만2,000여 명(2020년 기준)인 대학이다. 캠퍼스 주변에는 600개 의식품 가공업체가 밀집해 있다. 이른바 푸드 밸리(food valley)다.

▌끓는 물 속 대학, 냄비 박차고 나와야

바헤닝언대는 '스마트팜'(Smart Farm) 연구의 독보적 경쟁력을 갖추고 있다. 스마트팜은 기존 농업 분야에 사물인터넷(IoT), 빅데이터, 인공지능(AI), 클라우드, 모바일 등 첨단 정보통신기술을 융합한 것이다. 대학 안에는 국책연구소도 있다. 산학연의 완벽한 조화, 그게 바로 커뮤버시티의 모델이다. 우리나라 교육부도 지방대학 육성을 어떻게 해야 하는지를 고민할 중요한 포인트다.

지역대 생존을 위해선 대학의 자발적인 노력이 더 필요하다. 지역사회와의 상생 노력, 평생학습기관 역할, 학사 구조 개편, 공유대학 실천 등 다각적인 플랜이 나와야 한다. 공유대학만 해도 그렇다. 말뿐이지 제대로 되는 곳이 과연 있나. 돈 많이 드는 인프라와 고급 인재풀을 공유하면 얼마나 효율적인가. 1년에 넉 달이 넘는 방학 기간의 변신도 생각해야 한다. 방학 동안 학교 주변 상권은 늘 어렵다.

이런 종합적인 면을 고려해 정부는 고등교육 정책을 재설계해야 한다. 정원을 줄이면 돈을 지원한다는 것은 효율적이지도, 지속 가능하지도 않다. 학부 중심으로 리모델링하는 대학, 잘 가르쳐 인재를 길러내는 대학, 커뮤버시티로 전환해 지역의 속살을 파고드는 대학엔 재정지원을 늘려주고 그렇지 못한 대학에는 지원금을 아예 끊어야 한다. 학생이 외면하는 대학은 그냥 놔두면 된다. 영혼 없는 대학에 인공호흡기는 가당찮다.

갈라파고스 규제와 호밀밭의 파수꾼

노무현 정부 때인 2007년 7월이었다. 전국의 대학 총장과 입학처장이 들고 일어났다. 교육부가 대입 내신 반영 비율을 50%까지 확대하라고 압박하자 "못 하겠다"며 반기를 들었다. 총장과 입학처장은 "입시 자율권을 짓밟지 말라"며 잇따라 성명을 냈다. 정부 재정사업을 미끼로 윽박지르면 대학이 따라 올 것으로 생각했던 교육부는 의외의 습격을 받고 허둥지둥했다. '집단지성(Collective Intelligence)'의 힘 앞에 교육부는 슬그머니 팔뚝에 찼던 완장을 내려놓았다. 대입 내신 50% 반영은 그 후 흐지부지됐다.

문재인 정부 때인 2018년 4월에도 비슷한 일이 벌어졌다. 교육부는 "대입 정시를 확대하고 수시모집에서 수능 최저등급을 없애지 않으면 재정지원 사업에서 불이익을 주겠다"며 대학을 압박했다. 노무현 정부 때와는 달리 등록금이 동결된 탓인지 대학들은 각자도생을 택했다. 집단지성은 없었다. 대학의 이기주의가 지성의 발현을 눌렀다. 잘못 움직였다가는 교육부에 찍혀 낭패 볼 수 있다는 두려움이 작용했다. 노무현 정부 때 인상적이었던 대학의 집단지성은 이명박·박근혜·문재인·윤석열 정부를 거치면서 맥이 끊겼다.

대학은 계속 불만이다. 필자가 인터뷰했던 전·현직 총장들은 "'네거티브 규제'로의 전면 전환과 '규제 샌드박스' 도입을 주장했다. 네거티브 규제는 그동안 한국대학교육협의회나 한국사립대학총장협의회에서 줄기차게 주장해 왔던 이슈다. 하지만 교육부는 인색하다. 부처의 권력을 내려놓는 것으로 생각하는 것 같다. 한편으론 "네거티브로 가면 자율적으로 입시·학사·행정·재정을 투명하고 공정하게 운영할 대학이 얼마나 되겠느냐"라며 불신한다.

▮ 입학금 사용 명세서 10만 원 단위 보고

다음은 필자가 총장들을 인터뷰하면서 취재수첩에 기록했던 내용의 일부다.

– 교육부의 규제는 어제오늘의 일이 아니다.

"거꾸로 간다. 점점 더 심해지는 것 같다. 대학에 입학금 사용 명세를 10만 원 단위로 보고하라고 요구한다. 대학평가(기본역량 진단평가)를 받을 때 총 11만 쪽이 넘는 자료를 제출했다. 시시콜콜 다 내야 한다. 행정이 마비될 정도다. 세상에 이런 나라가 어디 있나."

– 왜 교육부에 따지지 않나. 예전에는 총장들이 할 말은 했다. 노무현 정부 때 손병두 서강대 총장은 대놓고 반기를 들었다. 다른 대학도 거들었다. 지금은 그런 분위기가 아니다.

"혼자 나설 수는 없다. 영웅이 될지 모르지만, 결과적으로 개별 대학에는 도움이 안 된다. '배 째라'고 했다가 낭패 볼 수 있다. 집단지성을 얘기하지만 그게 쉬운 일은 아니다. 대학마다 돈이 말랐다. 교수도 제대로 뽑지 못해 대학은 늙어간다. 한 푼이 아쉬운데 교육부에 대들 수가 있나."

– 그러면 교육부가 어떻게 해 주면 좋겠나.

"네거티브 규제로 바꿔야 한다. 학사, 커리큘럼, 등록금, 수익사업 등 다 자율로 맡기고 꼭 안 되는 것만 규제하면 된다. 재정지원 사업도 잘하는 데는 더 주고, 못하는 데는 아예 끊어야 한다. 직접 개입하지 말고 사후 평가를 통해 관찰하고 격려하는 방식이 좋다."

맞는 말이다. 그런데 대학들은 여전히 집단지성을 발휘하지 못한다. 툭하면 터지는 재정·연구 비리, 방만 경영, 입시 불공정 의혹과 비리가 대학 전체를 불신하게 만든다. 악화가 양화를 구축하는 이런 문제부터 대학 스스로 도려내는 결기가 필요하다. 그런 결기와 네거티브 규제가 일반화하면 대학의 자율기능이 회복될 수 있다. 그렇다면 네거티브 규제는 뭐부터 할까.

교육부가 시행했던 지자체-대학 협력기반 지역혁신사업(RIS)과 온라인 대학원 과정을 보자. 이건 포지티브 규제다. 대학 몇 곳만 찔끔 허용했다. RIS는 문재인 정부의 마지막 최대 공모사업이었는데 그 규모가 2,000억 원이 넘는다. 교육부가 지자체와 대학 등 지역의 다양한 혁신 주체들이 지역혁신플랫폼을 구축해 지역 혁신을 추진하도록 지원하는 사업이다.

이 사업은 학령인구 감소로 인한 지역대학의 위기와 수도권 인구 유출로 인한 지역소멸에 대한 대응책으로 2020년 시작됐다. 첫해는 경남, 충북, 광주-전남 4개 광역지자체가 참여한 3개 플랫폼이 선정됐다. 이듬해인 2021년에는 복수형만 지원할 수 있어 대전-세종-충남과 울산-경남 2개 플랫폼이 추가 선정됐다. 여전히 수도권은 참여할 수 없으며 대구-경북, 부산, 전북, 강원, 제주 등 6개 지자체가 경합했다. 대학은 이렇게 찔끔찔끔 선정하지 말고 지역별로 확 풀어주고 사후 평가를 해달라고 했다. 그러나 RIS는 성과도 못 올리고 흐지부지됐다. 윤석열 정부 들어 라이즈(RISE)라는 사업이 생겨 2025년부터 진행중이다.

▌코로나로 온라인 교육 활성화는 성과

코로나 영향으로 온라인 석사과정이 처음 개설된 것도 주목할 만한 일이다. 대학알리미에 따르면, 코로나 발생 전인 2019년 전국 4년제 대학의 강좌 수는 60만4,419개였다. 이 가운데 온라인 강좌 수는 5,606개로 0.9%에 불과했다. 당시 교육부는 온라인 강좌 허용한도를 전체 강좌 수의 20% 이하로 제한했다. 그러나 코로나 팬데믹의 여파로 비대면 교육이 활성화하면서 '20%' 제한은 역사 속으로 사라졌다. 온라인 강좌는 그동안 대학이 계속 요구해 왔던 사안이지만, 교육부는 사이버대학과의 구분이 없어진다며 반대해 왔다. 미네르바 대학이 세계적인 인기를 끌고, 무크(MOOC)로 상징되는 온라인 강좌가 일반화될 때까지 교육부가 흐름에 둔감했던 것임을 방증하는 사례다.

교육부는 일반대학 온라인 석사과정을 운영할 수 있는 대학으로 경인교대, 고려대, 국민대, 목원대, 순천향대, 영남대 등 6개 대학을 선정했다(2022년 2월 17일 발표). 대학은 이런 규제를 풀어달라고 요구한다. 대학이 알아서 할 터이니 교육부는 지켜만 봐 달라는 것이다. 과연 모든 규제를 풀면 대학이 자율을 마음껏 활용할 수 있는 능력이 있을까. 물론 개별 대학의 계획 능력과 집행 능력이 천차만별이어서 온라인 석사과정에 규제 샌드박스를 적용하는 데는 한계가 있을 수 있다. 하지만 대학이 원하니 푸는 것도 방법이다.

아이들은 놀이터에서 마음껏 모래성을 쌓는다. 마음에 안 들면 허물고 다시 쌓기를 거듭한다. 금방 허물어지거나 멋없는 성을 쌓는다고 누가 뭐라 하지 않는다. 건축법에 어긋나지도 않고, 모래 댐이 물에 휩쓸려 내려가도 책임질 필요가 없다. 아무 규제 없는 모래놀이처럼 규제 샌드박스법(Sand box law)을 실행해 보자는 얘기다,

대학들은 이런 모래놀이는커녕 외려 모래 벙커에 빠져 있다고 아우성친다. 지난 2018년 주한 유럽상의가 "한국은 세계에서 유례없고 규제 많은 갈라파고스 국가"라고 날 선 비판을 한 적이 있다. 이는 기업규제만 의미하는 게 아니다. 대학도 마찬가지다. 세계에서 오직 한국에만 있는 '오잉크' (OINK: Only In Korea) 규제가 너무 많다. 그걸 혁파하기 위한 코페르니쿠스적 발상의 전환이 필요하다.

▮교육부는 완장 포기하고 파수꾼 역할만

교육부는 고등교육의 파수꾼이 돼야 한다. 대학을 자유롭게 놔두고 길을 잘못 들어 절벽에서 떨어지는 것을 붙잡아 주는 역할만 하면 된다. "나는 늘 넓은 호밀밭에서 꼬마들이 재미있게 놀고 있는 모습을 상상하곤 했어…내가 할 일은 아이들이 절벽으로 떨어질 것 같으면 재빨리 붙잡아 주는 거야…말하자면 호밀밭의 파수꾼이 되고 싶다고나 할까?"

샐린저(J. D. Salinger)가 『호밀밭의 파수꾼』에서 한 말이다. 교육부가 호밀밭의 완장을 포기하고 파수꾼 역할을 하는 날이 올까.

대학평가 보이콧 사태

2009년 초의 일이다. 중앙일보에서 교육 데스크를 맡고 있던 시기였는데 외국 대학평가기관 관계자가 만나자는 뜻밖의 제안을 했다. 영국 대학평가기관인 '쿼커렐리 시먼즈(Quacquarelli Symonds)'였다. 편집국에서 QS 관계자와 30분간 만났다. 요지는 QS의 대학평가를 중앙일보가 전재하고 대신 전재료를 달라는 제안이었다. 중앙일보 대학평가를 책임진 데스크로서 숙고해야 할 여러 가지 사안이 있었다.

우선, 중앙일보는 QS보다 10년 앞선 1994년부터 대학평가를 진행해 오던 터라 QS의 제의가 간단한 문제는 아니었다. QS는 2004년 타임즈 고등교육(Times Higher Education, THE)과 함께 대학평가 발표를 시작했다. 2009년 순위 발표 이후에는 타임즈 고등교육과의 협력을 멈췄다. 현재는 자체적으로 매년 대학 순위를 발표한다.

나중에 안 일이지만 당시 QS는 THE와의 결별을 앞두고 아시아 지역 협력 파트너를 찾고 있었다. QS의 조건은 세 가지였다. 첫째, 아시아지역 대학평가 자료를 넘겨받아 매년 중앙일보 지면에 전재해 줄 것과 둘째, QS평가 지표나 평가 방식에 아무런 의견을 제출해서는 안 되며 셋째, 전재료를 내야 한다는 것이었다. 한 마디로 돈을 내고 QS의 대학평가 콘텐츠를 독점 게재해 달라는 제안이었다.

▮QS, 중앙일보가 거절하자 조선일보와 손잡아

당시 필자는 여러 검토를 한 뒤에 의견서를 경영층에 보고했다.

> "QS 제안은 상업적이기 때문에 받아들이기 어렵습니다. 제안을 수용하면 중앙일보 고유의 대학평가 기능이 약해지고 중앙일보는 QS의 홍보 매체가 될 수 있습니다. 저는 부정적으로 생각합니다."

필자의 의견을 회사 측이 수용했다. 당시 QS가 중앙일보와의 협력적 파트너보다는 상업적 파트너를 찾고 있었던 것이라고 필자는 판단했다.

중앙일보와의 협력 관계가 어려워진 QS는 조선일보를 찾아갔다. 조선일보는 중앙일보의 대학평가에 대응하기 위해 자체 대학평가 도입을 검토했던 적도 있었다. 조선일보는 QS의 제안을 수용했다. 필자는 경쟁지 기자이지만, 평소 친했던 조선일보 교육 담당 기자에게 전화를 걸었다. 다음은 필자와 조선일보 기자와 나눴던 당시 대화를 반추한 내용이다.

> "아, 그거 돈 요구하던데, 조선이 받았네. QS에 평가 지표나 방법 등과 관련한 의견도 개진하기 어려운 조건이던데. 아마 그쪽에서 아시아권 대학을 상대로 비즈니스를 하려는 의도가 있던데, 그런 점은 이미 알겠지?"
>
> "형, 저도 고민했어요. 물론 QS의 의도도 알고는 있어요. 그래도 아시아 대학평가 또는 세계 대학평가는 매력적이던데요. 어차피, 우리가

대학평가를 자체적으로 한다고 해도 그만큼의 비용은 들고요. 외려 가성비는 더 좋을 수 있어요. 회사 측에서도 여러 상황을 고려해 파트너십을 맺기로 했어요."

'조선일보-QS 아시아 대학평가'가 탄생한 과정이다. 그 후 조선일보와 QS는 매년 아시아 대학평가 순위를 발표했다. 대학들이 우물 안 개구리 경쟁에서 그 지평을 아시아로 넓히는 계기가 되는 긍정적인 면이 있었다. 반면, 외국 기관의 세계 대학평가에서 아시아지역만 떼어내 순위를 매겨보면 되지, 굳이 저작권료를 내고 보도할 필요가 있느냐는 의견도 있었다. 아무튼 중앙일보 대학평가는 30년이 넘었고, 조선일보는 QS의 평가 결과를 전재하며 건강한 대학평가 경쟁을 이어가고 있다.

▮순위 평가 사업 대학평가

국내 대학들은 QS의 한국 진출 이후 15년간 QS에 신경을 썼다. QS 컨설팅을 받거나 포럼 행사를 주관하기도 했다. 서울의 한 사립대는 QS의 행사를 주관했다가 구성원이 반발하는 바람에 담당자를 인사 조처하는 일도 있었다.

QS는 2023년에 평가 지표를 일부 변경했다. 중앙일보를 비롯한 세계 각 평가기관은 고등교육 생태계의 흐름을 반영해 지표를 일부 수정한다. 평가 기준 변경은 대학으로선 민감한 일이다. 시험 출제 경향이 바뀌면 학생들이 당황하는 것과 비슷한 이치다.

QS는 그동안 학계 평판도(40%), 졸업생 평판도(10%), 논문 피인용

(20%), 교수 1인당 학생 비율(20%), 외국인 교수 비율(5%), 외국인 학생 비율(5%) 등 6개 지표로 평가해 왔다. 그런데 2023년부터 세 가지 지표를 추가했다. 즉, 국제연구 네트워크(IRN, 5%), 취업 성과(5%), 지속 가능성(5%)이다. 이에 따라 학계 평판도(30%), 졸업생 평판도(15%), 논문 피인용(20%), 교수 1인당 학생 비율(10%), 외국인 교수 비율(5%), 외국인 학생 비율(5%)을 포함한 평가지표는 9개가 됐다. 2022년보다 학계 평판도와 교수 1인당 학생 비율은 10%P 줄고, 졸업생 평판도가 5%P 추가 되었다.

QS는 평가의 공정성과 객관성을 내세운다. 1,750만 개의 학술 논문 분석과 24만 명 이상의 교수진과 졸업생 등 전문가 의견을 기반으로 평가하고, 평가 대상 대학이 104개 지역 1,500개에 이른다는 설명이다. 그렇지만, 평판도 비중이 40%로 과도하게 높아 대학의 노력이나 성과 반영 정도가 아쉽다는 지적도 있었다. 이번에 QS가 평가지표 개편 과정에서 평판도 가중치를 10%포인트가 낮춘 이유일지도 모른다.

대학 반응은 싸늘했다. 서울대, 고려대, 연세대, KAIST 등 전국 52개 주요 대학은 2023년 6월 25일 기획처장 명의로 공동 성명을 내고 "한국 대학은 QS 세계대학평가 순위에서 제외되길 원한다. QS가 순위를 발표하는 경우 향후 한국 대학들은 데이터를 내지 않고 평가에 참여하지 않을 것"이라고 주장했다. 국내 대학들은 QS에 새로 도입된 평가 방식이 영어권 대학에 유리하게 설계돼 있어 불공정하다는 것을 그 이유로 들었다.

대학들은 새로 추가된 국제 연구 네트워크(IRN), 취업률, 지속 가능성 지표를 문제 삼았다. 대학과 해외 다른 대학과의 연구 협력 관계를 평가하는 IRN 지표가 가장 큰 논란이다. 이 지수는 '각 대학의 연구협력 국가 수'를 '연구 협력 기관 수'로 나눠서 산출한다. 만일 서울대가 10개 국가의 20개 기관과 연구협력 관계를 맺고 있다면 0.5점(10 나누기 20)이다. 서울대가 10개 국가의 10개 기관과 연구협력을 맺고 있다면 1점이다. 연구협력기관이 더 적지만 더 높은 점수를 받는 이상한 결과다. 취업률도 영미권 언론에 자주 언급되면 가점을 주는 방식이어서 국내 대학들은 불리한 게 사실이다.

반면 영국의 타임즈 고등교육(Times Higher Education)이 주관하는 'THE 세계대학 순위'는 평판보다는 연구와 교육여건에 중점을 둔다. 평가지표는 연구실적(30%), 논문 피인용도(30%), 교육여건(30%), 국제화(7.5%), 산학협력 수익(2.5%) 등 크게 5개다. 교육여건은 5개, 연구실적은 3개, 국제화는 3개 지표로 세분돼 있어 전체적으론 13개 지표로 측정한다.

대학이 평가를 거부한다고 평가기관이 해당 대학을 제외하지는 않는다. 대학 관련 데이터가 대부분 공개되어 있어 평가기관이 데이터를 확보하는 데 큰 어려움이 없기 때문이다. 다만, 평가에 참여하지 않으면 최종 데이터 확인 시 잘못된 데이터가 들어가도 정정하지 못하는 현실적인 어려움이 있다. 2023년의 대학평가 거부 사태는 대학의 입장을 더 적극적으로 전달하는 계기를 마련했다. 결과적으로 대학들은 계속 QS평가를 받고 있다. 중요한 것은 대학이 평가에 종속되지 않고 자체적으로 경쟁력을 키우는 노력을 해야 한다는 점이다. '순위 산업(ranking business)'이라고도 불리는 대학평가에 당당히 대응하는 게 지성이다. 대학 랭킹은 아무도 좋아하지 않지만 누구나 체크한다.(Nobody likes it, but, everybody checks it.)

대학 홍보 경쟁, 더 치열해진다

홍보 시대다. 개인이든, 기업체든, 학교든 세상에 자신의 존재감을 알려야 몸값이 높아진다. 몸값은 브랜드 파워가 좌우한다. 브랜드를 많이 알려야 손님이 몰린다. 동네에 치킨집이나 김밥집이 개업하면 여기저기 전단이 나부낀다. SNS를 활용한 마케팅도 치열하다. 손님을 한 명이라도 더 끌기 위한 안간힘이다. 마트 옆에 또 다른 마트가 생긴다. '도우미'가 경쾌한 음악에 맞춰 춤을 추며 고객을 부른다. 가격 할인 경쟁의 서막이다. 생존경쟁은 늘 치열하다.

대학이라고 예외는 아니다. 홍보는 곧 대학의 브랜드 알리기다. 대학은 브랜드가 생명이다. 대학의 브랜드에는 역사와 전통, 교육과 연구의 우수성에 대한 세간의 평이 담겨 있다. 대학의 브랜드 알리기 경쟁은 입시 시즌이 가장 치열하다. 입시 경쟁률은 곧 돈이다. 2대 1과 10대 1일은 전형료 수입이 다섯 배 차이다. 대학의 홍보팀과 입학팀은 그걸 잘 안다. 1년 내내 허리를 졸라매다가 입학 시즌에는 광고에 돈을 푼다.

미디어 입장에선 고마운 입시 광고 시장이다. 수시와 정시 시즌은 1년 중 신문사에 대학 광고가 가장 많이 들어오는 시기다. 다만, 대학들은 방송에는 입시 광고를 거의 내지 않는다. 방송사가 이리저리 유혹해도 대학들은 방송의 문을 열지 않는다. 광고 단가가 비싸고 효과는 크지 않다고 보는 것 같다. 대신, 일부 대학은 라디오를 통해 광고

한다. 주로 지역대와 사이버대다.

요즘은 인터넷 광고가 대세다. 온라인 광고는 단가도 싸지만, 곧바로 대학 홈페이지로 연결되는 장점이 있다. SNS나 유튜브 등을 활용한 대학들의 홍보 경쟁은 갈수록 치열해 진다.

홍보팀은 대학의 전위부대, 언론과 긴밀해야

대학은 평상시 언론사에 기사를 한 줄이라도 내려고 애를 쓴다. 신임 총장이나 보직 인사 같은 동정부터 학교의 굵직한 행사나 프로젝트 수주, 교수의 기발한 연구, 유명 인사의 방문에 이르기까지 다양하다. 홍보 아이템을 발굴하고 보도자료를 작성해 언론사에 배포하는 일은 홍보팀이 맡는다. 홍보팀은 대학의 전위부대다. 공격적으로 홍보를 잘해야 하지만, 좋지 않은 기사가 날 때는 방어도 잘해야 한다. 공수가 능해야 한다.

기자로 활동할 때 대학 홍보팀 분들을 많이 만났다. 홍보팀 관계자와 만나면 기삿거리가 생겼다. 특정 대학의 이슈뿐만 아니라 고등교육 전반의 흐름과 고민을 아는 데도 유용했다. 대학 교수가 홍보처장이나 홍보실장을 맡는 경우가 간혹 있지만, 실무 책임자이자 야전 사령관 격인 홍보팀장은 대부분 직원이 맡는다. 이들은 업무 연속성이 강하다. 홍보팀에서 잔뼈가 굵어 언론사와의 네트워크가 좋고 언제, 무엇을, 어떻게 홍보해야 하는지 길목을 잘 안다. 특히 대학의 내밀한 얘기를 잘 알고 다른 대학 홍보 관계자와의 소통도 활발해 교육기자 입장에선 고마운 취재원이다.

대부분의 서울 소재 대학은 교내에 기자실을 둔다. 기자실은 부스를 몇 개 설치해 출입기자가 들러 기사도 작성하고 전화도 편하게 할 수 있도록 배려한다. 서울대에는 아예 출입기자가 상주하기도 했다. 취재 경쟁도 치열했다. "서울대니까" 기사가 되는 시절이었는데, 지금은 그 경쟁이 약화했어도 다른 대학보다는 여전히 언론의 관심이 많다. 서울대는 어느 분야나 우대받는 격인데, 그만한 밥값을 못하는 게 문제다.

언론사들은 대학 담당 기자를 대부분 관할 경찰서 담당 기자에게 겸업시킨다. 서울대라면 관악경찰서 출입 기자가, 동국대라면 중부경찰서 출입기자가 맡는 식이다. 일종의 이동 편의와 접촉 편의의 배려다. 당연히 대학 홍보맨은 자기 대학 담당 기자와 교류하는데 기자들은 대부분 소장파다. 학연으로 얽힌 선후배 사이가 많을 수밖에 없다.

▮ 언론의 대학 취재 소홀 경향, 대학도 홍보 약해져

대학 홍보팀은 투 트랙으로 접촉한다. 경찰 출입기자와 교육 담당 기자다. '사쓰마와리'로 불리는 경찰 출입기자는 전통적으로 담당 지역의 경찰서와 대학을 동시에 출입했다. 일종의 '나와바리(영역)' 배정이다. 그러나 요즘은 이런 형식이 거의 파괴됐다. 형식적으로 담당을 둬도 실제로 현장 취재를 잘 하지 않는다. SNS를 통한 취재, 전화 취재 등이 대세지만 예전만큼 대학에 관한 관심이 높지 않고 뉴스거리 또한 적어진 영향이 있다.

"출입 기자가 거의 오지 않아요. 기자실을 없앨까도 생각해요. 예전엔 기자들과 얘기하다 보면 저도 모르게 기삿거리가 튀어나오고 정보 공유도 됐는데 아쉽지요."

서울의 한 사립대 홍보맨은 "요즘은 언론이 대학에 너무 관심이 없다"며 이렇게 토로했다. 사실 코로나19 이후 취재원과 기자와의 접촉은 급속도로 줄어들었고, 언론사가 '클릭 저널리즘'에 집착하면서 대면 취재가 약해졌다. 그런 경향성이 대학가에도 미치고 있다.

대학 홍보맨의 열정도 많이 식었다. 기자들이 찾아오지 않으니 찾아가야 하는데 좋은 게 좋은 것이라고 현실에 안주한다. 찾아오지도 않고 찾아가지도 않으니, 네트워크가 약해질 수밖에 없다. 더구나 언론사의 교육 담당 기자나 경찰 출입기자는 수시로 바뀐다. 특히 경찰 기자는 1년 단위로 대부분 교체되고 교육기자도 예전과 달리 교체 시기가 짧아져 알만 하면 바뀌는 구조다. 홍보 담당자로서는 난감하다. 네트워크가 단절되니 동정이라도 하나 실으려면 보통 힘든 게 아니다. 그래서 신문사 광고국 직원에게 매달린다. 콘텐츠나 홍보용 기사를 신문사 광고국 직원과 직거래하는 이상한 풍경이 벌어진다.

신문사 편집국에서는 광고국과 직거래하는 대학을 별로 좋아하지 않는다. 직접 만나서, 또는 전화로 들어도 될 일을 광고국 직원을 통해 전해 들으니, 기자나 데스크 입장에선 좋을 리 없다. 바로 이 대목이 대학 홍보팀이 잘못 생각하는 포인트다. 신문사 광고국을 통해 작은 동정 기사는 실을 수 있을지는 몰라도 그건 소탐대실이다. 이슈가 되는, 얘깃거리가 되는, 정말 중요한 포인트는 만남을 통해 더 큰 스토리로 확장할 수 있는데 그런 걸 놓치는 거다. 대학 홍보맨의 열린 자세가 중요하다. 아무리 디지털 시대이고, MZ세대 기자들의 가치관이 다르다고 해도 사람과의 관계가 홍보의 기본인 점은 변하지 않는다.

▮ 전국 대학 홍보맨의 결합체, 한국대학홍보협의회

교육기자 시절 한국대학홍보협의회의 연례행사에 참가한 적이 있다. 춘계·추계 세미나, 또는 하계·동계 세미나였다. 전국의 대학 홍보맨이 모이는 만큼 교육기자 입장에선 그보다 더 좋은 취재 대상도 없었다. 초청을 받아 가기도 하지만, 그냥 취재 목적으로 가는 기자도 있었다. 취재나 만남을 위해 가는 기자는 참 현명하다. 자신의 존재도 알리고 황금 같은 취재원도 만나는 똑똑한 기법이다. 하지만, 대부분의 교육기자는 일이 바쁘거나 데스크가 허락을 안 해 주거나 의지가 없어 홍보협의회 행사에 가지 않는다. 생각해 볼 일이다.

한국대학홍보협의회는 교직원의 협의회 단체 중 하나로 1997년 출범했다. 대학 홍보업무의 연구개발, 대학 상호 간 정보와 자료교류, 회원 상호 간 친목 도모가 목적이다. 운명공동체인 대학을 지속 가능하도록 함께 연구하고 상호 정보를 교류하는 홍보맨의 끈끈한 교류의 장이다. 전국에 대학이 있으니 서울, 경기·인천·강원, 대전·충청, 호남, 대구·경북, 부산·울산·경남·제주 등 6개 권역별로도 모임을 한다.

한국대학홍보협의회 회장은 1년마다 선임하는데 보통 서울 소재 대학과 지역 소재 대학이 번갈아가며 맡는 게 관례지만 지역이 계속 맡는 일도 있다. 코로나19 때는 상황이 상황인 만큼 회장 임기를 2년으로 연장하기도 했다.

대학 홍보맨은 '준 기자'와 다름없을 정도로 촉이 뛰어나야 한다. 기삿거리가 되는 것을 낚아채고, 적극적으로 홍보하는 능력이 필요하다. 한편으론 대학에 관한 부정적인 기사를 합리적으로 방어하는 능력도 필요하다. 그래서 예전에는 기자 출신이 대학 홍보맨이 되는 경우가 있었다. 최근에는 기자 출신 홍보맨이 다시 언론계로 컴백하는 사례도 있다.

각 대학은 한국대학홍보협의회에 회비를 낸다. 회비로 운영되는 협의회이니 앞으로는 운영을 더 알차고 내실 있게 했으면 한다. 전국 대학 홍보맨의 대표 기구인 만큼 대학이 직면한 현실과 고충, 미래 비전을 함께 나누는 역할을 강화해야 한다. 홍보협의회가 대학의 소통 창구이자 대학의 건전한 홍보 전문가 모임으로 계속 발전하기를 기대한다.

화장지가 얇은 대학 화장실

"학교 화장실의 화장지 두께를 바꾸고 싶어요. 연간 3억 원이 더 들죠. 여력이 없어요."

수도권 사립대 총장은 답답해했다. 학생들이 가장 불편해하는 것이 화장실이란다. 사실 대학 화장실은 불편하다. 비데는 고사하고 화장지 두께가 한 겹이다. 보통 집에서 사용하는 화장지보다 질이 떨어진다. 돈 때문이다. 학생 규모에 따라 다르긴 해도 대학이 일반 가정용 수준으로 화장지 질을 높이려면 적게 잡아도 연간 수억 원이 더 든다고 한다. 대학이 화장지가 뚝뚝 끊어지고 몇 겹을 둘둘 말아야 사용할 수 있는 질 낮은 제품을 비치하는 이유다. 현실이다.

2023년, 경북대를 방문했다가 당시 홍원화 총장 얘기를 듣고 깜짝 놀랐다. "전국의 국립대 중 가장 좋은 우리 대학교도 양변기가 없는 화장실이 전체의 3분의 1입니다. 이게 말이 됩니까?" 재정이 팍팍해 화장실조차 바꾸기 어렵다는 하소연이었다. 경북대는 캠퍼스가 드넓고 시설도 최고 수준으로 보인다. 적어도 캠퍼스에 들어서는 순간에는 그런 인상을 받는다. 하지만 교육환경은 요즘 MZ세대에게 맞게 바꾸지 못했다. 정부가 재정을 지원하지만, 인건비를 포함한 경직성 경비를 빼면 실제 탄력적으로 쓸 수 있는 돈은 부족하다. 그런 마당에 화장실 업그레이드는 늘 뒤로 밀릴 수밖에 없다.

경북대가 이럴 진데 다른 국립대는 어떻겠나. 국립대뿐만 아니라 사립대는 더 열악하다. 대학들은 등록금 동결 탓을 한다. 물론 일리 있는 말이다. 지난 16년간 물가상승률 등을 고려하면 23% 정도는 더 올랐어야 한다는 분석이 있다(한국사립대학총장협의회).

여기서 짚어볼 문제가 있다. 대학이 과연 화장실 화장지나 양변기 교체를 못 할 정도로 어려웠었느냐는 질문이다. 등록금 동결 이전에 어느 해는 10% 이상씩 등록금을 올리고도 학생 복지와 시설에 눈을 돌리지 않았다. 등록금을 많이 걷어 교수와 교직원 월급을 올렸지, 기본적인 시설 투자에 무관심했던 면이 있다. 필자의 개인적인 오해가 아니다. 대학 구성원에게 듣고 또 들은 얘기다.

▮ 대학도 수익 다변화해 재정 충전해야

대학 재정난의 한 단면을 화장실에 비유한 것은 대학 스스로 수익 구조를 다변화해야 할 시기이기 때문이다. 대학 수익사업이란 대학과 학교법인이 대학 경영에 필요한 재원을 확보하기 위해 수익을 목적으로 하는 사업이다. 현재까지 대학의 주요 수익사업은 부동산 임대업, 의료업, 장례식장업, 출판 사업, 건설업 등이었다. 수익사업이 비교적 활발한 것으로 평가받는 연세대는 연세우유와 홍삼 등의 식품 판매업과 의료용품, 빌딩 임대업, 장례식장 등을 운영한다. 건국대는 복합 쇼핑몰인 스타시티 사업을 비롯해 건국유업과 건국 햄, 실버타운 더 클래식 500, 골프장인 KU골프 파빌리온 등 다양한 사업을 진행 중이다.

이와 같은 수익사업의 업종은 제한적이고 대학 이미지를 손상할 우려가 있어 손을 대기 어려웠던 것도 사실이다. 그런데 윤석열 정부에서 그 기조가 일부 바뀌었다. 교육부가 캠퍼스 내에 대형 카페, 식당, 스크린 골프장, 예식장 같은 시설을 허용하기로 했다. 교육부는 국토교통부와 협의해 캠퍼스 내 유치가 가능한 편익 시설의 업종과 규모를 확대하겠다고 밝혔다(2023년 1월 8일).

캠퍼스 내 설치 가능 시설은 국토부 소관인 '도시·군 계획 시설의 결정·구조 및 설치 기준에 관한 규칙'에 규정돼 있다. 이 규정을 보면 대학에는 면적 1000㎡ 미만의 식품·의류·잡화 등을 파는 가게, 300㎡ 미만의 식당·카페·빵집, 500㎡ 미만의 탁구장·공연장 등을 설치할 수 있다.

민간업자의 실내 스크린 골프장, 데이터센터, 캠퍼스 예식장도 규제가 풀릴 전망이다. 교육부는 유흥 시설이나 위험 시설을 제외한 웬만한 시설은 대학이 자체적으로 판단해 설치하고 운영할 수 있도록 한다고 했다.

규제를 푸는 것은 반가운 일이다. 이제는 '대학의 시간'이다. 대학이 비즈니스 차원에서 아이디어를 짜내며 대학이 지역사회의 허브가 되도록 민간과 경쟁해야 한다. 이 과정에서 캠퍼스 주변 상권과의 마찰이 우려된다는 지적도 있다. 하지만 소비자가 질 좋고 편한 시설이 들어서는 걸 마다할 이유가 없으니 캠퍼스 주변 상권도 바짝 정신을 차릴 수밖에 없다.

▮ 학문은 결국 돈 없으면 궁색해져

대학은 수익사업 다변화를 통해 열린 대학으로 거듭나야 한다. 외국 대학처럼 대학 내 공연장과 극장을 지역 문화의 고동(鼓動)으로, 음

식점을 지역의 명소(名所)로, 체육관을 스포츠의 메카로 만들 전략이 필요하다. 그런 다양한 시설의 수익금으로 화장실도 고치고, 도서관 조명도 밝게 하고, 장학금도 늘릴 구상을 해야 한다. 단순히 수익사업 잉여금으로 교수와 직원 봉급이나 올려주려 한다면 취지가 퇴색할 수 있다.

대학도 이젠 성과를 낸 만큼 보상하는 시스템으로 전환해야 한다. 예컨대 수익사업 아이디어를 냈는데 성과가 크다면, 그 직원에게 보상해 주는 식이다. 다른 분야도 마찬가지다. 보수체계에도 경쟁 원리를 도입하자는 얘기다.

현재 대부분 대학은 합당한 보상 체계를 갖추고 있지 않다. 지금이 어느 시대인데 아직도 '호봉제'인가. 그나마 연봉제를 하는 대학도 '무늬만 연봉제'인 경우가 대부분이다. 수익사업 확대 과정에서 자칫 "일만 늘고 고단해진다"라는 분위기가 형성될 수 있다. 잘한 만큼 보상하는 제도, 즉 목표 기반의 성과평가와 이를 기준으로 한 연봉제(Management by Objectives)를 적용해야 한다. '급여 경쟁'의 원리다. 학문은 결국 돈 없으면 궁색해진다. 대학은 돈이 없으면 발전하기 어렵다. 교직원도 결국 보상이 없으면 신나게 일하지 않는다. 그게 세상 이치다. 그런 세상 이치에 대학은 너무 둔감하다. 화장실의 화장지가 얇아도 그저 재정 탓만 한다. 그런 '둔감증'을 아이디어 보상과 성과 경쟁으로 깨야 한다.

등록금에 얽힌 추억

대학을 '우골탑(牛骨塔)'이라고 부르던 시절이 있었다. 부모들은 대학생 자녀의 등록금을 마련하느라 등골이 빠졌다. 시골에서는 1년 내내 땀을 흘려도 논밭의 수확만으론 거금을 마련하기 어려웠다. 자식 공부시키려 농사의 생명 줄과 같은 소를 팔며 피눈물 흘리는 부모도 있었다. 고향에서도 그랬다. 생이별은 슬펐다. 소는 그런 상황을 아는 듯했다. 이별을 알아차렸는지 며칠 전부터 여물을 잘 먹지 않았다. 소장수가 오자 소는 눈물을 글썽이는 듯했다. 과학적으로는 소의 감정과는 무관하다지만, 내 눈에는 분명 감정이 복받치는 것으로 보였다. 친구는 "차라리 대학을 그만두고 싶다"며 울먹였다.

우리 집도 사정은 비슷했다. 부모님은 쌀 팔고, 콩 팔고, 가마니 짜서 모은 돈으로 등록금을 주셨다. 돈이 모자라면 대출을 받았다. 그렇게 마련한 등록금이니 얼마나 귀한가. 사립대 등록금은 국립대보다 두 배 이상 비쌌다. 부모님에게 죄를 지은 기분이었다.

콩 팔고 쌀 팔고 소 팔아 내던 등록금

당시엔 등록금을 학교에 직접 가져가 내야 했다. 은행 이체 시스템이 없어 돈뭉치를 싸 들고 강화도에서 학교까지 가는 일은 고행이었다. 5만 원권도 없었으니, 1만 원짜리 돈다발을 신문지에 돌돌 말아

가방에 넣고 시외버스를 탔다. 잠시도 졸 수 없었다. 가방을 꼭 껴안았다. 서울에 도착하면 더 긴장했다. 당시엔 '소매치기'가 많았다. 시내버스 안, 그리고 버스에 내려 학교까지 가는 동안 등에선 식은땀이 흘렀다. 학교에 도착해 등록금을 납부하고 나니 달랑 영수증 한 장이 손에 쥐어졌다.

"아, 공부 열심히 해야 하는데." 다짐은 그때뿐이었다. 1980년대의 캠퍼스는 개강하자마자 최루탄이 난무했다. 강의가 제대로 이뤄질 리 없었다. 그런데도 등록금이 아깝다는 생각을 별로 하지 않았다. 부모님이 그토록 힘들게 농사지어 마련한 등록금인데 말이다. 스무살 청년의 불효 불감증이었다.

등록금 부담은 예나 지금이나 마찬가지다. 부모도, 자식도 그 부담을 안다. 바뀐 점이라면 요즘 학생들은 스스로 등록금을 마련하려고 더 애쓴다는 점이다. 아르바이트를 찾아다니며 한푼 두푼 모아 저축하고, 군대에서도 월급을 꼬박꼬박 저축해 등록금을 마련해 제대하는 청춘이 많다. 대견한 일이다. 필자가 대학에 다닐 때는 과외가 금지된 데다 지금처럼 편의점 같은 아르바이트 자리도 없었다. 군대에서 병장으로 제대할 때 받은 월급은 5,000원에 불과했다. 스스로 등록금을 마련하기가 어렵던 시절이라 오롯이 부모에게 손을 벌렸다.

그렇다고 요즘 학생들이 등록금 부담을 덜 느끼는 건 아니다. 아르바이트 자리도 쉽게 구하기 어렵고, 설혹 구한다고 해도 일과 학업을 병행하자니 고단함이 이루 말할 수 없다. 아르바이트하느라 학업도 지장을 받는다. 예나 지금이나 형편은 젊은이를 힘들게 한다.

▌연간 2조8,500억 원이면 반값 등록금

등록금은 이분화 체제다. 국·공립대는 사립대 등록금의 절반이다. 서울시립대는 자사고나 외국어고보다도 연간 학비가 더 적다. 등록금이 너무 싼 것도 문제다. 학생들이 등록금과 강의의 가치를 망각할 수 있다. 서울시립대 교수는 이렇게 토로했다. "전액 면제도 아니고, 등록금이 어중간하니깐 학생들의 애착이 적은 것 같아요. '내 수업 가치가 이 정도인가'라는 자괴감도 들어요." 특목고 나온 학생들은 대학 등록금을 우습게 여길 수 있고, 교수들 또한 학생들 학습 자세에 실망할 수 있다는 고백이었다.

반값 등록금은 대중적 이슈이자 정치공학적 이슈다. 대학 재정이 아무리 어려워도 등록금 인상은 금기시됐다. 여야 정치권의 누구 하나 등록금 인상 얘기를 꺼낸 적이 없다. 벌써 17년째다. 아예 정부 차원에서 반값 등록금을 실현하자는 얘기도 있었다.

▌유은혜 "반값 등록금 실현할 수 있다"

2021년 6월 24일 여의도 국회의사당. 유은혜 부총리 겸 교육부 장관은 국회 대정부 질문 답변 과정에서 "2조8,500억 원 정도만 확보하면 반값 등록금을 실현할 수 있다"고 말했다. 대학생 고지서에 찍히는 명목 등록금 자체를 절반으로 내리기 위한 추가 예산 투입을 검토하겠다는 것이다. 가능할까. 현행 국가장학금은 3조4,000억 원 규모다. 여기에 추가 예산 2조8,500억 원을 투입하면 학생들이 받는 실제 등록금 고지서는 반값이 될 수 있다.

당시 교육부 추산에 따르면, 전국 전문대와 4년제 대학의 연간 등록금 총수입은 12조5,000억 원 규모다. 이 가운데 3조4,000억 원은 국가장학금으로 지원한다. 정부 예산 2조8,500억 원을 더하면 국가장학금을 포함한 전체 장학금 지원액은 6조2,500억 원이 된다. 산술적으론 개별 학생의 등록금 고지서에 찍히는 등록금이 절반이 될 수 있다.

불가능한 일도 아니다. 학생 수가 줄어들고 있으니 정부 의지만 있으면 가능하다. 부유층과 가정이 어려운 학생 간의 형평성 문제가 제기되지만, 국립대 등록금을 보면 논란거리도 안 된다. 부유층 학생이나 저소득층 학생이나 고지서에 찍히는 등록금은 모두 사립대의 절반이다. 당시 유은혜 장관이 강단 있게 정책을 추진했으면 어땠을까 하는 아쉬움이 남는다. 사실 반값 등록금이 실현된다면 서울대를 비롯한 전국 39개 국공립대는 사립대의 반의반 값이 된다. 국립대는 한 학기에 100만 원, 사립대는 200만 원이 된다. 어느 정부든 반값 등록금 의지가 있다면 사회적 공론에 붙일 필요가 있다. 우리 사회의 수용성, 그리고 대학에 진학하지 못한 학생에 대한 형평성을 함께 고민하는 자리 말이다. 학생에게 등록금을 지원하는 것은 대한민국의 미래에 대한 지원이다. 돈 없어 대학 못 가고, 소 팔고 논밭 팔아 학비 대던 시절은 이젠 어른들의 뼈 시린 추억으로만 남겨야 한다.

기획예산처에 교육예산실을 설치하라

대학은 정부에 재정지원 확충을 요구한다. 국립대·사립대·전문대 모두 같은 입장이다. 대학은 가장 큰 이유로 등록금 동결을 꼽는다. 이해할 만하지만, 그간 정치권 어느 쪽에서도 이 문제를 거론하지 않았다. 이재명 정부에서도 등록금 문제는 금기어가 될 가능성이 있다. 등록금 뇌관을 건드려봤자 정치 공학적으로 실(失)이라고 판단할 것이기 때문이다. 그런 상황을 정권마다 되풀이했고, 대학 경쟁력은 계속 뒷걸음질했다.

스위스 국제경영개발연구원(IMD)의 평가 결과, 2023년 한국의 대학의 경쟁력은 64개 조사 대상국 중 49위로 밀렸다. 우수 논문 생산 실적과 연구 성과가 좋을 리 없다. 네이처지와 사이언스지 논문게재 실적 세계 300개 대학 중 한국 대학은 5개였다. 대학 재정 규모로 보면 그나마 선전한 것으로 볼 수도 있다. 우리나라 고등교육에 대한 정부 투자 비율은 국내총생산(GDP) 대비 0.7% 수준이다. 경제협력개발기구(OECD) 회원국 평균 1.0%보다 낮다. 대학생 1인당 교육비는 초등학생보다도 적고 OECD 평균의 66.2%에 그친다.

대학들은 이런 근거를 들이대며 입이 닳도록 지원을 요구한다. 하지만 정부는 대학에 곳간을 잘 열지 않는다. 대학이 자강(自强) 노력을 하지 않는데다, 정부 재정에도 한계가 있어서다. 한국사립대학총장협의회에 따르면 국내 대학의 77%가 글로벌 랭킹이 떨어진 것으로 나타났다. 고등교육 글로벌 경쟁력의 현주소다.

물론 정부는 고등교육재정을 늘리겠다고는 한다. 말만 요란할 뿐 대안은 내놓지 않는다. 예산의 한쪽을 늘리면 한쪽은 줄어드니 선뜻 대안을 제시하기 어려운 면은 있다.

▌중앙정부 재정지원 제각각, 효율적 배분 의문

그렇다면 고등교육재정이 어떻게 배분되고 있는지부터 살펴봐야 한다. 중앙정부의 재정지원은 교육부, 과학기술정보통신부, 고용노동부 등 각 중앙부처로 분산되어 있다. 지방자치단체의 재정지원은 전국 17개 광역자치단체와 산하 기초자치단체, 교육청 등이 맡고 있다. 국내 고등교육 재정지원 규모는 2021년 기준 16조2,563억 원이다. 이 중 중앙정부가 고등교육 재정지원의 95.9%인 15조5,967억 원을 1,005개의 사업을 통해 지원했다. 고등교육 재정의 대부분을 중앙정부가 집행하고 있음을 알 수 있다. 반면 자치단체는 2,039개에 사업으로 6,596억 원(4.1%)을 지원했다. 자치단체의 지원 규모는 2012년 이후 평균 3~4%로 미미하다.(국회예산정책처, 2023 고등교육 재정지원 분석).

문제는 이들 고등교육 재정이 과연 효율적으로 배분되고 집행되느냐는 점이다. 재정이 부족하면 있는 것이라도 효율적으로 쓰는 게 순리다. 더구나 국가 연구개발(R&D) 예산이 세계 최고 수준인데, 이 돈 중 대체 얼마가 대학에 들어가는가. 그런 종합적인 평가도 없이 돈을 부처별로 나누니 효율도 떨어지고, 효과도 적어 대학이 아우성치는 것이다.

그 근본 원인은 기획재정부의 예산 운영에 있다. 16조2,563억 원의 중앙정부 고등교육 재정지원 예산도, 30조 원에 달하는 국가 R&D 예산도 모두 기재부가 관리하는 국민 세금이다. 교육부 공무원을 비롯한 각 부처 공무원은 갑(甲)인 기재부에 납작 엎드려 을(乙)의 신세를 한탄한다. 기재부 소속 공무원 1인당 처리 예산이 평균 248억 원이다. 슈퍼 파워다.

그럼에도 현행 기재부에는 고등교육 예산을 종합 관리하는 부서가 없다. 사업별로 담당과가 여기저기 흩어져 있어 제 업무 처리하기도 바쁘다. 전체적인 걸 조율하고 계획할 겨를이 있겠나. 예산실을 보자. 예산실의 사회예산심의관 산하에 '교육예산과'가 있다. 교육예산과 직원은 과장을 포함해 7명이다. 이들 중 교육 분야 총괄 및 고등교육 담당자는 사무관 딱 1명뿐이다. 사무관 1명이 교육 분야를 총괄하고 고등교육 예산을 담당한다. 국가 인재 양성을 위한 재정 분배와 투자에 대한 혜안이 나오겠나. 교육예산과의 다른 담당자는 유, 초중등 1명, 보훈부 편성 1명, 국립대병원 1명, 사학진흥기금 1명 등이다. 대한민국 기재부 교육예산과의 현실이다.

▮ 이재명 정부, 재정 부처에 교육 전문 국·실 설치해야

이재명 정부에게 기재부에 교육예산실(또는 교육예산국, 가칭)을 설치할 것을 제안한다. 조직 덩치를 키우자는 게 아니다. 기존 조직 개편을 통해 시너지를 내자는 의미다. 교육예산실 산하에 유, 초중등예산과, 고등교육예산과 같은 전문 영역을 두자. 중앙정부 재정지원 예산을 총괄하고, 국가 R&D 예산의 고등교육 투입도 재조정해야 한다. 투자의 적정성과 가성비를 높이는 방법이다.

마침 이재명 정부는 기획재정부를 재정경재부(거시 경제정책·세제 담당)와 기획예산처(예산 담당)로 조직·기능을 이원화하기로 했다. 더 효율적으로 국가 살림을 짜고 집행하자는 취지인 만큼 이참에 2026년 1월 출범할 기획예산처에 국가의 미래가 달린 교육예산을 전담할 조직을 반드시 설치하고 내실 있게 운영하기를 바란다.

"인재 양성이 대한민국의 미래다"라고 외친들 재정지원을 뒷받침하지 않으면 공염불이다. 교육재정의 재설계, 재분배가 이뤄져야 디지털 대전환 시대에 인재 양성의 토양을 살찌울 수 있다. 정치인의 화려한 언사(言辭)만으론 절대 경쟁력 있는 인재를 양성하지 못한다. 공무원이 정신 차려야 한다. 이재명 정부가 나서야 한다. 대학이 위기다. 위기는 기회다. 위기를 낭비하지 말라.

로스쿨 대전, 그 16년의 침묵

2008년 1월, 법과대학이 있는 전국의 대학이 바삐 움직였다. 이명박 정부 출범(2월 25일)을 앞두고 대통령직인수위원회에 로비하기 위해서였다. 노무현 정부 임기가 종착역을 향할 때였다. 노무현 정부는 2009년 3월 문을 여는 법학전문대학원(로스쿨)을 예비인가했다. 이명박 정부가 출범해도 인가 대학을 추가하거나 변경하기는 불가능한 상황이었다. 노무현 정부는 전국 25개 대학 로스쿨 정원을 2,000명으로 정했다.

로스쿨 탈락 대학과 선정 대학 모두 불만이었다. 추가 선정과 정원 확대를 요구했다. 특히 노무현 대통령이 2007년 9월 20일 김천 혁신도시 기공식에서 "로스쿨 인가는 지역균형발전을 일차적으로 고려해야 한다"고 발언한 것이 논란이 됐다. 당시 로스쿨 선정을 담당했던 법학교육위원회는 지역별 배분을 주요 원칙으로 정했다. 전국 단위의 경쟁력이나 사법고시 합격생 같은 객관적인 대학의 실적은 전체 평가 비중을 낮게 책정했다. 법학교육위원회는 서울(서울·경기·인천·강원), 대구·경북, 부산·경남, 광주(전남북, 제주), 대전(충남북) 등 5개 권역별로 25개 대학을 잠정 선정했다.

▌사시 합격자 0명도 로스쿨 40명, 기계적 배정

수도권 대학은 반발했다. 지역의 대학은 상대적으로 득을 봤다. 서울대는 150명, 고려대·연세대·성균관대는 각각 120명이 배정됐다. 서울대와 고려대의 불만이 가장 컸다. 서울대는 "2007년 사법고시에서 325명의 합격자를 배출했는데 150명 배정이 말이 되느냐"라며 강변했다. 2007년 158명의 사시 합격자를 배출한 고려대는 연세대(114명)와 성균관대(72명)와 똑같은 120명을 배정받아 억울하다고 주장했다.

전국 25개 대학 로스쿨 정원

수도권 대학(14개)	정원(명)	2007년 사시 합격자(명)
서울대	150	325
고려대	120	158
연세대	120	114
성균관대	120	72
이화여대	100	57
한양대	100	50
경희대	60	14
중앙대	50	24
서울시립대	50	13
한국외대	50	12
아주대	50	9
인하대	50	3
건국대	40	14
서강대	40	14
합 계	1,140	880

자료: 법학교육위원회

지방대학(11개)	정원(명)	2007년 사시합격자(명)
전남대	120	20
부산대	120	18
경북대	120	16
충남대	100	3
전북대	80	3
동아대	80	2
영남대	70	3
충북대	70	1
원광대	60	7
강원대	40	1
제주대	40	0
합 계	860	73

자료: 법학교육위원회

다른 대학은 사시 합격자보다 로스쿨 정원을 더 많이 받아 별 불만이 없었다. 제주대는 사시 합격자가 '0명'인데 40명을, 강원대와 충북대는 1명인데 각각 40명과 70명을 배정받았다. 공정하지 못하다는 대학의 불만이 쏟아진 이유다.

선정 대학도, 탈락 대학도 심사 기준과 점수를 공개하라고 요구했다. 법대가 강세였던 동국대는 비상이 걸렸다. 동국대는 2007년 사시 합격자가 9명으로 아주대와 같고, 인하대·전북대·충남대·영남대(각각 3명)보다 세 배 많았다. 당시 동국대 교수로 있던 신정아의 이른바 '신정아 파문'으로 학교 명성에 흠집이 난 터라 '신정아 역풍'이라는 말이 나돌았다. 교육부는 '로스쿨 평가점수 비공개'를 고집했다.

"심사 점수를 공개하면 법란(法亂)이 일어날 겁니다. 노무현 대통령이 지역균형발전을 제1원칙으로 강조해서 안배할 수밖에 없었습니다. 지역 정치인의 압박도 있었고요. 답답한 일이었지요." 교육부의 전직 관료 A씨의 전언이다.

▮경남지역 로스쿨 제로 후폭풍, 김신일 사표

특히 경남지역 '로스쿨 제로'는 후폭풍이 거셌다. 경남 김해 출신인 노무현 대통령이 노발대발했다. 김신일 교육부총리에게 직접 경상대를 포함할 것을 지시했다. 김 부총리는 거부했다. 그리고 노무현 정권 임기를 불과 열흘 남기고 사표를 제출했다. 놀라운 일이 벌어졌다. 정권 임기 열흘을 남기고 노 대통령은 즉각 김 부총리 사표를 수리했다. 당시 경남지역에서는 경상대와 영산대가 신청했다가 탈락했다. 반면 부산지역은 부산대와 동아대, 전북 지역은 전북대와 원광대 두 곳이 각각 선정됐다.

"노무현 대통령의 지역균형발전 원칙대로라면 당연히 경남지역에도 한 곳이 들어갔어야 했죠. 그런데 그 지역 대학은 심사 기준을 넘지 못해 탈락시킬 수밖에 없었어요. 더구나 경상대는 영산대보다도 점수가 낮았어요. 영산대도 떨어졌는데 경상대를 올릴 수도 없고, 결국 두 대학 모두 탈락했죠. 준비가 치밀하지 못했더군요." 당시 로스쿨 심사위원으로 참여했던 B의 고백이다. (본인은 지금까지 부담을 느껴 실명 공개를 고사함)

▮1,000점 만점에 사시 합격 점수는 25점

청와대와 교육부는 막판까지 경상대 포함 여부를 놓고 진통을 겪었다. 결국 김신일 부총리가 결기를 보임으로써 기존 틀을 유지했다. 경남도 '로스쿨 제로'는 이명박 대통령직인수위원회에서도 논의가 됐다. 로스쿨 25곳은 예비인가일 뿐이어서 정권의 의지에 따라 추가 선정도 가능했기 때문이다.

당시 이화여대는 포함되고 숙명여대는 탈락한 터라 숙명여대 추가 선정 여부도 관심사였다. 이경숙 대통령직 인수위원장은 숙대의 상징이자 총장 출신이었다. 이화여대와 숙명여대가 동반 선정돼야 한다는 여론도 있었다. 결국 경상대와 숙명여대는 진입하지 못했다. 대학가에는 "이경숙 전 총장이 인수위원장이 되지 않았더라면 숙대가 기사회생할 수도 있었다"라는 말이 돌았다.

교육부는 당시 개별 대학 평가점수를 철저하게 숨겼다. 로스쿨 평가점수는 총 1,000점 만점인데 교육과정(345점)과 교원(195점) 부분이 전체 점수의 54%를 차지했다. 나머지는 교육목표 40점, 입학전형 60점, 학생 125점, 교육시설 102점, 재정 55점이다.

평가 항목 중 눈에 띄는 것은 법조인 배출 실적이다. 총점 1,000점 가운데 25점에 불과하다. 최근 5년간 사법시험 평균 합격자 수 15점, 최근 5년간 법학과 졸업생 대비 합격자 수 10점이다. 애초부터 지역 균형 논리에 밀려 개별 대학의 우수성이나 학생 실력을 제대로 보지 않은 것이다. 25곳 중 서울대와 고려대를 제외한 나머지 대학은 혜택을 입었다. 특히 지방 국립대가 가장 큰 행운을 누린 게 노무현 정부의 로스쿨 대전이다.

▌그 후 16년, 로스쿨의 성적표는

2009년 3월 문을 연 25개 로스쿨은 그 후 경쟁력이 어떻게 됐을까. 로스쿨 졸업생의 변호사 시험 역대 합격률은 시험 난이도가 낮고 응시생 적체가 없었던 2012년의 제1회 시험때와는 달리 2016년 제5회 시험 이후부터 합격률이 절반으로 뚝 떨어졌다. 응시생 적체, 응시생 수준 향상, 경쟁률 상향 등 여러 요인이 나타났다.

로스쿨 졸업생의 변호사 시험 역대 합격률은 제1회(2012년) 87.25%, 제2회 75.17%, 제3회 67.63%, 제4회 61.11%, 제5회(2016년) 55.2%, 제6회 51.45%, 제7회 49.35%, 제8회 50.78%, 제9회 53.3%, 제10회 54.06%, 제11회 53.55%, 제12회 52.99%, 제13회(2024년) 53.03%이다. 2016년 이후 합격률 50%대를 벗어나지 못하고 있다.

변호사 시험 합격률을 대학별로 보면 격차가 극명하다. 2022년 제11회 변호사 시험을 기준으로 응시자 대비 평균 합격률은 53.6%이다. 서울대는 82.3%, 고려대는 76.9%, 연세대는 71% 수준이다. 반면 지역대 로스쿨은 전국 평균을 밑도는 곳이 대부분이다. 특히 원광대는 151명이 지원, 39명만이 합격(25.8%)해 전국 최저를 기록했다. 충북대(31.9%), 제주대(33.8%), 강원대(34.9%)도 최하위권이다.

2024년 제13회 변호사 시험에서는 학교별 합격률에 변화가 있었을까. 서울대는 86.6%, 고려대는 77.1%, 연세대는 74.2%다. SKY대학 로스쿨의 합격률이 압도적으로 높은 추세에는 변함이 없다. 반면 지방대 로스쿨은 모두 전국 평균 53%를 밑돌았다. 2024년에도 원광대는 154명이 지원해 44명만이 합격(28.6%)해 전국 최저를 기록했다.

동아대(31%), 제주대(31.85%), 강원대(36.4%)도 최하위권이다. 〈표 참조〉

이런 상황이라면 로스쿨의 재평가가 필요하다. 특히 로스쿨별 변호사시험 응시자 대비 합격률이 30%대에 머무는 것은 심각한 문제다. 로스쿨 입학생 10명 중 3명밖에 합격하지 못하는 로스쿨은 '변시 낭인' 양산의 비판을 받을 수도 있다. 로스쿨을 졸업하면 다섯 번의 변호사 시험 자격이 주어진다. 로스쿨 입학생은 학부 전 과목 성적이 대부분 A+인 '공부의 신'이다. 그런 학생들은 SKY 대학을 필두로 수도권 대학 서열대로 입학한다. 지역대 로스쿨이 수도권 대학보다 실력이 뒤지는 것은 엄연한 사실이다.

이런 현상을 2007년 사시 합격자 수와 비교해도 큰 차이가 없다. 2007년 대학별 사시 합격자와 2024년의 대학별 변호사 시험 합격자 수에 두드러진 변화가 없다면, 결국 대학별 실력 차가 좁혀지지 않았다는 얘기다.

따라서 로스쿨의 서열도 대학별로 고착한다고 볼 수 있다. 로스쿨은 처음 취지와는 달리 또 다른 서열화를 초래했다. 대학별 로스쿨 재평가가 필요한 시점이다. 선의의 경쟁 차원에서도 로스쿨의 신규진입을 허용하고 부실 대학은 탈락시키는 경쟁 원리가 필요하다. 교육시장에 경쟁의 예외나 특혜가 있어서는 안 된다. 로스쿨도 마찬가지다. 그 시점이 왔다.

2024년 전국 로스쿨 변호사 시험 합격률 순위

순위	로스쿨	입학정원(명)	응시자(명)	합격인원(명)	합격률(%)
1	서울대	150	187	162	86.63
2	고려대	120	157	121	77.07
3	연세대	120	151	112	74.17
4	중앙대	50	62	43	69.35
5	성균관대	120	165	113	68.48
6	이화여대	100	158	97	61.39
7	한양대	100	146	88	60.27
8	한국외대	50	80	48	60.0
9	경희대	60	99	58	58.59
10	서울시립대	50	67	37	55.22
11	전남대	120	217	114	52.53
11	서강대	40	65	34	52.31
11	아주대	50	93	48	51.61
14	부산대	120	190	97	51.05
15	영남대	70	116	56	48.28
16	인하대	50	83	40	48.19
17	충남대	100	197	93	47.21
18	건국대	40	74	32	43.24
18	경북대	120	213	88	41.31
18	전북대	80	151	60	39.74
18	충북대	70	128	50	39.06
22	강원대	40	85	31	36.47
23	제주대	40	88	28	31.82
24	동아대	80	164	51	31.10
25	원광대	60	154	44	28.57
합계		2000	3290	1745	53.04

자료: 법무부

로스쿨 대학 사시 합격자와 변호사 시험 합격자 비교

2007년 사시 합격자 순위			2024년 변시 합격률 순위		
순위	대학	합격자(명)	순위	대학	합격률(%)
1	서울대	325	1	서울대	86.63
2	고려대	158	2	고려대	77.07
3	연세대	114	3	연세대	74.17
4	성균관대	72	4	중앙대	69.35
5	이화여대	57	5	성균관대	68.48
6	한양대	50	6	이화여대	61.39
7	중앙대	24	7	한양대	60.27
8	전남대	20	8	한국외대	60.0
9	부산대	18	9	경희대	58.89
10	경북대	16	10	서울시립대	55.22
11	경희대	14	11	전남대	52.53
11	건국대	14	12	서강대	52.31
11	서강대	14	13	아주대	51.61
14	서울시립대	13	14	부산대	51.05
15	한국외대	12	15	영남대	48.28
16	아주대	9	16	인하대	48.19
17	원광대	7	17	충남대	47.21
18	인하대	3	18	건국대	43.24
18	충남대	3	19	경북대	41.31
18	전북대	3	20	전북대	39.74
18	영남대	3	21	충북대	39.06
22	동아대	2	22	강원대	36.47
23	충북대	1	23	제주대	31.82
24	강원대	1	24	동아대	31.10
25	제주대	0	25	원광대	28.57
총 사시 합격자		953	합격률 평균		53.03

자료: 법학교육위원회 자료를 필자가 재가공

▮ 학원서 변호사 시험 준비하는 나라

대한민국에서 사교육은 영원한 것일까. 초·중·고생은 물론 편입 시험을 준비하는 대학생, 기업체 취업 준비 대학생(취준생), 공무원 시험 준비생(공시족), 변호사 시험 준비 로스쿨생(변시생)까지 사교육에 매달린다. 기막히다.

더구나 로스쿨생이 학원 다니며 변호사 시험공부를 한다는 것은 황당한 일이다. 사법고시 시절, 법전을 바리바리 싸 들고 사찰로 들어가는 젊은이가 많았다. 물론 그 당시에도 사법고시 준비 학원이 있었지만, 사교육이 사찰까지 스며들지는 않았다. 사법시험은 1963년부터 2017년까지 치러진 국가시험이다. 사시는 판검사와 변호사 또는 군법무관을 선발하기 위한 자격시험이기도 했다. 2009년 로스쿨이 개교하자 사시 유예기간을 둔 뒤 2017년 완전 폐지돼 역사 속으로 사라졌다. 그런 사법시험을 거친 이들 중 한국에서는 유난히 정치에 진출하는 법조인이 많다. 전·현직 대통령만 하더라도 노무현·문재인·윤석열·이재명은 법조인 출신이다. 대통령 후보로 거론됐던 오세훈·한동훈·홍준표도 법조인 출신이다.

제22대 국회의원 300명 중 61명이 법조인 출신이다. 전체의 20.3%다. 지역구의원은 55명으로 더불어민주당 소속이 37명, 국민의힘 소속이 18명이다. 비례대표도 6명이다. 제21대 국회 49명보다 12명이나 늘었다(중앙선거관리위원회 자료). 법조인이 정치 지향적인 것은 예나 지금이나 여전한데 갈수록 그 강도가 세지고 있다는 반증이다.

현재는 로스쿨이 법조인이 되기 위한 유일한 코스다. 그런데 로스쿨에 들어가기 전부터 사교육은 시작된다. 로스쿨 입학생의 대학 4년간 학부 성적은 대부분 전 과목 A+에 가까운데 대학 내신 성적을 잘 받기 위해 학원에 다니지 않는 게 그나마 다행일 정도다.

그러나 역시 사교육이다. 로스쿨에 입학하려면 전제 조건이 법학적성시험(LEET)을 통과해야 하는데 많은 응시생이 사교육에 의존한다. LEET 과목은 언어이해, 추리논증, 논술 등 세 과목이다. 언어이해(30문항)와 추리논증(40문항)은 오지선다형, 논술(2문항) 서답형이다. 초등학교 때부터 시작한 선다형 시험이 로스쿨까지 이어지는 찬란한 '고르기 시험'의 마침표다.

▌로스쿨 준비하러 학원으로 몰려가는 대학생

수험생은 온라인이든, 오프라인이든 사교육을 이용한다. 문제출제 경향과 풀이 방법, 예상 문제를 쭉쭉 정리해 주니 학원비가 월 수십만 원에서 100만 원이나 해도 가성비가 높다고 생각하는 듯하다. 어릴 적부터 사교육에 길들인 학생들이라 별 거부감이 없다. LEET 시험을 출제하는 교수들은 학원의 출제경향과 유사하게 문제를 낸다. 물론 닭이 먼저냐, 달걀이 먼저냐의 문제일 수 있다. 하지만 LEET 문제를 분석해 대처하는 학원의 상술은 대입 학원이나 로스쿨학원이나 다를 바 없다. 이게 대한민국의 현실이다.

LEET 성적과 함께 공인 영어성적도 잘 받아야 하니 역시 사교육이다. 심지어 면접 요령이나 자기소개서 작성까지 사교육에 기댄다. 대입과 로스쿨, 민간기업 입사 과정이 거의 유사하니 "공부에 한가락 한다"는 대학생들은 그 과정이 친숙하다.

	법학전문대학원 등록금(천원)					2021년 노동자 월평균 임금총액 대비(개월치)	
	2018년	2019년	2020년	2021년	2022년	전체	임시일용
강원대	10,050	10,050	10,050	10,050	10,050	2.7	5.9
건국대	15,224	15,224	15,224	15,224	15,224	4.1	9.0
경북대	10,344	10,344	10,344	10,344	10,344	2.8	6.1
경희대	16,982	16,982	16,982	16,982	16,982	4.6	10.0
고려대	19,500	19,500	19,500	19,500	19,500	5.3	11.5
동아대	15,902	15,902	15,902	15,902	15,902	4.3	9.4
부산대	9,908	9,908	9,908	9,908	9,908	2.7	5.8
서강대	15,598	15,598	15,598	15,598	15,752	4.3	9.3
서울대	13,298	13,298	13,298	13,298	13,298	3.6	7.8
서울시립대	10,040	10,040	10,040	10,040	10,040	2.7	5.9
성균관대	18,608	18,608	18,608	18,608	18,608	5.0	10.9
아주대	16,958	16,958	16,958	16,958	16,958	4.6	10.0
연세대	19,452	19,452	19,452	19,452	19,452	5.3	11.4
영남대	16,078	16,078	16,078	16,078	16,078	4.4	9.5
원광대	16,000	16,000	16,000	16,000	16,000	4.3	9.4
이화여대	16,309	16,309	16,309	16,309	16,309	4.4	9.6
인하대	16,276	16,276	16,276	16,276	16,276	4.4	9.6
전남대	10,376	10,376	10,376	10,490	10,490	2.8	6.2
전북대	10,406	10,406	10,406	10,406	10,406	2.8	6.1
제주대	10,440	10,440	10,440	10,440	10,440	2.8	6.1
중앙대	16,450	16,450	16,450	16,450	16,450	4.5	9.7
충남대	9,648	9,648	9,648	9,648	9,648	2.6	5.7
충북대	9,824	9,824	9,824	9,824	9,824	2.7	5.8
한국외대	15,394	15,394	15,394	15,394	15,394	4.2	9.1
한양대	17,114	17,114	17,114	17,114	17,114	4.6	10.1
평 균	14,247	14,247	14,247	14,252	14,257	3.9	8.4

* 법학전문대학원 등록금 : 교육부 자료, 2022년 2월 8일 기준
** 2021년 노동자 월평균 임금총액 : KOSIS 국가통계포털, 고용노동부 사업체노동력조사
전체 3,688,916원 / 임시일용 1,699,675원
자료: 제21대 국회 배진교(정의당) 의원실

더 놀라운 일은 로스쿨 3년간 학비만 4,000만 원 이상 쓰고도 또 학원으로 달려간다는 현실이다. 2022년 전국 25개 로스쿨의 1년 치 등록금 평균은 1,425만 원이다. 산술평균으로 10개 국공립대는 1,044만 원, 15개 사립대는 1,679만 원이다. 고려대가 1,950만 원으로 가장 많고 충남대가 964만 원으로 가장 적다. 25곳 중 22곳은 1,000만 원이 넘는다. 21대 국회 예산결산특별위원회 배진교 의원(정의당)이 교육부로부터 받아 분석한 자료다.

배진교 의원은 흥미로운 비교를 했다. 25개 로스쿨의 연간 등록금 1,425만 원은 2021년 노동자 월평균 임금의 4개월 치와 맞먹는다고 했다. 4개월 치 월급을 한 푼도 쓰지 않아야 로스쿨 등록금을 댈 수 있다는 얘기다.

▮ 변호사 시험 재평가, 로스쿨 재평가 필요

그런 고비용의 로스쿨 학비를 내고 3년을 다니면서 다시 학원에서 변호사 시험을 준비한다는 것을 어떻게 받아들여야 할까. 5년 내 합격하지 못하면 '변시 낭인'이 될 수 있어 로스쿨생은 애가 탄다. 특히 지역대 로스쿨생 상당수는 온라인 사교육 강의를 듣거나 방학 중 서울의 학원에 원정 온다는 것은 다 알려진 사실이다. 학원비가 한 과목에 수십만 원이라니 그 부담이 장난이 아니다. 어찌 보면 로스쿨은 '돈 먹는 하마'다.

변호사 시험마저 학원 강의에 의존한다는 것은 심각한 일이다. '시험 합격=사교육'의 등식이 일반화한다면 로스쿨 자체가 무의미하다. 변호사 시험 역시 학원에 영향을 받는다는 가정을 한다면, 시험제도의 대수술이 시급하다. 변호사 시험마저 '닭이 먼저냐, 달걀이 먼저냐'의 논쟁거리가 된다는 것 자체가 '법의 수치'다. 학원 강사가 교사보다 우수하다는 말이 나오듯 로스쿨 교수보다 로스쿨학원 강사가 더 우수하다는 말이 나온다. 대체 로스쿨에서는 무엇을 가르치느냐고 따지기에 앞서 변호사 시험제도의 근본적인 수술을 검토해야 한다. 마침 이재명 대통령이 2025년 6월 25일 "법조인 양성 루트로 문제가 있는 것 같다. 개인적으로는 (로스쿨 제도가 부적절하다는 문제 제기에) 일정 부분 공감한다"고 말했다.

V

교육계 3대 권력과 교육부 사람들

▷ 교육계 3대 권력

한국 교육은 교육부가 주도한다. 교육부는 전국 17개 시도 교육청과 유치원 및 초중등 업무를 조율하고, 고등교육정책을 책임진다. 교육부는 국가교육위원회와도 긴밀히 협력해야 한다. 국가교육위원회는 중장기 교육발전 계획을 설계하는 대통령 소속 기관이다. 교육부·국가교육위원회·교육청 3개 기관은 대한민국의 중추 교육기관이다. 이들 기관이 주시하는 곳이 있다. 한국 교육계의 3대 축으로도 불리는 곳이다.

바로 한국교육학회, 한국교육개발원(KEDI), 한국교육과정평가원이다. 한국교육학회는 우리나라 교육학자들이 학문적 담론과 연구 활동을 하는 중심 무대라는 점에서, 한국교육개발원은 우리나라 교육정책을 의제로 다루는 핵심 국책 연구기관이라는 점에서, 한국교육과정평가원은 수능과 교원 임용고시 등 주요 시험을 관장하는 유일한 평가기관이라는 점에서 중요하다.

각 기관의 성격은 다르다. 교육학회는 순수한 민간 차원의 학자 모임이지만, KEDI와 평가원은 정부가 관할하는 국책기관이다. 하지만 교육계에 미치는 영향은 막강하다. 교육학회 소속 학자들과 KEDI와 평가원 연구원들은 선후배로 엮인다. KEDI와 평가원에서 연구하다가 대학교수로 옮기는 경우가 많기 때문이다. 한국교육의 정책 방향과 커리큘럼, 평가 문제, 평가 방법 등 다양한 정책 이슈에 직간접으로 관여하는 곳이 한국교육학회, KEDI, 교육과정평가원으로 보는 배경이다.

그들만의 리그 한국교육학회

한국교육학회는 1953년 출범했다. 대한민국이 광복, 한국전쟁, 군사정부, 근대화, 산업화, 민주화로 이어지는 격동의 근현대사를 겪으면서 세계 10대 강국으로 올라선 것은 교육의 힘이 컸다. 국민의 배움에 대한 굶주림은 자식에 대한 헌신적인 교육투자로 이어졌고, 마침내 세계 최고의 고등교육 이수율의 나라가 되었다. 그 과정에서 보여준 한국교육학회와 교육학자의 노고는 평가할 만하다. 학회와 학자의 열정적인 노력에 힘입어 선진국에 비해 역사가 짧은 한국 교육계가 발전했고, 우리 교육의 토양이 튼실해졌다. 국내 교육공동체의 '맏형'인 한국교육학회는 5,000여 명의 회원과 25개의 분과 학회, 그리고 전국에 지회를 갖춘 명실상부한 한국 교육의 대표적인 연구협의체이다. "대한민국 교육의 미래는 교육학회가 연다"라는 말이 이상하지 않을 정도다.

그렇지만 일반 국민은 교육학계의 존재감과 역할을 피부로 느끼기 힘들다. 학계가 견고한 '그들만의 성(城)'을 쌓아놓고 있다는 느낌도 든다. 물론 학문적 연구와 담론, 학술적 이론과 연구법은 중요하다. "연구하지 않으면 죽는다(Publish or Perish)"라는 말처럼 탐학 정신과 성과물은 중요하다. 당연히 교육학계의 신선한 연구와 빛나는 성과물은 존중해야 한다.

하지만 초·중·고와 대학 현장, 행정부, 정치권, 언론, 사회단체 등 각계에서 분출되는 다양한 이슈를 시의적절하게 평가하며 공론장 역할을 하고 있는지는 자문해 봐야 한다. 사회적 교육 이슈를 학계만의 '가두리 양식장'에 가둬 놓지 말고 넓은 바다로 끌고 나와 학계, 교육 수요자, 정책입안자를 연결하는 '커뮤니케이터' 역할을 해야 살아 있는 학문이다.

물론 학술적이고 전문적인 연구 분야는 일반 국민과 언론에 알리기에는 적합하지 않을 수도 있다. 하지만 일부 특수 분야나 방법론적 연구를 제외하면, 교육학이 건드리는 주제는 교육 수요자와 연관되지 않은 것이 없을 듯하다. 그럼에도 학자들은 애써 연구한 옥고를 '캐비닛'에 넣어두고 신성시하는 경향이 있다. 연구 성과물을 현실 세계와 학교 현장으로 끌어내 교육 당국의 정책에 접목하고, 건전한 비평과 제안을 통해 교육 생태계를 튼실하게 하는 비타민 역할을 해야 하는데 말이다. 학자들이 불면의 밤을 보내며 생산한 수많은 연구물이 학계에서만 '찔끔' 공유된다면 너무 아깝다.

교육부의 정책인 '고교학점제 종합추진 계획'과 '고교교육 정상화 기여대학 지원사업'을 예로 보자. 고교학점제는 원래 문재인 정부가 2022년부터 시행하려 했으나 3년 미뤄 2025년부터 시행됐다. 문재인 정부가 출범 초기부터 예고한 일이라 그간 관련 연구도 많이 나왔다. 한국학술지인용색인(KCI) 사이트에서 "고교학점제"를 키워드로 검색하면 수많은 논문이 줄줄이 엮여 나온다. 내용을 살펴보니 고교학점제 도입과 학교의 변화, 국어·영어 등 과목별 고교학점제 학생 및 교사 인식, 고교학점제 및 대입제도에 대한 인식, 고교 교사들의 인식 차이, 교원수급에 관한 쟁점 등 연구 주제가 다양하다.

그중에는 고교 교사, 대학 입학처장, 교육부 공무원, 국회의원, 청와대 등이 꼭 탐독해야 할 메시지가 신선한 주제도 있었다. 반면 교육부를 비롯한 교육기관이 프로젝트로 발주한 연구과제도 상당수 있어 고교학점제 도입 당위성을 확보하기 위한 '관변 연구'라는 오해를 살 우려가 있어 보였다.(※두 분류의 논문 모두 직접 논문명을 거론하는 것은 부적절하다고 판단해 밝히지 않음)

문제는 그런 논문들이 학자의 개인 업적 또는 특정 기관의 연구과제 성과로만 기록될 뿐 실제 교육 현장에 잘 녹아들지 않고 있다는 점이다. 학회 차원에서 논쟁적인 연구, 실증적인 논문이 나오면 사회적 담론으로 제기하고 열린 소통의 기회로 활용해야 하는 데 학자만의 '동굴 속 외침'에 맴도는 인상이다. 고교학점제는 문재인 정부가 강조한 '정시 확대'와는 모순되게 평상시 고교 생활을 강조하는 '수시 전형'과 맥이 닿아 있다고 볼 수 있기 때문이다. 고교생이 대학생처럼 원하는 과목을 골라 들으며 적성과 진로를 자유롭게 탐색하라는 취지는 곧 수시 전형 확대 메시지를 줄 수 있다. 더구나 정시가 확대되면 수능 과목 쏠림 현상으로 외려 고교 교육이 파행될 우려도 있다. 그런 연구는 거의 찾아보기 힘들다.

▌교육정책에 대한 엄정한 평가 아쉬워

'고교정상화 기여대학 지원사업'은 더 헷갈린다. 교육부가 매년 진행하는 사업인데 참으로 어이없는 일이 벌어졌다. 2021년으로 거슬러 가보자. 당시 교육부는 대학에 '정시 확대'를 기본 조건으로 내걸었다. 2022학년도 대입에서 수도권 대학은 정시 수능 전형 30% 이상, 지방대는 수능 또는 학생부교과전형 30% 이상을 충족하겠다는 계획서를 제출하도록 했다. 특히 수도권 16개 대학은 2023학년도까지 '정시 수능 선발 40%'를 충족해야 재정 지원을 받을 수 있도록 정책을 설계했다. 수도권 16개 대학을 콕 짚은 것도 신기하지만, 이런 사업에 국민 세금 559억 원을 지원하겠다는 것 자체가 의아했다. 고교학점제와 정시 확대 정책, 과연 손발이 맞는가. 교육부가 정시 확대를 미끼로 돈다발을 흔들고, 대학은 장단을 맞추는 게 과연 4차 산업혁명 시대의 나침반이 될 수 있을까. 교육부든, 대학이든 우리의 교육을 망치는 공범 같아 보였다.

이런 '이상한' 정책이 나와도 교육학계는 입을 잘 열지 않는다. 맏형 한국교육학회와 아우 25개 학회 모두 입장이 없다. "고교학점제와 정시 확대는 모순"이라며 교육부에 대책을 촉구하지도 않는다. 물론 연구 방법에 따라 제도의 장단점이 있고 견해 차이도 있을 것이다. 그런 점을 인정하더라도 학계의 소극적인 태도는 아쉬울 수밖에 없다. 개별 연구에서는 예리하지만, 현실 교육에서는 무딘 칼날 같다. 마치 질문 교육을 받지 못한 한국의 기자들이 '오바마 기자회견' 때 침묵으로 방어한 것처럼, 학자들도 동굴 속 이론의 온기에 안주해 몸을 사린다는 오해를 받을 수도 있다.

이런 오해를 풀려면 교육학계가 현실 교육에 더 활발히 참여해야 한다. 유치원부터 초·중·고, 고등교육, 평생교육 등 각 영역에서 진행하는 다양한 연구 중 이슈가 뜨거운 성과물을 동굴 밖으로 외출시켜 사회적 담론을 형성하고 국가 교육의 미래를 위한 나침반을 제시해야 한다. '캐비닛' 연구를 '교육 현장'으로 외출시키자는 것이다. 고교학점제, 대입, 수능 개편, 국가교육위원회, 학력 격차, 고등교육 재구조화 등 중요한 이슈나 학계의 의제를 제시하는 열린 교육학, 울림이 있는 교육학을 지향해야 한다. 교육 문제를 학계의 울타리, 학자의 눈으로만 볼 게 아니라 국민의 생각, 국민의 눈높이에 맞춰 넓고 길게 보고 함께 고민하는 열린 커뮤니케이션의 장이 필요하다.

존 듀이는 "어제 가르친 대로 오늘도 그대로 가르치는 것은 아이들의 미래를 빼앗는 것(If we teach today as we taught yesterday, we rob our children of tomorrow)"이라고 강조했다. 교육학계도 이 말을 새겼으면 한다. 어제의 연구 관행을 오늘도 그대로 답습하는 것은 대한민국 교육의 미래를 빼앗는 것이다.

▮ 한국교육학회장, 서울대 사범대 출신이 압도적

한국교육학회 회장은 회원이 투표로 뽑는다. 임기는 2년인데 학회의 '얼굴'인 만큼 선거 때마다 경쟁이 치열하다. 교육학회 회장을 지내다 교육부 장관, 한국교육개발원장, 한국교육평가원장으로 발탁된 이들이 적지 않다. 그저 스쳐 가는 명예직은 아닌 자리다.

특이한 점이 있다. 아래 〈표〉에서 보듯이 역대 교육학회장 중에는 서울대 사범대 출신이 압도적으로 많다. 특히 제37대 김신일부터 제42대 진동섭까지 무려 12년(2004~2016년)을 서울대 교육학과 출신 교수 6명이 대물림했다. 학부 기준으로 서울대 교육학과 출신이 가장 많다. 한국교육학회가 '서울사대 마피아'라는 말이 공공연하게 나돈 이유다.

자유로운 학문의 담론을 얘기하고, 지성의 연구를 하는 학회조차 이런 학연의 사슬에 묶여 있는 것 또한 한국 교육의 현실이 아닌지 학계는 스스로 되돌아볼 일이다. 전국에 그 많은 대학이 있고, 그 많은 교수가 있고, 그 많은 교육학자가 있는데 특정 대학의 특정 학과 출신이 학회마저 지배하고 있는 현실은 무엇을 의미하나. 단단한 한국 사회의 학벌, 파벌주의가 교육계에 더 만연했던 게 아닌지 묻고 싶다.

한국교육학회 역대 회장

순번	재임 기간	성명	출신학교	당시 소속 학교
1	1~2대 1953.04.04~1955.09.30	김기석	와세다대·도호쿠대 철학과	서울대 사범대학
2	3~7대 1955.10.01~1960.09.31	오천석	코넬대 교육학과	이화여대 대학원장
3	8~9대 1960.10.01~1962.10.31	이인기	동경제국대 교육학과	서울대 문리대 교수, 학장
4	10~13대 1962.11.01.~1966.10.31	서명원	경성제국대 심리학과	서울대 사범대 교수
5	14~15대 1966.11.01~1968.10.31	정범모	서울대 교육학과	서울대 사범대 교수
6	16~17대 1968.11.01~1970.10.31	임한영	간사이카쿠인대 영문학과	성균관대 교수
7	18~19대 1970.11.01~1972.10.31	유형진	서울대 교육학과	건국대 문리과대학 교수
8	20~21대 1972.11.01~1974.10.31	김종철	만주건국대 정치학과	서울대 사범대 교수
9	22대 1974.11.01~1976.10.31	김영식	서울대 교육학과	서울대 사범대 교수
10	23대 1976.11.01.~1978.10.31	박준희	서울대 교육학과	이화여대 교육학과 교수
11	24대 1978.11.01~1980.10.31	김종서	서울대 교육학과	서울대 사범대 교수
12	25대 1980.11.01~1982.10.31	이영덕	서울대 교육학과	서울대 사범대 교수
13	26대 1982.11.01~1984.10.31	한기언	서울대 교육학과	서울대 사범대 교수
14	27대 1984.11.01~1986.10.31	정원식	서울대 교육학과	서울대 사범대 교수
15	28대 1986.11.01~1988.10.31	함종규	미확인	숙명여대 교육학과 교수
16	29대 1988.11.01~1990.10.31	유봉호	서울대	이화여대 교육학과 교수

순번	재임 기간	성명	출신학교	당시 소속 학교
17	30대 1990.11.01~1992.10.31	정재철	중앙대 교육학과	중앙대 교육학과 교수
18	31대 1992.11.01~1994.10.31	황정규	서울대 교육행정학과	서울대 교육학과 교수
19	32대 1994.11.01~1996.10.31	황응연	서울대 교육학과	이화여대 교육심리학과 교수
20	33대 1996.11.01~1998.10.31	신극범	연세대 영문학과	한국교원대 교육학과 교수
21	34대 1998.11.01~2000.10.31	이돈희	서울대 교육학과	서울대 교육학과 교수
22	35대 2000.11.01~2002.10.31	윤형원	서울대 교육학과	충남대 교육학과 교수
23	36대 2002.11.01~2004.10.31	박도순	고려대 교육심리학과	고려대 교육학과 교수
24	37대 2004.11.01~2006.12.31	김신일	서울대 교육학과	서울대 교육학과 교수
25	38대 2007.01.01~2008.12.31	윤정일	서울대 교육학과	서울대 교육학과 교수
26	39대 2009.01.01~2010.12.31	곽병선	서울대 교육학과	경인여자대학교 학장
27	40대 2011.01.01~2012.12.31	문용린	서울대 교육학과	서울대 교육학과 교수
28	41대 2013.01.01~2014.12.31	김명수	서울대 교육학과	한국교원대 교수
29	42대 2015.01.01~2016.12.31	진동섭	서울대 교육학과	서울대 교육학과 교수
31	43대 2017.01.01~2018.12.31	강선보	고려대 교육학과	고려대 교육학과 교수
32	44대 2019.01.01~2020.12.31	김성열	서울대 교육학과	경남대 교육학과 교수
33	45대 2021.01.01~2022.12.31	정일환	경북대 교육학과	대구가톨릭대 교육학과 교수
34	46대 2023.01.01~2024.12.31	신현석	고려대 교육학과	고려대 교육학과 교수
35	47대 2025.01.01~2026.12.31	백순근	서울대 교육학과	서울대 교육학과 교수

자료: 한국교육학회 자료를 필자가 재구성

수능 좌지우지 한국교육과정평가원

한국교육과정평가원(평가원)은 해마다 대입 수험생에게는 슈퍼 갑이다. 평가원에서 어떻게 수능 문제를 출제하느냐에 따라 수험생들의 표정이 달라진다. 평상시에는 별다른 관심을 받지 못하는 평가원은 수능 때는 온 국민의 관심 대상이 된다. 일반 시민과는 직접적인 관계가 없어도 수능 시즌에는 대한민국에서 가장 뜨거운 국책기관이 되는 곳이다.

2021년 12월 평가원은 '쌍코피'가 터졌다. 수능 생명과학II 출제 오류에다 초등 임용시험 문제 '사전 유출' 의혹까지 불거졌다. 강태중 평가원장은 취임(2021년 2월 22일) 10개월도 안 돼 물러났다. 2021년 2월 중앙대 교육학과 교수를 정년퇴임하고 3년 임기의 평가원장직을 맡아 인생 2모작을 시작했던 그로서는 불명예가 되고 말았다.

▮ 평가원, 수능 오류와 임용고시 논란 쌍코피

평상시 국민은 평가원장이나 평가원 조직에 관심이 없다. 사무실이 어디 있는지조차 모른다. 그러다가 수능 시즌만 되면 '갑'으로 군림하는 평가원을 봐야 했다. 평가원은 석학도 어렵다는 문제를 내놓고 "고교 과정을 충실히 마친 학생은 누구나 풀 수 있다"라고 주장하곤 했다. 이른바 킬러 문항이다. 킬러 문제 하나를 맞혀 더 좋은 대학에 가려고 재수, 삼수하는 수험생이 대체 몇인가. 서울 강남권 고교생의 절반이 재수하는 것 또한 학원에서 밤낮으로 이런 문제 풀이법을 익히기 위한 것임은 주지의 사실이다.

평가원의 킬러 문항 고집은 2022학년도 수능 때도 이어졌다. 그 결과 수능 만점자가 단 한 명인 결과가 나왔다. 어떻게 하면 틀리게 할까를 정말 많이 고민한 결과다. 그런데 변별력을 높인답시고 문제를 비비 꼬다가 다시 사달이 났다. 2022학년도 수능 직후 생명과학Ⅱ의 문제 오류가 불거졌지만, 평가원은 고압적이었다. 수험생들을 힘으로 누르려 했다.

결국, 수험생들이 법정에 호소했다. 법원은 신속히 수험생 편을 들어줬다. 2021년 12월 15일 생명과학Ⅱ 20번 문항의 정답을 취소하고 전원 정답처리를 했다. 강태중(11대) 원장은 자리에서 물러났다. 2015학년도 수능 생명과학Ⅱ와 영어 복수정답 사태로 재임 7개월 만에 옷을 벗은 서울대 사범대 출신인 김성훈(8대) 원장에 이은 역대 두 번째 단명이었다.

강태중 원장의 바통을 이어받은 이규민 원장도 단명했다. 이규민 원장은 2022년 3월 취임했고 2023년 6월19일 물러났다. 임기는 2025년 2월까지였다. 이 전 원장은 2023년 6월 수능 모의평가 난이도 조절 실패의 책임을 졌다. 윤석열 대통령이 킬러 문항 배제를 지시했는데 6월 수능 모의평가(모평) 난이도가 논란이 되자 버티지 못했다. 윤 대통령은 2023년 6월15일 이주호 교육부 장관으로부터 업무보고를 받은 자리에서 "공교육 교육과정에서 다루지 않는 유형의 문제는 수능 출제에서 배제해야 한다"고 거듭 강조했다. 특히 윤 대통령은 참모들에게도 "수십만 명의 학생을 대상으로 한 부적절하고 불공정한 행태" "약자인 우리 아이들을 가지고 장난치는 것"이라며 킬러 문항을 강하게 비판했다.

그런 분위기 속에 6월 모평이 "챗GPT도 못 푸는 어려운 문제가 나왔다"는 논란이 일자 평가원장이 물러난 것이다. 이규민 원장이 물러난 다음 날에는 6월 모의평가 난이도 조절 실패를 이유로 이주호 장관은 이윤홍 인재정책기획관(대입 담당 국장)을 경질했다. 이윤홍 국장은 그 후 2024년 1월 31일 중앙교육연수원장으로 취임했다. 이규민 전 원장은 연세대 교육학과 교수로 복귀했다.

▮ 역대 원장 12명 중 8명이 중도에 옷 벗어

이규민 원장의 사퇴를 포함해 역대 평가원장 12명 중 8명이 중도 사퇴라는 불명예를 안았다. 역대 12대(11명) 평가원장 가운데 3년 임기를 다 채운 평가원장은 1대 박도순, 4대 정강정, 7대 성태제, 10대 성기선이다. 정강정 전 원장은 연임했지만 5대 평가원장 재임 중 역시 수능 문제로 사퇴했다. 정강정 원장은 기자들에게 첫 임기 3년을 채웠을 때 이렇게 농을 한 적이 있다. "제 이름은 바로 해도 정강정이고 거꾸로 해도 정강정입니다. 그래서 임기를 지킨 것 같아요." 그런 그도 이름 덕은 한 번만 본 듯하다. 연임을 했지만 결국은 중도하차 했으니 말이다.

역대 원장들은 2대 김성동을 제외하고 모두 수능 출제 오류로 사퇴했다. 2대 김성동 전 원장은 한국 근현대사 검정교과서 편향 기술 논란이 일자 물러났다. 최초로 연임에 성공한 정강정 전 원장은 4~5대 원장을 맡아 4년 동안 재임했다. 그는 첫 재임 기간을 채우고 연임

1년째, 수능 출제 오류에 책임을 지고 물러났다. 2008학년도 수능 물리II 11번 문제 복수정답 인정 사태가 발생했었다. 정강정을 비롯해 3대 이종승, 8대 김성훈, 11대 강태중 원장은 모두 수능 출제 오류에 책임을 지고 수능 직후 두 달 안에 물러났다.

반면 6대 김성열 원장은 수능 성적 통보 전 이의신청 기간에 출제 오류를 바로잡았지만, 결국 이듬해 임기를 2개월여 남기고 사퇴했다. 9대 김영수 원장은 수능 출제 오류 7개월 만인 2017년 6월 뒤늦게 사퇴했다.

역대 한국교육과정평가원장

차수	이름	취임 전 소속	재임 기간
1대	박도순	고려대 교육학과 교수	1998.01.01~2000.12.31
2대	김성동	교육부 기획관리실장	2001.01.01~2002.09.13
3대	이종승	충남대 교육학과 교수	2002.09.14~2003.12.04
4·5대	정강정	국무총리비서실 실장	2003.12.24~2007.12.24
6대	김성열	경남대 교육학과 교수	2008.05.16~2011.03.10
7대	성태제	이화여대 교육학과 교수	2011.03.16~2014.03.15
8대	김성훈	동국대 교육학과 교수	2014.04.15~2014.11.24
9대	김영수	서강대 사회학과 교수	2015.04.13~2017.06.30
10대	성기선	가톨릭대 교육학과 교수	2017.10.31~2021.02.18
11대	강태중	중앙대 교육학과 교수	2021.02.22~2021.12.31
12대	이규민	연세대 교육학과 교수	2022.02.28~2023.06.21
13대	오승걸	교육부 책임교육정책실장	2023.08.07~

자료: 한국교육과정 자료를 필자가 재구성

▮초등교사 임용시험도 논란, 느슨한 행정일까

수능뿐만 아니다. 초등교사 임용고시 문제 유출 논란도 있었다. 초등 교원 임용고시 수험생들이 2021년 11월 13일 치러진 2022학년도 임용고시에서 7개 문항이 서울교육대 모의고사 문제와 똑같거나 비슷하다고 주장했다. 평가원은 설명자료를 통해 "문제가 되는 5과목의 문항을 검토한 결과 전혀 유사하지 않다"라고 반박했다. 그러나 응시생들 22명은 법원에 '1차 시험 불합격 처분 취소 소송'을 내고 향후 절차의 집행을 정지해달라는 임시 처분을 신청했다. 문제를 살펴보니 논란의 소지가 있어 보였다. 평가원의 느슨한 행정이 곪아 터진 것이 아닐지 모른다는 생각이 들었다.

불현듯 2014년의 '8억 원 파스타' 사건이 떠오른다. 당시 국정감사에서는 평가원 임직원들이 2011년 1월부터 2014년 7월까지 3년 7개월 동안 법인카드로 8억2,253만 원을 레스토랑 한 곳에서 사용한 게 도마에 올랐다. 문제의 장소는 서울 덕수궁 돌담길 정동길 예원학교 인근의 정동공원 앞에 있는 파스타 전문 이탈리아 레스토랑이었다. 지금은 평가원이 충북 진천으로 옮겼지만, 당시에는 바로 그 레스토랑 바로 위층에 평가원이 있었다.

▮2014년 '8억 원 파스타' 소환의 진실

당시 김상민 새누리당 의원은 "파스타 가격을 1만5,000원으로 가정하면 5만4,856인 분에 해당하고 평가원 임직원 1인당 203그릇을 먹은 셈"이라고 질타했다. '8억 파스타 사건'의 시발이었다. 어떤 날은 17번이나 그 파스타집에서 법인카드로 결제했다. 평가원은 "수능 관련 회의 등 업무가 많아 외부 손님이 참석하는 회의가 하루 열 번 넘게 열려 식사를 대접한 것"이라며 억울해했다. 필자는 그 레스토랑에서 파스타를 먹어본 적이 없다. 교육기자 시절, 나름대로 열심히 취재 다녔는데 그래도 평가원을 취재하는 데 게을렀던 것 같다.

언론은 창문이 깨져도 뒤돌아보지 않는다고 했던가. 새로운 이슈를 찾아다니는 게 숙명인 언론은 그 후 8억 원 파스타를 보도하지 않았다. 경찰 내사 결과는 '혐의없음'이었다. 아무리 봐도 혐의없음은 이상하다. 8억 파스타는 그렇게 잊혔고 평가원은 정동 시절을 마감하고 2018년 2월 5일 진천으로 내려갔다. 그 건물 밑에는 현재 파스타집이 없다.

▌수능, 검정고시, 임용고시 출제 맡는 국책기관

평가원은 어떤 일을 하는 곳일까. 평가원은 교육부 소속 국책기관이 아니다. 국무총리실 산하 경제·인문사회연구회의 26개 소속 기관 중 하나다. 교육 관련 업무가 '존재 이유'인데 지도·감독 기관이 국무총리실인 건 낯설다. 평가원 직원은 348명으로 이 가운데 연구직은 185명이다(평가원 홈페이지, 2024년 기준). 이들은 수능만 담당하는 것이 아니다. 국가 교육과정 연구·개발, 교육평가 연구, 국가수준 학업성취도 평가, 교수·학습 관련 연구 개발, 초·중·고 교과용 도서 연구와 검·인정도 맡고 있다.

가장 중요한 업무는 역시 수능을 포함한 국가고시 출제·관리다. 초등·유치원·특수학교 교사 신규 임용시험, 수능 모의평가(연 2회), 중등교사 신규 임용시험, 검정고시(연 2회) 시험 문제도 담당한다. 평가원은 한 마디로 대한민국 교육 관련 평가 종합기관이다. 그런 평가원이 느슨하다는 소리가 교육계에서 흘러나온다.

수능, 검정고시, 임용고시, 그리고 미래 인재 양성에 결정적인 영향을 미치는 교육과정과 교과서 업무를 책임진 평가원은 더는 수험생에게 '갑'의 대상이 아니다. 수험생 위에, 그리고 교사 위에 '갑'으로 군림하라고 '8억 원 파스타'를 용인해 준 게 아니다. 이제는 평가원을 엄정히 평가할 때다.

무엇보다 평가원장직의 공정한 임용이 중요하다. 말로만 공개 채용이지 내정해 놓고 공모하는 건 정치적 자리 나눔을 하는 여타 공공기관과 다를 바 없다. 현 오승걸 평가원장도 교육부 책임교육정책실장을 하다 정년퇴직을 앞두고 사직한 뒤 평가원장으로 갈아탔다. 이주호 장관과 협의한 사항이고 공모는 형식적이었다는 평이 있었다. 교육을 다루는 분야도 이러니 문제가 아닐 수 없다.

그 어떤 국책기관도 성역은 없다. 국민은 아랫목 평가원을 허락하지 않았다. 한국교육과정평가원을 평가할 때가 왔다.

관변 연구 오명 한국교육개발원

중앙일보 기자로 일할 때 한국교육개발원(KEDI)이 발행하는 연구보고서를 자주 읽었다. 복잡한 교육정책과 현안에 대한 연구보고서가 기자의 목마른 정보 갈증을 해소해 주고, 새 취재원을 발굴하고 아이디어를 얻는 데 유용한 길잡이 역할을 해줬다.

그런데 이상한 점을 발견하곤 했다. KEDI가 발간하는 보고서에는 논란이 많은 정부의 교육정책을 뒷받침하는 내용이 자주 등장했다. 노무현 정부 때는 외국어고 폐지 논란이 한창이었는데 외고 폐지의 당위성을 주장한 보고서가, 이명박 정부 때는 마이스터고, 박근혜 정부 때는 자유학기제의 필요성을 주장한 보고서가 잇따랐다. 박근혜 정부 때는 느닷없이 KEDI 안에 없던 기구도 생겼다. 자유학기제센터였다.

그런 현상은 문재인 정부를 거쳐 윤석열 정부까지 이어졌다. 문재인 정부 때는 논란이 많은 고교학점제 도입의 필요성을 주장하는 보고서를 내놓더니 아예 KEDI 안에 고교학점제센터를 설치했다. 센터장과 연구원 등 인력이 대거 투입됐다. 윤석열 정부 들어서는 국가교육발전연구센터와 늘봄중앙지원센터를 지정했다.

KEDI가 역대 정부의 교육 정책을 연구하고 지원한다는 점에서 탄력적인 조직 운영은 필요하다. 그럼에도 연구 성과물은 다른 얘기다. KEDI의 연구 성향은 역대로 관변(官邊) 중심이었다. 국책 연구기관의 성격상 나름의 역할을 한다고 볼 수 있다. 하지만 국가 교육정책의 운영과 시행 과정에서 독립적이고 중립적으로 일해야 한다는 기본 책무를 잊어서는 안 된다.

박정희가 1972년 설립 지시, 올해 53주년

KEDI는 2022년에 설립 50주년을 맞았고 2025년 현재 53주년이 된다. KEDI의 설립 연원을 보면 관변 연구의 굴레가 이상하지도 않다. 1972년, 유신헌법을 추진하던 박정희는 체계적인 교육정책 수립을 위한 연구를 수행한다는 명분으로 한국교육개발원(KEDI) 설립을 지시했다. 유신헌법 선포(1972년 10월 17일) 직전인 같은 해 8월의 일이었다. '한국교육개발원육성법(법률 제2616호)'에 근거를 둔 KEDI는 교육개발 분야의 국무총리 산하 기타 공공기관이다. 국가교육통계센터의 역할을 하는 이 기관은 교육제도, 교원, 학교운영, 입시제도, 대학평가, 학생과 학부모 정책 등을 연구하는 한국의 교육 싱크탱크 역할을 자처했다.

당시에는 교육학을 전공한 석박사가 적었고, 문교부(현 교육부) 관료도 그랬으니 KEDI의 석박사 연구원은 빛났다. 1974년 고교평준화 정책도 KEDI 연구의 산물이었고, 교육부 공무원도 KEDI의 연구력을 존중했다. 서울시 서초구 우면동에 있던 KEDI는 2017년 2월 충북혁신도시로 이전했다.

KEDI에서 묵묵히 연구에 매진하는 분들은 '관변'이라는 말이 억울할 수도 있겠다. 정부 정책을 옹호하는 연구를 수행하는 것이 국책기관의 생리이기 때문이다. 다른 국책기관도 역대 정권마다 '관변' 소리를 들었던 것도 같은 맥락이다. 정권 성향에 맞는 연구를 해야 기관을 지킬 수 있으니 말이다. 순기능과 역기능이 동시에 작용하는 게 현실이다.

동전의 앞면과 뒷면 같은 얘기지만, 교육 분야는 좀 더 정치 중립적이고 객관적인 시각이 필요하다. 교육이 정치와 정파성에 흔들리는 순간, 국가의 미래인 인재 양성체계가 뒤틀릴 수 있어서다. 기억나는 일화를 소개한다.

▌싱크탱크 역할이 정책 전달자로 변질 지적도

2015년 2월의 일이었다. 당시 황우여 교육부 장관은 국회 업무보고 중 "본인들이 신분을 공개하지 말아 달라는 요청이 있었다"며 말끝을 흐렸다. 당시 도종환 새정치민주연합 의원이 문·이과 통합 교육과정을 위한 교육과정 시안 개발연구 중 역사과 개발연구진(17명)만 명단이 공개되지 않았다"라고 지적하자 황 장관은 다음과 같이 답변했다.

> "수학과와 과학과의 개발연구진 명단은 제출했으면서 왜 역사과는 제출하지 않습니까?"(도종환 의원)
>
> "본인들이 원하지 않았고 공정한 연구 수행을 위해서…."(황우여 장관)

KEDI의 정체성을 보여주는 장면이어서 아직도 기억이 생생하다. 다른 연구진의 명단은 공개하면서 역사 분야는 비공개한 것은 합리적인 해명이 될 수가 없다. 그 후 문재인 정부와 윤석열 정부에서도 KEDI의 태도는 비슷했다. 교육부가 발주하는 프로젝트는 정권 성향에 맞는 학자들이 수주했다.

이런 식이라면 KEDI가 '싱크탱크(Think Tank)'가 아니라 '정책 전달(Policy Delivery)' 기능에 머문다고 봐야 한다. 정부출연연구기관이 국가의 싱크탱크로써 개발 시대 압축 성장에 기여한 것은 사실이다. 하지만 최근에는 다양한 환경변화로 인한 정책 연구 수요에 정부출연기관의 기여도가 떨어지고 있다는 지적이 나오고 있는 것도 현실이다.

KEDI가 한국 교육 발전에 공헌한 것은 분명하다. 인적 구조부터 뜯어보자. KEDI 연구원은 대부분 교육학 석·박사 출신이고 상당수는 외국 박사다. 이들은 KEDI를 대학으로 가는 징검다리로도 활용한다. 국내 대학의 교육학과 교수 중 상당수가 KEDI 출신인 것은 우연이 아니다. 고급 인력이 대학에서 후학 양성에 나서는 것은 긍정적인 요인이기도 하다.

▌원장 자리는 서울대 사범대 출신이 대부분 차지

한편으론 KEDI 인맥이 형성되고, KEDI 출신이 서로 끌어주는 연(緣)이 형성된다. 교육계에서는 학연, 지연보다 'KEDI 연'이 더 끈끈하다는 말이 나온다. KEDI에서 장기간 근무하는 연구원은 KEDI가 좋아서라기보다 대학 문을 열지 못했기 때문인 경우가 적지 않다. 실명을 밝히기 곤란한 베테랑 연구원의 말을 전한다.

> "사실 외국에서 박사학위 따고 귀국했을 때 대학에 가려고 했지요. 그러나 그게 어디 쉽나요. 실력도 실력이지만 운도 따라야 하잖아요. 교수로 가려고 발버둥 쳤지만, 결국 기회를 잡지 못했어요. 나 같은 사

람도 있지만, 상당수는 KEDI를 교수 중간 열차로 생각합니다."

교육개발원장이나 연구실장 등 대학과 네트워크가 강한 간부는 연구원에겐 든든한 끈이다. 관변 연구를 거부할 힘도, 의지도 없는 구조가 만들어진다. 여기서 주목할 점은 KEDI 원장 자리다. 전·현직 원장은 1972년 설립 이래 현 고영선까지 16명이다. 대부분 서울대 사범대 출신이다.

한국교육개발원 역대 원장

차수	이름	재직기간	출신 대학(학부)
1,2,3대	이영덕	1972.08~1980.09	서울대 교육학과
4대	홍웅선	1980.09~1983.08	경상사범학교
5,6대	김영식	1983.09~1988.02	서울대 교육학과
7,8대	신세호	1988.04~1992.05	서울대 교육학과
9대	한종하	1992.05~1995.05	서울대 교육학과
10대	이돈희	1995.06~1998.06	서울대 교육학과
11대	곽병선	1999.05~2002.05	서울대 교육학과
12대	이종재	2002.05~2005.05	서울대 교육학과
13대	고형일	2005.10~2008.06	서울대 교육학과
14대	진동섭	2008.08~2009.08	서울대 교육학과
15대	김태완	2009.10~2012.12	서울대 교육학과
16대	백순근	2012.12~2015.12	서울대 교육학과
17대	김재춘	2016.01~2017.11	서울대 교육학과
18대	반상진	2018.03~2021.05	동국대 교육학과
19대	류방란	2021.05~2023.11	서울대 교육학과
20대	고영선	2024.4~	서울대 경제학과

자료: 한국교육개발원 자료를 필자가 재구성

현재 생존한 전직 원장만 살펴보자. 이돈희 원장, 곽병선 원장, 이종재 원장, 고형일 원장, 진동섭 원장, 김태완 원장, 백순근 원장, 김재춘 원장, 류방란 원장은 모두 서울대 사범대 교육학과 출신이다.

서울대 출신이 아닌 사람은 제18대 원장을 지낸 반상진 전북대 교수다. 그는 동국대 교육학과를 나왔다. 어떻게 이런 일이 벌어질 수 있나. 한 나라의 국책 교육연구기관을 서울대 교육학과 출신이 대물림하는 게 합리적인가. 한국교육개발원이 '서울대 교육학과 마피아'라는 말이 결코 농(弄)이 아니다. 정치권을 오간 이들도 있다. 대한민국 교육계가 되돌아봐야 할 대목이다.

▮KEDI 역사상 첫 경제학자 원장, 수치인가 개혁인가

철옹성이 무너졌다. '그들만의 52년 리그'는 산산조각 났다. 끼리끼리 아랫목을 넘겨주던 '오만한 레거시'는 끝났다. 고답적인 연구, 무딘 현실 감각, 연줄 실타래가 켜켜이 쌓였던 KEDI의 새바람인가, 아니면 수치인가.

1972년 KEDI 설립 이래 처음으로 경제학자가 원장이 된 것은 윤석열 정부 때인 2024년 4월 29일의 일이다. 제20대 KEDI 원장에 고영선 전 한국개발연구원(KDI) 부원장이 취임했다. 고영선은 서울대 경제학과를 나와 미국 스탠퍼드대에서 경제학 박사학위를 받았다. KDI 거시·금융경제연구부장, 재정·사회개발연구부장, 연구본부장, 부원장을 거쳤다. 박근혜 정부 시절에는 국무조정실 국무 2차장과 고용노동부 차관을 지냈다. 교육과는 사실 거리가 멀다.

고영선은 갑자기 교육계에 등장했다. 2023년 교육부의 교육발전특구 연구 용역을 진행했고, 2024년에는 교육부 교육발전특구위원회 위원장을 맡아 교육발전특구 공모심사를 했다. 교육계에서는 서울대 동문이고 KDI 출신인 이주호 교육부 장관의 계획설이 파다했다. 교육부 장관을 두 번 역임한 이주호 장관은 교육계 주류가 아닌 노동경제학자다. 교육계와 소통이 부족하고 신뢰를 얻지 못한다는 평이 있었다. 그런 와중에 이 장관이 KEDI도 경제학자에게 맡기려 한다는 설이 나돌았고 현실이 됐다.

경제학자에게 KEDI를 맡기자 "교육을 뭐로 보느냐. 모욕적이다"라는 소리가 나왔다. 특히 서울대 사범대 교육학과 출신들은 홈그라운드를 빼앗겼다는 상실감이 큰 듯했다. '사피아'라고 불리는 서울대 사범대 출신은 그간 교육계의 요직을 독식했다. 한국교육학회장이나 KEDI 원장, 각종 교육 관련 기관의 역대 기관장의 면면이 그랬다. 그런데 2024년에 큰일을 겪은 것이다.

만일, 한국개발연구원(KDI) 원장에 교육학자가 등용됐다면 경제학계가 가만히 있었을까. "경제가 우습냐"며 난리가 났을 수도 있다. 그런데 고영선의 KEDI 원장 등용에 교육계는 속앓이만 했다. 교육계의 속성이자 단점이다. KEDI의 52년 아성을 경제학자가 깬 것은 교육학계의 '치욕'일 수 있다. 교육계 대오각성(大悟覺醒)의 시발이 됐다는 점에서는 변화의 신호일 수도 있다.

▷ 교육부 사람들

교육부 공무원은 대체로 겸손하다. 교육을 다루는 업무 특성상 다른 부처 공무원보다 친절한 느낌이 든다. 31년 동안 기자로 일하면서 다양한 분야의 공무원을 만났는데 지금도 그런 생각에는 변함이 없다. 교육 공무원의 친절함과 겸손함은 민원인도 체감했을 것으로 생각했다. 일부는 착각이었다. 기자에게는 싹싹했는데 민원인에게는 그렇지 않았던 모양이다.

> "교육부에 대학 설립 서류를 내러 갔는데 한 시간을 기다렸어요. 미리 약속하고 갔는데도 말이죠. 체면이 말이 아니었죠. 과장은 만나 보지도 못하고 주무관한테 서류를 냈어요. 그 주무관은 눈길도 주지 않고 '거기 놓고 가세요'라고 하더군요. 공무원, 참 대단해요."

대학 총장을 지낸 교육계 인사와 현직 총장인 또 다른 인사에게 들은 이야기다. 실명을 밝히고 싶지만 참는다. 주무관이 그럴 진데 고위 관료는 어떨까. 물론 이 에피소드는 대학설립준칙주의로 대학 설립이 한창이던 1990년대 얘기여서 지금은 맞지 않을 수도 있다. 요즘은 공직사회 분위기가 많이 바뀌었고 보는 눈도 많으니 말이다.

교육부 출신은 인기가 제법 있었다. 공직을 마치면 대학과 교육기관 등 주로 교육 관련 분야로 진출한다. 교육부 출신 중에는 대학 총장이 된 사람, 교수가 된 사람, 관련 교육계로 진출한 사람 등 다양하다. 특히 정권에 따라 부침이 크다. 진보 정권에서 잘 나가던 관료는 보수 정권에서 한직으로 물러나고, 그 반대의 경우는 다시 승승장구하는 경우가 있다. 다른 정부 부처와 비슷하다고 할 수 있다.

특히 윤석열 정부 때 교육부 고위 공무원의 물갈이가 심했다. 문재인 정부 때 고위직을 맡았던 관료는 대부분 옷을 벗었다.

그땐 맞고 지금은 틀린다

교육부 출신 공무원은 특히 대학에 많이 진출한다. 공무원 시절 대학에 갑으로 군림하다 옷을 벗고 난 뒤에는 대학에 자리를 얻으려 을로 바뀌는 기현상이 벌어진다. 고위 관료의 상당수가 그런 처지가 됐다. 일부 고위 관료 출신은 '라이즈(RISE) 센터'로 가기도 했다. 어떤 전직 관료는 대학 재정사업의 컨설턴트로 일했다. 바람직할까.

비교적 젊은 나이에 공직을 접고 교수가 된 이들은 활동이 왕성하다. 교육부는 국가에서 보내주는 국비 장학생과 별도로, 자체로 지방교육자치단체에 예산을 배정해 매년 5~6명의 사무관을 유학 보낸 적이 있다. 그러나 이런 관행이 감사원 감사에서 지적되자 현재는 중단된 상태다. 옛 시절의 공무원이 혜택을 많이 누렸던 것이다. 어쨌든 행정과 현장, 그리고 학벌까지 갖춘 공무원이 많았던 것은 교육 발전을 위해서도 좋은 일이다.

대학도 교육 공무원을 반기는 추세였다. 대부분 행정고시 출신으로 교육학 박사 학위를 갖고 있어 인기가 괜찮았다. 대학 입장에서는 관료 출신을 영입하면 교육부와의 네트워크 구축에 도움이 된다고 생각하는 모양이다. 각종 정부 사업 지원 과정에서 정보 수집이나 교육부 평가 또는 감사 때 뭔가 역할을 해 줄 것이라 믿기도 한다. 실제로 그런 것 같다. 교육부 출신 교수들은 왕성하게 연구하며 프로젝트를 잘 따낸다. 교육계의 공공연한 비밀이다. 그런 교수는 언론에도 자주 등장한다. 포인트를 잘 알아 핵심을 잘 짚어 대답하기 때문에 교육 기자에게는 좋은 취재원이다.

이들은 '준 공무원' 역할을 한다. 교육부가 구성하는 다양한 위원회에 들어가 정책 방향에 영향을 주는 '인플루엔서'가 된다. 건전한 일이기도 하다. 교육부 재직 시 현실의 벽에 부닥쳐 시행하지 못했던 '답답 행정'의 한을 푼다.

어느 위원회에 참가했던 교수는 이렇게 말했다.

> "교육부 출신 교수가 위원회에 들어오면 이상하리만큼 논의 방향이 그 사람 얘기대로 흘러가요. 교육부 업무 스타일을 잘 알아서 그런지 교육부가 무슨 의도로 정책을 추진하는지 포인트를 잘 짚어요. 분위기상 위원들이 질질 끌려다닌다는 생각이 들어요. 교육부가 전직 공무원을 영리하게 활용하는 것 같아요. 그런 교수가 대학에 여럿 있어요."

이런 말을 여러 번 들었던 필자는 실제 그런지 살펴봤다. 언론인의 궁금증은 늘 그렇게 발동됐다. 상당 부분 근거가 있었다. 교육부 출신의 교육학과 교수의 프로젝트 수주나 위원회 참여는 비교적 활발했다. 본인이 노력하고 능력이 뛰어나서 그럴 수 있겠지만, 전관 예우 측면도 있다고 볼 수 있다. 교육부는 정책 당위성을 '가족 교수'를 통해 확보하려는 의도가 있을 수 있고, 친정이 뒷배경인 교수는 프리미엄을 누릴 수 있는 구조일 수 있다.

교육부 출신에겐 이상한 점이 있다. 공무원으로 일할 때는 입을 다물었는데 옷 벗고 나면 친정 비판에 거침이 없다. 조직이 나를 기억해주지 않으니 그런 것일까. "저런 생각을 공무원 재직 당시 가졌으면 어땠을까"하는 아쉬움이 남는다.

그 예가 있다. 교육부 출신으로 교수가 된 이다. 그는 총장들 사이에 '미스터 쓴소리'로 불렸다. 차분하고 논리적인 성격인데다 정책을 잘 알았다. 정책의 허점을 조목조목 지적해 총장들에게 인기가 있었다. 교육부 후배들은 "저 형님, 왜 또 그래"라며 곤혹스러워했다.

대학기본역량 진단사업을 한 예로 들 수 있다. 그 교수는 "행정절차법 위반 등 다수 법적 문제가 있다"고 주장했다. 정부가 진단 결과에 따라 일부 대학만 골라 차별적으로 지원하려면 행정절차법에 따라 선정 기준과 선정 대상 규모의 적확한 기준을 공지했어야 하는데, 교육부가 이를 시행하지 않았다는 것이다.

교육부는 난처해했다. 업무를 잘 아는 선배가 공격하니 말이다.

> "선배들 말이 맞는 것도, 틀린 것도 있어요. 그래도 후배가 하는 일인데 자꾸 훈수 두시니 곤란해요. 옷을 벗고 나면 안 보이던 것도 잘 보이나 봐요. 우리도 여러 시각에서 보려고 노력하지만 일에 치여서…."

현직 교육부 공무원의 토로다. 사실 조직에 몸담으면 숲은 보지 못하고 나무만 보는 경우가 많다. 필자 또한 기자 생활을 하면서 눈에 보이는 기삿거리에 '혹'하다가, 정작 중요한 포인트를 놓친 경우가 있다. 자연인이 되고 보니 세상이 더 잘 보였다. 기사에 대한 강박이나 데드라인(마감 시간) 걱정이 없어서 그런 것 같다.

대학기본역량진단의 경우가 그랬다. 교육부도 전직 선배의 문제제기를 인정했다. 교육부는 2017년 11월 '대학 기본역량 진단 및 재정지원사업 개편 시안 발표' 당시 '대학 진단 및 지원에 관한 법률' 제정을 공표했다. 그리고 2021년 5월에는 '대학의 체계적 관리 및 혁신 지원 전략'을 발표하면서 기본역량 진단 등에 대한 법적 근거 마련을 추진한다고 거듭 밝혔다. 그렇지만 일에 치여서인지 공염불에 그쳤다.

교육부 출신 총장 "후배들이 현장을 너무 모른다"

"조직은 나를 기억해 주지 않지만, 나는 영원히 조직을 잊을 수 없다"라는 말이 있다. 공무원을 포함한 직장인이 조직을 떠나고 나서 느끼는 인생 소회다. 직장을 다니다 은퇴한 뒤 전직 직장 주변을 맴도는 것이 좋아 보이지는 않는다. 뭔가 후배에게 부탁할 일이 있어 그러는 경우가 왕왕 있을 수 있어서다. 추억과 회상에 젖어 그러는 것과는 차원이 다르다. 후배도 부담스러워한다. 선배가 자꾸 찾아오고 선배가 같은 영역에서 일하면 부담스러운 게 인지상정이다.

교육부 출신 총장은 그런 면에선 후배에게 부담스러운 존재다. 공직을 물러나면 바로 '을'이 된다. 어떤 분은 '을'이 아니라 '병' '정'이라고도 했다. 그의 말을 그대로 옮긴다.

> "대학에 와보니 허허벌판입니다. 어느 것 하나 마음대로 할 수 있는 게 없어요. 교육부는 대학에 자율을 준다고 했지만, 사실 말뿐이더군요. 교육부 후배들이 현장을 몰라도 너무 몰라요. 특히 코로나19 때는 더더욱 현장을 모르더라고요. 공무원일 때는 나도 그랬지요. 엘리트 공무원으로서 대학을 너무 쉽게 봤어요. 후배들에게 그런 얘기를 하면 '저 선배 왜 저래? 자기는 실컷 누리고'라는 눈총을 받아요. 답답한 일이죠." (교육부 출신 A 총장)

A 총장의 소회는 함의가 적지 않다. 그의 말대로 교육부 공무원이 현장을 이해하려고 노력하면 실사구시를 잘할 수 있을 것 같다. 대표적으로 온라인 수업 20% 규정을 예로 보자. 코로나19 이전에 대학은 무크(MOOC)를 비롯한 온라인 강좌를 정규 강의로 인정해 달라고 교육부에 입이 닳도록 요청했다. 세계적인 온라인 학습혁명이 몰려오고 디지털화가 급속히 진행되는 추세에 대비하기 위한 것이었다.

그러나 교육부는 꿈쩍하지 않았다. "온라인 강의는 전제 강좌의 20%를 넘을 수 없다"고 못 박았다. 그러다가 코로나19 사태가 터졌다. 대학생은 물론 초·중·고생까지 학교에 갈 수 없었다. 교육부는 부랴부랴 온라인 학습 기반 시스템 구축에 나섰고 겨우 위기를 넘길 수 있었다. 초·중·고와 대학이 온라인 수업을 진행한 2년간 벌어진 일이다.

지금은 공무원 옷을 벗고 유관 민간 기관의 장(長)으로 취업할 수 없다는 규정(3년 제한)이 있어 교육부 출신이 바로 대학 총장으로 가지 못한다. 그 이전에는 곧바로 총장으로 가는 경우가 있었다. 물론 제한 규정이 없는 일반 교수로 재직하다 3년이 지나 총장이 되기도 한다. 공무원 재직 시 직급은 차관·실장·국장 등 대부분 고위공무원단 소속이다. 평생 교육 공무원을 한 사람이 "후배들이 너무 현장을 모른다"고 속 터져 하는 걸 어떻게 봐야 할까. 공직사회의 현실이다.

▌"교육부 후배가 착각하고 대학 규제해요"

대학 총장은 한국대학교육협의회(대교협) 또는 한국사립대학총장협의회(사총협) 소속 회원이다. 국·공립 대학 총장과 사립대 총장의 협의체인 대교협, 이와는 별도로 사립대 총장은 사총협에 회원으로 가입한다. 대교협과 사총협 정기 총회는 기자들에게 좋은 취재 장소였다. 1년에 두 번 대한민국을 대표하는 지성인이 한곳에 모이니, 그런 취재원이 어디 있겠나. 교육기자 시절 대교협 총회는 놓칠 수 없는 취재 현장이었다. 총장들은 개별적으로 만나면 대부분 솔직했다. 그중에는 교육부 출신 총장도 여럿 있었다. 다음은 그중 한 분이 전한 말이다.

> "나서기도 어렵고 난감하네요. 다른 총장이 경계도 하고요. '교육부 출신이라 뭔가 후배들과 커넥션이 있겠구나'라고 오해하는 것 같아요. 처신이 어렵죠. 저도 다른 총장들과 생각이 같아요. 대학 등록금 규제, 말도 안 돼요. 꽁꽁 묶어 놓고 어떻게 운영하라는 건지. 입시도 마찬가지죠. 대학이 알아서 뽑으면 되겠더라고요. 교육부가 수시와 정시 비중까지 정해 줄 필요가 없어요. 제가 교육부에 있을 때는 대학이 그만한 능력이 없을 줄 알았는데 착각이었어요. 그런 착각을 후배도 하고 있어요. 선배 책임이기도 하죠." (교육부 출신 B 총장)

어떻게 봐야 할까. 대한민국 교육 관료의 두 얼굴이다.

비밀주의와 보신주의

플로렌스 나이팅게일은 백의의 천사로 알려져 있다. 간호사의 상징이다. 놀랍게도 나이팅게일은 데이터 전문가다. 그는 1854년 크림 전쟁 때 야전 병원에서 근무했다. 그런데 이상한 것을 발견했다. 영국군 사망자 중에 적군의 총에 맞아 죽는 병사보다 질병으로 죽는 병사가 훨씬 많다는 사실이었다. 나이팅게일은 골똘히 생각했다. "왜 그럴까, 이유가 뭘까."

나이팅게일은 사망 병사의 자료를 수집했다. 사망 원인별로 자료를 추출했다. 입원자 수, 사망자 수, 부상자 수, 치료 기록, 시설 현황이 일목요연하게 통계로 나왔다. 그 통계를 기반으로 차트를 그려 시각화했다. 사망의 가장 큰 원인은 병사의 위생 불량이었다. 당시 이질과 장티푸스 전염이 심각했는데 환자의 위생관리는 엉망이었다. 나이팅게일은 위생관리를 포인트로 잡아냈고 병원은 위생에 신경을 쓰기 시작했다. 결과는 어땠을까. 놀랍게도 이듬해인 1855년 3월, 월평균 최대 3,000명에 이르던 사망자가 절반으로 뚝 떨어졌다. 데이터의 힘이었다.

이처럼 데이터의 힘은 막강하다. 사망자 한 명은 단순한 숫자 1에 불과하지만, 숫자 하나하나가 쌓이면 '빅 데이터'가 된다. 오늘날의 인공지능(AI)도 빅 데이터의 집합체다. 경제, 사회, 의료, 소비, 교육, 스포츠, 정치 등 어떤 분야라도 데이터를 활용하지 않는 곳이 없다. 데이터는 곧 세상을 보는 가늠자 역할을 한다. '데이터를 가진 자가 세상을 지배한다'라는 말이 나오는 연유다.

▌데이터의 힘, 입시도 결국 데이터

교육계도 데이터의 힘이 강력하다. 전국 고등학교의 대학 진학실적, 연도별 비교, 지역별 비교 자료만 있으면 명문과 비명문 고교를 한눈에 볼 수 있다. 이명박 정부 시절 일부 국회의원이 전국 고교별 서울대 진학실적을 공개해 반향을 일으킨 적이 있다. 베일에 가려졌던 데이터가 공개되자 사회적으로 파문이 일었다. 특정 고교의 재학생은 물론 졸업생도 대학 진학실적을 보고 자존감과 열패감을 느꼈다. 이런 데이터 공개는 국민의 알권리 차원에서는 유용하지만, 한편으론 고교 서열화를 조장한다는 부정적인 면이 상존한다.

교육부는 많은 데이터를 보유하고 있다. 그런데 공개에 소극적이다. 학부모가 궁금해하는 내용 중 대표적인 것이 수능 점수다. 고교별로, 고교 유형별로, 지역별로 성적을 알고 싶어한다. 10년 치만 보면 교육격차의 등락을 고스란히 볼 수 있어 정책에도 반영할 수 있다. 수능성적 데이터는 응용 분야가 무궁무진하다. 가계 소득수준별 점수 차, 남녀 학생별 점수 차, 과목별 점수 편차, 대도시와 농산어촌 점수 차, 교사 연령과 수능 점수 등 다양한 조합의 데이터 추출이 가능하다.

수능 데이터는 교육과정 개편, 교육격차, 킬러 문항 논란, 수능 개편 등 전반적인 대입 정책에 얼마든지 활용할 수 있다. 실제로 그렇게 하고 있는지는 의문이다. 그런 좋은 데이터를 정책에 반영하지 않고 쉬쉬하는 것은 전형적인 보신주의 때문이다. 교육부 관료들은 "정보를 공개하라"는 언론의 요구에 "언론이 책임질 수 있느냐"고 반문한다. 그게 대체 언제 적 얘기인가.

수능 관련 데이터는 사교육에서만 흘러나온다. 사교육 업체가 다년간 입시 성적을 토대로 내놓는 데이터다. 엄밀히 말하면 정확한 것은 아니다. 그래도 경향성과 정밀성이 담보돼 해당 데이터는 '맥가이버의 칼'처럼 만능으로 쓰인다. 사교육 업체의 입시 설명회나 고액의 컨설팅 자료로 쓰이고, 대학들도 적극 활용한다. 이런 아이러니가 있나.

▮ 나이팅게일처럼 근본적인 처방할 데이터 필요

교육부의 비밀주의와 보신주의가 공교육을 왜곡시키고 사교육을 팽창시키는 결과를 초래한 것도 부인할 수 없는 사실이다. 교육부가 자료를 숨기니 학자들은 정확한 연구를 하기 힘들다. 수능 점수 하나만 가지고도 수백 개의 논문을 쏟아낼 수 있는데 데이터가 빈약하니, 그저 추론에 의한 간접 연구만 나올 뿐이다. 안타까운 일이다.

물론 교육부로선 데이터 공개로 인한 파장을 생각하지 않을 수 없다. 정부 기관이 데이터를 내놓음으로써 야기될 사회적 파장을 감내할 자신이 없는 거다. 그 또한 보신주의 변명에 불과하다. 데이터를 숨긴다고 해도 경향성과 추론에 의한 분석 작업은 멈추지 않는다. 이럴 바에야 정확한 데이터를 공개하고 체계적이고 과학적인 연구를 통해 정책을 디자인하는 당당한 자세가 필요하다. 수능뿐만 아니라 모든 교육 분야가 다 그렇다.

교육부는 정보공시를 통해 상당 부분 국민에게 데이터를 공개하고는 있다. 그렇지만, 나이팅게일이 병사 데이터를 토대로 근본적인 처방을 할 수 있었던 것처럼 교육의 중병을 치유할 수 있는 근거가 되는 핵심 데이터는 여전히 감춘다. 교육부가 데이터를 꼭꼭 숨겨 우리 교육이 이렇게 발전한 것인가. 수능 데이터는 더 이상 금기 영역이 아니다. 데이터를 바탕으로 학령인구 감소와 교육격차, 인공지능 시대의 대응책을 담대하게 설계해야 한다. 교육 공무원들은 솔직해져야 한다. 제 자식 교육처럼.

사교육과의 전쟁 사기극

사교육은 정말 사회악인가. 사교육을 없앨 수는 없는가. 역대 정부는 사교육을 척결하겠다며 '사교육과의 전쟁'을 선포했다. 그러나 결과는 늘 허망한 실패로 끝났다. 사교육은 바이러스보다 더 끈질긴 생명력을 과시하며 인공지능(AI) 시대에도 건재하다.

사교육은 공교육의 대체재가 아니다. 학부모의 "내 자식 퍼스트(first)" 심리를 파고드는 보완재다. 정부는 그런 현실을 외면하고 사교육을 잡겠다고 갖은 모양을 다 떨었다. 어찌 보면 역대 정부가 내걸었던 '사교육과의 전쟁'은 대국민 사기극이라고 할 수 있다.

사교육은 동서고금을 둘러봐도 피할 수 없는 사회적 불사조다. '맹모삼천지교(孟母三遷之敎)'라는 말이 왜 나왔나. 맹모는 자기 자식 잘 가르치려고 여기저기 이사 다녔다. 조선시대에도 그랬다. 한양의 잘 가르치는 서당의 훈장이 있는 동네의 집값이 더 비쌌다. 제 자식을 과거에 급제시키려면 용하다는 훈장 밑에서 배워야 유리하다는 부모 마음이 집값을 움직였다.

서울 강남구 대치동은 사교육 1번지로 불린다. 돼지엄마들도 맹모의 마음과 다르지 않다. 『대치동 엄마들의 입시전략』(김은실, 이지북, 2005)에는 이런 대목이 나온다.

"대치동 엄마들은 '쓰나미'가 몰려와도 살아남는 '산양'이다. 재앙적인 환경 변화에도 필승의 과외 대책을 찾아내기 때문이다."

이 말은 곧 학교에서 똑같은 교육을 받고 가만히 있으면 절대 남보다 앞설 수 없다는 이기심의 발로를 뜻한다. 즉, 내가 움직여도 주변 세계가 함께 움직이므로 그나마 제자리를 지키려면 힘껏 뛰어야 하고, 남보다 더 앞서기 위해서는 젖 먹던 힘을 다해 지금보다 두 배는 더 빨리 달릴 수 있는 엔진을 달아야 하는 것이다. 무한경쟁시대, 적자생존의 '붉은여왕효과'가 사교육에도 유효하다는 의미이기도 하다. 대치동 엄마들이 자식들에게 빨리 달릴 수 있는 엔진을 달아주는 것은 경제력이 힘을 발휘할 수 있는 교육 환경 때문에 가능한 일인지도 모른다.

사교육 원리는 간단하다. 고입과 대입을 바꿀 때마다 꿈틀댄다. 외고와 자사고, 영재학교와 과학고, 대입 수시 입학사정관제와 학생부종합전형(학종), 수능 절대평가, 정시 확대, 약대 학부제 전환, 문·이과 통합형 수능, 의대 정원 2,000명 확대 등 굵직한 입시 변경이 있을 때마다 사교육은 번창했다. 학령인구가 줄어들어 사교육이 고사 위기에 몰리는 상황에 정부가 정시 수능 40% 확대를 압박하고, 대선 주자들이 대입 공정성을 외치며 수능 확대를 내걸면 학원은 다시 생기를 찾는다. 물론 학원도 양극화 현상이 심화하지만 끈질긴 생명력은 여전하다.

내신 중심의 학종이 대세인 시절에는 학교 주변 중소형 내신 중심 학원이 인기가 많았다. 정시 비중이 높아지면 대형학원과 기숙학원이 활기를 찾는다. 교육부가 늘 사교육을 돕는 게 아니라 아예 먹여 살린다는 말이 나올 정도다.

▮ 학원에 재난지원금도 지원하는 나라

묘한 일이 떠오른다. 코로나19가 엄습한 2020년 이후 자영업자와 소상공인, 중소기업의 피해가 크자 정부가 사교육도 피해보상을 해줬다. 대상은 대형 입시학원을 제외한 중소 규모 학원이었다. 2020년 9월 문재인 정부 당시 유은혜 부총리 겸 교육부 장관은 한국학원총연합회와의 간담회에서 "중소벤처기업부 등 관계기관과 협력해 학원을 대상으로 한 재난지원금이 신속하게 지급될 수 있도록 최선을 다할 것"이라고 말했다. 유 부총리는 "코로나19 상황이 길어져 중소 규모 학원들의 고충이 얼마나 심했을지 안타까운 심정"이라고도 했다.

당시 문재인 정부는 4차 추가경정예산안에서 집합 금지 조처가 내려졌던 학원 중 매출 10억 원 이하, 상시근로자 5인 미만의 소상공인 운영자에게는 매출 감소 여부와 관계없이 '경영 안정자금'을 지원했다. 매출이 준 중소 규모 학원에 '소상공인 새희망자금'도 지원했다.

이뿐만이 아니다. 재난지원금 대상이 아닌 300인 이상 대형학원에 대해서는 "초저금리 금융 지원과 과세 유예, 납부 세금 유예 등의 세정 지원을 했다. 유 부총리는 "코로나19로 인한 어려움을 나누자는 취지"라고 말했다.

물론 학원도 코로나19로 어려움을 겪은 건 사실이고, 거기서 일하는 강사들 또한 근로자이니 지원해 줄 수도 있다. 그런데 코로나19로 학원 장사가 더 잘 된 것은 어떻게 설명할 것인가. 학교의 비대면 수업이 계속되자 학생은 학원으로 달려갔다. 학원은 집합 금지 기간에만 문을 못 열었을 뿐 사회적 거리 두기 기간에도 문을 열었다. 교육부는 학생들에게 백신을 맞으라고 강요하다가 법원 판결로 제동이 걸

리자 머쓱해했다. 백신 패스 대상에 넣어 학생들의 백신 접종률을 끌어올리려던 계획을 접었다.

한국 교육의 실상이다. 학원이 장사가 안될 때는 정부가 지원해 주고, 학생들이 백신을 맞지 않으려 하자 학원을 볼모로 백신 접종률을 높이려고까지 했다. 교육부가 사교육의 도우미라는 우스갯소리가 나오는 까닭이다. 모순덩어리다.

사교육은 역대 최고치를 또 경신했다. 2024년 초·중·고생 사교육비는 29조2,000억 원을 찍었다. 학생 수는 감소하는 데 사교육비는 불어난다. 교육부는 입을 다물었다.

연도별 사교육비와 전국 사설 학원 수

연도	사교육비(억 원)	사설 학원 수(개)
2019	209,970	80,937
2020	193,532	81,762
2021	234,158	81,868
2022	259,538	85,841
2023	271,144	88,738
2024	291,919	90,385

자료: 통계청·국가정보포털(2025)

붉은 여왕의 교육 법칙

역대 대통령 중에 '교육 대통령'을 자처한 분은 드물다. 현안이 많다 보니 관심 가질 겨를이 적어 그랬을 수 있다. 군사정부 시절 박정희는 고교평준화 정책을, 전두환은 본고사 폐지와 과외 금지를 전격 단행했다. 군사작전처럼 정책을 밀어붙였다. 가장 적은 노력을 들여 국민에게 생색낼 수 있는 방편으로 교육을 이용했다. 군사 정권 시절의 '진군의 교육 정책'은 민주화 시대에는 잘 먹히지 않았다.

역대 대통령 중 그나마 교육에 대한 관심이 남달랐던 분은 문민정부 이후 두 분이 생각난다. 김영삼 대통령과 노무현 대통령이다. 김영삼 대통령은 교육에 많은 관심을 보였다. 교육개혁을 위해 우수 인재를 등용했고, 대한민국 교육 정책의 기본방향이 된 5·31 교육개혁안을 탄생시켰다.

1995년 김영삼 정부 시절, 대통령 직속 기구였던 교육개혁위원회는 5·31 교육개혁안을 발표했다. 정책 전환의 근간은 성적 위주의 학교 교육 탈피다. 지성과 인성을 갖춘 인재를 키우자는 나침반을 설정해 교과 이외의 다양한 활동과 봉사활동을 기록하도록 했다. 그게 오늘날까지 이어진 학교종합생활기록부의 시초다. 김영삼 대통령은 개혁 디자인을 전문가에게 맡겼고, 지원은 하되 간섭은 하지 않는 입장을 유지했다.

상고 출신의 노무현 대통령은 의외로 교육에 관심이 많았다. 임기 내내 3불 정책(본고사·고교등급제·기여입학제 금지)과 대입 내신 확대를 강요했다. 논란의 3불 정책이 대학가에 고착하는 계기가 됐다. 고등교육에 관심이 많았던 노무현 대통령은 대학 총장들을 청와대로 불러 간담회를 했다. 한국대학교육협의회 소속 총장들이 청와대를 방문할 때는 일일이 문 앞까지 나가 악수하며 영접했다. 총장들이 다 모이면 등장하거나, 아예 총장들과 대화 한 번 제대로 하지 않은 윤석열 등 다른 대통령과는 다른 점이었다. 그러나 노무현 대통령의 교육 관심은 정책 성공으로 이어지지 않았다. 사회적인 불협화음이 거셌다. 그런 가운데도 노 대통령은 임기 말에 논란의 로스쿨을 밀어붙였다.

▌지금보다 두 배는 더 뛰어야 할 교육부

관심은 곧 정책의 힘으로 이어진다. 김대중·이명박·박근혜·문재인·윤석열 대통령은 상대적으로 교육적인 관심도와 실행력에서 아쉬운 점이 있다. 세계의 국가가 정글 속 생존경쟁을 벌이는 상황에서 가장 중요한 것은 인재다. 인재는 교육으로 키운다. 국가의 미래 인재를 양성하지 않으면 약육강식의 정글 속에서 살아남기 어렵다는 리더의 절박감이 필요하다. 한데 공감력이 아쉬웠다.

문뜩 '붉은 여왕 효과(Red Queen Effect)'가 생각난다. "혼자 아무리 달려도 주변이 같이 움직이기 때문에 그나마 현재 위치를 빼앗기지 않으려면 죽는 힘을 다해 뛰어야 한다. 그리고 더 좋은 위치를 차지하기 위해서는 지금보다 두 배는 더 빨리 달려야 한다"는 얘기다. 붉은 여왕 효과는 루이스 캐럴의 소설 '이상한 나라의 앨리스'의 후속작인 '거울 나라의 앨리스(Through the Looking Glass)'에서 붉은 여왕이 한 말에서 유래했다. "젖 먹던 힘을 다해 뛰어야 현상 유지라도 할 수 있다"라는 말이 경쟁사회의 현실을 콕 집는다.

그런데 우리 교육은 죽을힘을 다해 뛰기는커녕 제자리걸음이다. 교육 대통령이 없고, 교육계의 현자와 리더가 없고, 직언하는 선비가 없다. "제가 잘 났다"며 자리 탐이나 하는 '졸자(拙者)'가 득세해 윤석열 정부 내내 교육은 삐걱거렸다. 교육부 공무원의 사기(士氣)는 떨어졌다. 윤석열 당선자 시절에는 교육부를 없앤다는 얘기가 파다했다. 김건희 여사 논문 문제로 교육부는 휘둘렸다. 전 정권에서 고위직에 있던 교육 관료는 대부분 쫓겨났다.

지각 출범한 국가교육위원회는 구성부터 엉성했다. 대통령 추천, 국회 추천 등 위원회 구성부터 화합과 협력이 아니라 갈등과 분열을 잉태했다. 국가 교육의 미래를 설계할 10년 단위 중장기 교육발전계획 마련도 3년 내내 진도가 느렸다. 정권에 상관없는 교육설계를 한다는 본래 취지가 정치 격변에 흔들렸다. 국가교육위는 국민의 공감대도, 학계의 지지도, 학부모의 지지도 받지 못했다.

이 순간에도 '붉은 여왕의 법칙'은 돌아간다. 윤석열 정부의 교육 목표는 현란했다. 디지털 인재 양성, 유보통합, 초·중·고생 기초학력 신장, 인공지능(AI) 기반 디지털 맞춤교육, 고등교육 재구조화, 교육재정 리모델링, 교원양성체제 개편, 대입 개편은 학령인구 감소 시대의 필수 과제였다. 그 과제를 풀려면 교육부가 더 뛰어야 했다.

그런데 교육부 사람들은 예전만큼도 뛰지 않았다. 옛 관료들의 전문성, 가치관, 뚝심, 실행력이 후배에게 제대로 전수되지 않은 느낌이다. 의대 증원 문제가 그 교훈이다. 정책 하나가 모든 교육 이슈를 삼켜 버렸다. 윤석열 대통령의 아집에 한마디도 못 하다 결국 모든 걸 망쳐버렸다. 교육부 사람들의 책임이다. 쓸데없는 데 뚝심을 부린 건 아닌가. 그러다가 어떻게 고등교육을 재구조할 것이며, 어떻게 교육재정을 재편할 것이며, 어떻게 교원양성 시스템을 개편할 것이며, 어떻게 '학생 절벽' 시대의 대입을 바꿀 것인지에 대한 비전이 엉켰다,

교육부 공무원이 뛰지 않으면 대한민국 교육의 미래는 없다. 교육부가 그간 제대로 뛰지 않은 것은 사실이다. 도널드 트럼프 미국 대통령이 "제구실 못 하는 교육부를 폐지하라"고 행정명령을 내렸듯 교육부도 그럴 운명을 맞을 수도 있다.

그렇다고 교육 공무원을 미워할 일만은 아니다. 일할 수 있는 분위기를 만들어줘야 한다. 책임지는 문화를 만들어야 한다. 결국 교육 공무원도 일로 경쟁하고 일로 평가해야 한다. '붉은 여왕 효과'가 꼭 경쟁만능주의를 비꼬는 용어만은 아니다. 교육부와 국가교육위원회의 위상 재정립은 그래서 더더욱 절실하다.

등록금 통제의 마술

예전의 교육 관료는 욕은 먹었어도 나름대로 전문성이 있었다. 일은 고되도 고민했고 공부했다. 교육부 출입 기자 시절, 밤 9시 넘어 광화문 정부중앙청사에 들어가면 간부를 쉽게 만날 수 있었다. 업무가 많아 남아 있는 이도, 정책 구상을 하는 이도, 책을 보는 이도, 눈을 붙이는 이도 있었다. 기자가 찾아가면 공무원들은 반갑게 차 한 잔을 냈다. 대화가 통했다. 자연스레 고급 정보를 들을 수 있었다. 특종이나 기획 아이디어는 그런 의사소통을 통해 종종 이뤄졌다.

그런데 세종시로 청사를 옮기고 나서부터는 언론과 공무원의 접촉이 줄었다. '정을 주고받는 사이'라는 우스개도 사라졌다. 교육부 기자실에 상주하는 기자가 극소수다. 친밀하게 정책 고민을 나눌 기회가 적을 수밖에 없다. 기자들의 취재력도 그만큼 약화한 느낌이다.

탄핵 정국과 정권 교체 초기에 교육 공무원의 고충은 컸다. 교육 관료가 정권 성향에 따라 소신을 접고 정권에 맞출 수밖에 없는 현실이 보인다. 아쉬운 것은 교육 관료의 전문성과 추진력이 예전만 못하다는 점이다. 학생 실력만큼이나 공무원 실력도 추락하는 느낌이다.

등록금 통제, 정부와 정치권에 '충성'

등록금은 대학 자율화의 경계선이다. 교육부는 16년간 장막을 쳐

왔고, 대학은 그 장막을 걷지 못했다. 윤석열 정부에서도 등록금은 정치공학적 장막에 가려졌다. 일부 대학이 용감하게 장막 밖으로 목을 내밀었지만, 교육부의 장막은 두터웠다. 이 과정에서 교육 관료들이 무슨 고민을 했는지, 대학 현실을 어떻게 봤는지는 여전한 의문이다.

윤석열 정부에서도 교육부는 '자율, 자율'을 외쳤다. 대학 재정 권한을 지자체에 넘기고, 대학 수익사업을 자율화하고, 대학에 학과조정을 맡기겠다고 했다. 역대 정부 중 가장 확실하게 규제를 걷겠다는 '희망 고문'을 했다. 그런데 등록금만은 예외였다.

2025년 1월 23일 서울 웨스틴조선호텔. 전국 197개 4년제 대학 중 136개교 총장이 참석한 가운데 열린 한국대학교육협의회 정기총회에서도 총장들은 등록금 인상의 당위성을 피력했다. 이성근 성신여대 총장은 "장기간 등록금을 인하한 경험도 있으나 이번에 처음 올리게 됐다. 그런데 동결한 대학에만 인센티브를 줘 아쉬움이 있다"고 말했다. 이 총장은 또 "국가장학금은 국가가 학생에게 주는 보편적 정책이고 대학 정책과는 무관한데 이를 등록금 인상과 연동하는 건 학생의 부담을 늘리는 것"이라고 비판했다. 황덕형 서울신학대 총장은 "소규모 대학이 등록금을 올릴 땐 절박해서다. 학생들이 오히려 올리라고 한다"고 어려운 사정을 토로했다.

이주호 부총리는 등록금 동결이 자신의 정책에서 비롯됐다는 점을 간접 시인했다. 그는 "(이명박 정부 시절) 첫 장관 임기 때 '반값 등록금' 정책을 추진하면서 국가장학금과 등록금을 연동했는데 이런 기조가 쭉 이어져 왔다. (윤석열 정부에서) 두 번째 교육부 장관을 할 때 (규제를) 풀어달라는 의견을 줬고 검토하겠다고 했으나 올해 예상치 못한 상황이 벌어졌다"고 했다. 그러면서 "어려운 민생과 엄중한 시국 상황에서 학생과 학부모 부담을 고려해 종합적으로 신중한 결정을 해달라"며 등록금 인상 자제를 촉구했다. 결국 교육부의 등록금 동결 압박은 변함이 없었다.

▮ 2023년부터 등록금 반기 조짐

대학들은 최근 3년간 등록금 인상을 만지작거렸다. 2023년이 첫 시발이다. 부산 동아대는 정부의 등록금 억제 정책 이후 사립대 가운데 처음으로 2023년 학부 등록금을 3.95% 인상했다. 인상분을 교직원 급여 등에 쓰지 않고 교육시설 개선 등 학생을 위해 쓴다고 밝혀 대학가에 솔로몬의 지혜라는 공감대가 있었다. 그러자 곳곳의 사립대가 인상을 시도했다. 등록금이 사립대의 절반 수준인 교육대도 가세했다. 진주교대(4.04%), 춘천교대·청주교대(4.02%), 경인교대·전주교대·광주교대(4.0%) 등 전국 교대 11곳 중 6곳이 인상했다.

당시 교육부는 덜컥 겁이 났다. 경제난이 심화하고 전기·가스·교통 요금이 줄줄이 오르고 있는 상황에서 등록금마저 오르면 2024년 4·10 총선에 영향을 줄 수 있어 당정의 질책을 받을 것을 우려했다. 특히 윤석열 정부에서 폐지론이 거론됐던 교육부로선 등록금 인상은 치명적일 수 있었다.

그런데 교육부가 등록금 인상 가능성의 군불을 지폈다. 당시 교육 경험이 없던 장상윤 교육부 차관은 2022년 6월 한국대학교육협의회 주최로 열린 대학 총장 세미나에 "등록금 규제를 풀어야 한다는 데 정부 공감대가 형성됐다"고 밝혔다. 장관 공석 상태에서 장관직을 대행하던 그는 '천사' 같은 발언을 했다. 그런 분위기를 받아들였던 대학 중 일부가 2023년 1학기에 등록금 인상의 숲에 불을 질렀다.

불이 확산할 기세자 교육부는 서둘러 소방차를 동원했다. 잔불까지 하나도 남김없이 끄려는 형국이었다. 이주호 부총리는 "교육부 정책 기조에 동참하지 않고 등록금을 인상한 대학에는 유감을 표한다"라고 밝혔다. '유감'이란 말은 강력하다. "까불면 혼난다"는 경고장이나 다름없다.

▌등록금 이명박 정부 때부터 통제

사실 대학 등록금은 이명박 정부 때부터 동결됐다. 대학들은 한때 10% 이상 등록금을 올렸고, 그 돈을 직원 급여 인상에 브레이크 없이 썼다. "교직원은 신이 감춰 둔 직장"이라는 말이 나오던 때였다. 그러다가 이명박 정부가 제동을 걸었다. 2008년 기준으로 등록금 인상률은 국·공립대가 10.4%, 사립대가 7.1%였다. 대학 근로장학 사업과 연계한 2009년엔 등록금 인상률이 0.5% 수준으로 떨어졌다. 그 후 등록금은 국가장학금 사업에 연계됐고 2012년엔 마이너스 인상률을 기록했다. 국가장학금 지원을 이용한 등록금 동결 정책이 오늘날까지 계속되고 있는 방식이다. 이주호 장관이 2025년 대교협 총회에서 언급한 "반값 등록금 정책 기조"와 맥을 같이 한다.

하지만 대학은 국가장학금과 대학 재정은 별개라는 입장이다. 사실 학생에게 국가장학금을 지급하는 것은 바람직하지만, 대학 재정과는 상관이 없기도 하다. 교육부는 2023년 2월 8일 2023년 맞춤형 국가장학금 지원 기본계획을 발표했다. 2023년 장학금 예산은 4조 4,447억 원이다. 그중 국가장학금 사업은 4조286억 원, 대학생 근로

장학사업은 3,677억 원, 우수 학생 국가 장학사업은 484억 원이다.

국가장학금은 Ⅰ유형과 Ⅱ유형으로 나뉜다. 2023년의 경우 소득 8구간 이하 중 성적 기준을 충족하는 학생에게(국가장학금 Ⅰ유형)는 3조 6,486억 원을, 등록금을 동결·인하하는 등 등록금 완화에 노력하는 대학(국가장학금 Ⅱ유형)에는 3,800억 원을 지원했다.

문제는 Ⅱ유형의 함정이다. 현행법상 등록금 인상 법정 한도는 직전 3개 연도 평균 소비자 물가 상승률의 1.5배로 정해져 있다. 물가가 오르면서 2023년 법정 한도는 4.05%가 됐고 2024년은 5.54%다. 등록금과 국가장학금을 연동한 2012년 이후 최고치다. 2025년에는 5.49%다.

▌법정 인상 한도 통제는 교육부의 비법

그런데 대학들은 이마저도 올리지 못한다. 법정 한도까지 올릴 수 있지만, 올리면 괘씸죄에 걸리고 국가장학금 Ⅱ유형을 받지 못하기 때문이다. 그런데 국가장학금 Ⅱ유형의 지원 액수보다 법정 한도 안에서 등록금을 올리는 게 더 이득이니 일부 대학이 용감하게 등록금을 올린 것이다. 동아대의 경우 2023년 학부 등록금 3.95% 인상으로 수입 50억 원은 국가장학금 Ⅱ유형 지원 금액 20억 원의 2.5배에 이른다.

이런 분위기 속에 일부 대학은 2024년에 등록금을 인상했다. 4년제 일반·교육대학은 26곳, 전문대학은 18곳이 등록금을 올렸다. 4년제 평균 등록금은 682만7,000원, 전문대는 618만2,000원이다. 이는 교육부와 한국대학교육협의회가 발표한 '2024년 4월 대학정보공시 분석 결과'다. 2024년 4년제 대학 평균 등록금은 전년 대비 32만 5,000(0.5%)원 오른 682만7,300원으로 나타났다. 이 중 166개(86%) 대학은 동결, 13.5%인 26개 대학은 인상했다.

2025년 탄핵 정국에서 대학의 입장은 더 강고했다. 전국 131개 4년제 대학이 등록금을 인상했다. 최근 3년간 가장 많은 대학이 등록금을 올린 것이다. 교육부의 마술이 풀리는 순간이었다. 현행법상 등록금 인상 법정 한도는 직전 3개 연도 평균 소비자 물가 상승률의 1.5배로 정해져 있다. 이 비율마저 통제해 온 교육부의 마법은 이재명 정부에서는 어떻게 될까.

다시 마법이 작동할 태세다. 국회는 2025년 7월 23일 여야 합의로 등록금 인상 상한선을 외려 낮췄다. 즉, 인상 상한이 1.5배에서 1.2배로 낮아진 것이다. 대학 입장에선 최소 인상폭이 더 줄어들었다. 개정된 고등교육법은 2025년 10월 1일 시행돼 2026년 1학기 등록금부터 적용된다. 교육부의 정치공학적 통제에 대학들이 다시 저항할 수 있을까.

VI

문재인·윤석열 정부의 교육평가와 이재명 정부의 교육원칙

대한민국의 역대 정부는 시대적 상황, 교육 생태계의 변화, 그리고 정권 성향에 따라 교육개혁을 내세워 여러 교육정책을 시행했다. 역대 정부는 국민의 뜨거운 교육열을 이용했다. 돈은 가장 적게 쓰면서 생색은 가장 많이 낼 수 있는 분야가 바로 교육 분야라고 판단했다. 영국의 철학자인 버트런드 러셀(1872~1970)은 "학생은 교육의 수단이 되어서는 안 되며 교육은 목적 그 자체여야 한다"고 설파했는데, 우리나라에서는 교육이 정치적 목적을 달성하려는 수단이 돼 온 지 오래다.

베이비붐 세대, X세대, M세대, Z세대, MZ 세대에 이은 알파세대의 등장은 우리 교육에 혁신적인 변화를 주문하고 있다. 알파세대는 일반적으로 2010년부터 2024년까지 태어난 사람으로 상징된다. 알파세대를 자녀로 둔 부모들은 소수 집중형 가족을 꾸리는 경향이 있어 저출생의 직접적인 영향을 준다. 알파세대는 정보력이 기존 세대보다 뛰어나고 자기중심적 사고가 강하며 유튜브나 SNS를 통해 소통한다. 영상이나 이미지 콘텐츠에 친숙해 디지털 기기를 능수능란하게 다루며 자기중심적 성공 기준이 강하다. 유아 때부터 스마트폰을 끼고 살며 휴대폰을 신체 일부처럼 사용하는 '포노 사피언스(Phono Sapiens)'로 불리는 알파세대의 인재양성은 대한민국의 미래와 직결된다. 새로운 교육 문화, 새로운 교육정책이 절실한 시점이다.

이재명 정부도 새 교육 정책을 추진할 것이다. 역대 정부만큼 화려할 수도 있다. 아래 〈표〉에서 보듯이 역대 정부의 교육 공약은 요란했다. 공약대로 교육정책이 실현되었더라면 우리의 교육은 4차 산업혁명 시대를 저만큼 앞서가 있을지 모른다. 그러나 교육 공약 대부분은 용두사미(龍頭蛇尾)로 끝났고 그 과정에서 혼란을 불렀다. 그 피해는 교단을 묵묵히 지키는 교사와 학생·학부모 차지가 됐다. 각 정부가 내건 공약이 어떻게 되었는지는 굳이 따로 평가할 필요도 없다. 다만, 문재인 정부와 윤석열 정부만 반면교사로 살펴보자.

노무현·이명박·박근혜 정부의 주요 교육 공약

정부	노무현 정부	이명박 정부	박근혜 정부
주요 공약	·행복한 학교, 학습하는 사회 ·4세 이하 보육비 50% 지원 ·5세 아동 전면 무상교육 ·GDP 6% 교육재정확보 ·OECD 평균 교육여건 구축 ·공교육 내실화와 평등화 ·고교무상교육 임기 내 시행 ·지방대 육성 및 경쟁력 강화	·사교육비 절반, 학생·학부모 만족 두 배 ·교육의 자율 경쟁과 다양성 ·영어 공교육 강화, 영어 몰입 교육 ·고교 다양화 300 프로젝트 (자사고·특성화고 등) ·대입 3단계 자율화 ·대학운영 자율화 ·국제중학교 설립	·꿈과 끼를 끌어내는 행복 교육 만들기 ·3~5세 누리과정 지원 비용 증액 ·중학교 자유학기제 운영 ·고졸 취업중심 교육체제 강화(특성화고 육성, 마이스터고 지정) ·대입 단순화 ·고교 무상교육 확대(2017년 전면 시행) ·대학 등록금 부담 절반, 셋째 자녀부터 등록금 전액 지원

문재인·윤석열·이재명 정부의 주요 교육 공약

정부	문재인 정부	윤석열 정부	이재명 정부
주요 공약	·모든 아이는 우리 모두의 아이 ·혁신학교 전국 확대 ·고교 무상교육 단계적 실시 ·1수업 2교사제, 1:1 맞춤형 교육 ·일반고 전성시대(외고·자사고 폐지) ·대입 단순화: 학생부교과, 학생부종합, 수능 전형, 수시 비중 단계적 축소 ·대학생 반값등록금 실질적 실현 ·국가교육위원회 설치	·국가가 함께 키우는 아이돌봄 서비스 강화 ·AI 교육으로 미래형 인재 양성 ·교사 업무부담 경감, 학생 학습권 강화 ·특성화고와 전문대 통해 고숙련 전문 인재 양성 ·미래 지향적 대학발전 생태계 조성 ·대학 중심의 스타트업 열풍 조성 ·모든 국민의 평생학습 보장	·학교 정규 교육 내 시민·경제·노동 교육 활성화 ·정부 통합형 유보통합 추진 ·아이돌봄, 온 동네 초등 돌봄 ·역사 바로세우기 교육 강화 ·잘못된 AI 디지털교과서 바로잡기 ·국가교육위원회 사회적 합의 기능 복원 ·지역실정에 맞는 다양한 학교 ·서울대 10개 만들기 균형발전 ·대학생 등록금 부담 완화

자료: 집필자가 각 정부의 공약 내용을 재구성

문재인 정부 5년: 정치가 교육을 지배한 에듀폴리틱스(edu-politics)

문재인 대통령은 "모든 아이는 우리 모두의 아이"를 내걸었다. 1교실 2교사제, 대학생 반값 등록금 실현, 대입 단순화 같은 공약은 지금도 실현해야 할 중요한 이슈다. 문재인 정부 초기의 국정 지지도는 전반적으로 괜찮았다. 그렇지만 교육 분야는 30%(한국교육개발원 '2019년 교육여론조사' 보고서)에 그쳤다. 전체 응답자의 59.7%가 "교육정책에 일관성이 없다"고 지적했다. 그만큼 국민이 체감하는 교육은 어려운 것이다. 지금도 그런 체감도는 거의 바뀌지 않았다.

왜 그랬을까. 중앙정부와 지방정부, 교육부와 교육청이 엇박자를 내고, 정치(politics) 성향이 교육(education)을 지배하는 '에듀폴리틱스(edu-politics)'가 강했기 때문이다. 대학입시와 특목고·자사고 이슈, 학업성취도 평가, 그리고 혁신학교를 추진하면서 수월성 교육과 보편교육의 조화를 재설계하는 타이밍을 놓치는 아쉬움이 있었다. "모든 아이는 우리 모두의 아이"가 아니라 "내 아이만 나의 아이"라는 일부 교육감과 정치인의 '내로남불 교육'이 국민 마음을 저리게 했다.

▮ 학생 간 학력 격차 심화

학생 간 학력 격차가 심화했다. 전교조가 전국 학업성취도 평가를 일제고사라며 반대하자 문재인 정부는 학업 성취도 전수조사를 표집조사(전체 학생의 3%)로 전환했다. 전수평가 시행 9년 만인 2017년부터 일제고사를 폐지하고 표집 방식으로 바꿨다. 역시 교육은 평가가 중요하다. 교육의 '환류 효과(wash back effect)'가 나타나지 않았다. 시험을 보지 않으니, 학생들은 공부를 소홀히 했다.

수학과 과학과 영어를 포기한다는 이른바 '수포자' '과포자' '영포자'가 많아졌고 학생 간 학력 격차가 벌어졌다. 국제학업성취도평가(PISA) 등 국제학력 비교 평가에서 우리나라 학생들의 성적이 밀리기 시작했고, 100점 만점에 20점 미만인 기초학력 미달자는 박근혜 정부 때보다 2~4배 많아졌다.

초조한 학부모들은 아이들을 사교육으로 내몰았다. 학생 1인당 사교육비와 사교육비 총액은 모두 '역대 최고'를 기록했다. 정권 내내 입시가 흔들린 결과다. 2019년 초·중·고생 1인당 평균 사교육비는 7년 연속 증가세를 이어가며 역대 최고치를 찍었다. 2020년에는 주춤했는데 학령인구 감소와 코로나19 상황을 고려해도 마찬가지였다. 시험 없는 포퓰리즘 교실이 '교육의 희망 사다리 복원'을 하는데 한계를 보였다.

팬데믹 원격수업의 한계

문재인 정부의 팬데믹 2년은 학생들의 교육격차 해소에 악재였다. 초·중·고는 온라인과 오프라인 수업을 오락가락할 수밖에 없었다. 학생의 학습 몰입도는 떨어졌고, 대학은 대부분 비대면 수업으로 허둥지둥했다. 불가피한 상황이었고 팬데믹 초기의 준비 부족도 어느 정도 이해할 수 있는 측면이 있다.

하지만 학교와 교원의 열정과 가정환경에 따라 학생의 학습 능력에 차이가 큰데도 이런 요소를 제대로 반영하지 못했다. 2020년 7월 한국교육학술정보원(KERIS)이 교사를 대상으로 원격수업에 따른 교육 격차 인식 설문을 한 결과, "79%가 교육격차가 커졌다(매우 커졌다 포함)"라고 응답했다. 빅 데이터·인공지능(AI) 등 첨단분야 인력 확보 계획도 아쉬웠다. 첨단 인재 양성 시스템의 동력인 교육 인력과 인프라 확충이 진전하지 못했다.

▌대입 혼란, 정시 40% 강요

문재인 정부에서 입시는 혼란스러웠다. 입시는 건드리면 더 복잡해진다는 속설이 다시 증명된 셈이다. 대입과 고입은 어수선했다. 수능 절대평가는 교육부→국가교육회의 대입 개편 특위→공론화위원회를 오가며 '폭탄 돌리기'를 반복하다 없던 일이 됐다. 조국 사태에 놀란 문재인 대통령의 '공정' 언급이 대입 정시 확대로 이어졌다. 서울 소재 16개 대학은 정시 40% 이상 확대를 받아들였다.

자사고·외고·국제고 일괄 폐지는 논란을 거듭했다. 자사고들은 "교육기본법이 명시한 '능력과 적성에 따라 교육받을 권리'를 보장하라"며 헌법소원을 내 모두 승소했다. 외고와 자사고 폐지 논란으로 '강남 8학군' 쏠림이나 조기유학 부활 얘기가 나돌았다. 정치가 입시를 지배하면서 교육부는 제대로 역할을 못 했다.

문재인 정부가 도입한 고교학점제는 윤석열 정부로 이어졌다. 교육부는 당초 계획을 늦춰 2025학년도부터 도입했다. 학생들이 공통과목을 이수하면서 대학생들처럼 원하는 과목을 골라 들으려면 교과목이 다양해야 하고 교사도 더 많아야 하는데 준비가 덜 된 점을 고려했다. 2025학년도에 시행한 고교학점제는 미완의 제도다. 불안한 학부모들이 사교육 컨설팅을 받는다는 얘기까지 들린다. 현장 교육과 제도 사이에 '크레바스(crevasse)'를 줄여야 하는 건 전적으로 교육부 책임이다.

문재인 정부가 고교 무상교육을 완성하고 유치원 3법 개정 등 유아교육의 공공성 제고의 틀을 마련한 것은 높이 평가할 만하다. 아쉽게도 유보통합은 첫걸음을 떼지 못하고 윤석열 정부로 넘겼다. 고교 무상교육의 완성은 의무교육 보편화란 측면에서 긍정적이다. 일반고가 전성시대를 열지 못하고 더 위축된 원인은 숙고해 볼 일이다.

▮ 대학 경쟁력 하락, 고등교육 정책의 과제

미래 세대의 경쟁력은 교육과 학문, 문화·예술, 과학·기술과 같은 소프트 파워에서 나온다. 그 원천은 대학이다. 대학이 소프트 파워의 핵심인 '인재 양성'을 책임진다. 대한민국이 글로벌 강국으로 도약하려면 창의성과 다양성을 키우는 교육이 필수적이다. 아쉽게도 문재인 정부는 그런 고등교육 재구조화에 적극적이지는 않았다. 전국의 대학은 비슷비슷한 전공, 비슷비슷한 커리큘럼을 운영한다. 그런 학사 운영으로 살아남을 수 없는 시대다.

교육부는 대학이 자율적인 구조조정 메커니즘을 작동하도록 유도해야 한다. 그 첫 단추로 국립대부터 변화의 전주곡을 울렸어야 했는데 소극적이었다. 각 국립대를 권역별로 단계적으로 통합해 '원 유니버시티, N캠퍼스'를 구현하는 방안도 장기적으로 필요했다. 중복 유사 학과 정리, 경쟁력 있는 학문과 커리큘럼을 재구조화했더라면 국립대 입시 지원 미달 사태가 벌어지지 않았을 수도 있다. 학령인구 감소를 대비한 국립대 재구조화의 신호탄을 쏘아 올리지 않았다.

사립대는 선별적으로 재정지원을 늘리는 동시에 수익사업 범위를 확대해야 한다. 정원 탄력제를 통해 사회적 수요가 큰 미래기술인력 양성 중심으로 개편하고, 우수교수진 확보를 위해 연구 기금과 주거 환경을 최고 수준으로 개선해야 한다. 사립학교법 개정, 해산 사학법인 설립자의 재산 일부 환수 허용, 해외 우수 학생 유치를 위한 정부 장학기금 확대, 졸업 후 정착 지원 정책도 필요하다.

하지만 문재인 정부에서 이런 '교육 담론(educational discourse)'은 형성되지 않았다. 그 사이 한국 고등교육의 국제 경쟁력은 추락했다. 글로벌 대학평가에서 중국 대학에 밀린 지 오래다. 고등교육 분야의 뒷걸음은 뼈아픈 현실이다.

고등교육 재정투자 10개년 기본계획(2010) 성과지표

주요 지표 계획 당시 (2010년)		10개년 기본계획		2020년 (실적)
		목표치 (2020년)		
국제 경쟁력	세계 200위권 내 대학 수 (The Times)	4개교	10개교	6개교
	SCI 논문 수 순위	11위	9위	12위
	SCI 논문 1편당 평균 피인용 횟수	30위	20위	31위
교육 및 재정 여건	전임교원 1인당 재학생 수	33명	17명	27.2명
	사립대학 등록금 의존 비율	62.5%	40% 이하	54.9% ('22년 51.4%)
교육 성과	청년(15~29세) 고용률	40.5%	45%	42.2% ('22년 46.7%)
국제화	외국인 교원 수	4,957명	10,000명	5,001명
	외국인 학생 수	83,768명	150,000명	153,695명

출처: 국회예산정책처(2023)

위 〈표〉에서 보듯이 교육부의 성과는 미미했다. 고등교육의 국제 경쟁력, 교육·재정 여건, 교육 성과, 국제화는 큰 진전을 거두지 못했다. 이명박·박근혜·문재인 정부 동안 교육부는 좌고우면했다. 그 여파는 명확했다.

결론적으로 문재인 정부의 교육 5년은 횡보(橫步)로 요약할 수 있다. 글로벌 인재 경쟁 시대에 적극적으로 치고 나가지 못했다. 그런 평가는 국민 10명 중 7명이 '낙제점'을 준 교육 여론조사 결과에서도 드러났다. 정치가 교육을 지배하는 '에듀폴리티스'를 정권마다 되풀이하면 대한민국 교육은 날 수 없다. 교육은 한쪽 날개로 날 수 없다. 좌우 날개를 힘차게 저어 비상해야 한다. 위정자들의 진솔한 성찰이 필요하다.

윤석열 정부 3년: 메뉴는 현란, 설익은 밥

윤석열 정부의 교육정책은 한마디로 '설익은 밥'이었다. 2022년 윤석열 정부 출범 이후 반환점을 돈 2024년 11월까지 나름대로 다양한 밥을 짓고 있었다. 밥에다 콩을 안칠까, 잡곡을 안칠까 우왕좌왕도 했다. 김인철 교육부 장관 후보자의 낙마, 박순애 장관의 조기 낙마, 이주호 장관의 독주로 이어진 윤석열 정부의 교육은 탄핵 정국에 그 동력을 잃었다.

교육부는 인사 내홍이 컸다. 고위 공무원단의 국립대 사무국장 자리가 없어져 고위 관료들이 대거 옷을 벗었고, 내부 분위기도 내내 좋지 않았다. 교육부 내부에서는 "힘들다. 분위기가 안 좋다"는 말이 흘러나왔다. 인공지능 디지털교과서(AIDT)의 일방적 추진, 2025학년도 수능 변별력 논란, 의대 정원 파동 등 굵직한 사안의 대처가 매끄럽지 못했다. 정책의 신뢰는 두터워지지 않았다.

문재인 정부 시절 민주당의 주도로 초석을 깔고 윤석열 정부에서 첫발을 뗀 국가교육위원회(국교위)는 찰진 기능을 못 하고 있다. 정권 성향에 따라 정책이 오락가락하는 폐단을 막기 위해 대통령 소속으로 2022년 9월 출범한 국교위는 위원회 구성의 태생적 한계로 역량을 발휘하지 못했다. 국교위 소속 중장기 발전위원회 위원들의 반목으로 해당 위원회가 해체됐다 다시 구성됐다. 국가의 중장기(2026~2035) 교육정책을 독립적으로 수립하기 위해 만든 국교위는 애초부터 이념 갈등의 벽을 깨는 데 한계가 있었다.

교육부는 2024년 11월 정부 출범 2주년을 맞아 전반기 교육개혁 성과를 발표했다. 늘봄학교 운영, 입시제도 개혁, 대학 혁신 생태계 조성, 미래형 교육환경 구축 등을 주요 성과로 내세우며 교육개혁의 기반을 마련했다고 자평했다. 기반을 마련하기는 했다. 그다음이 더 중요하다. 그런데 탄핵 정국이 돌발했다. 2025년 을사년 상반기는 제자리를 맴돌았다. 윤석열 정부의 정책을 짚어보자.

▌기초학력 미달 심화

탄핵 정국 속에 이주호 장관은 2025년 1월 2일 신년사의 화두로 "인공지능 디지털교과서(AIDT)를 활용해 영포자·수포자 없는 교실을 만들어 나가겠다"고 했다. 이 장관은 "지역이나 소득과 관계없이 공교육 내에서 학생들의 교육격차를 해소할 수 있도록 AI 교과서 도입을 추진하고 대규모의 교사 연수와 학교의 디지털 인프라를 개선해 교사가 주도하는 교실 수업의 변화를 이끌어내겠다"고 강조했다.

2024년 12월 말에 국회가 AIDT를 교과서가 아닌 보조자료로 격하하는 법안을 통과시켰음에도 신년사로 교과서 도입을 강력한 의제로 다시 강조했다. 주무 장관으로서는 당연한 일일 수도 있다. 하지만 장관이 신년사에 '영포자'와 '수포자'라는 말을 사용한 것은 부적절했다. '영어 포기자'와 '수학 포기자'는 어제오늘의 문제가 아니다. 또 공수표를 남발했다.

영포자와 수포자로 상징되는 '기초학력 미달 학생(100점 만점에 20점 미만)'이 더 늘어난 게 윤석열 정부의 성적표다. 교육부가 2024년 6월

17일 발표한 전국 중3, 고2의 '국가수준 학업성취도 평가' 결과를 보자. 고2는 수학에서 16.6%, 고2는 국어에서 8.6%의 기초학력 미달 비율을 기록했다. 2011년 조사 이래 가장 높은 수치다. 학생 간, 학교 간, 지역 간 교육격차가 교육부의 호언과는 거꾸로 가는 결정적인 자료다. 그런데 효과 검증도 안 된 AIDT로 영포자와 수포자를 없애겠다는 이주호의 신년사는 이상과 현실을 다시 생각하게 했다.

고2 수학 '기초학력 미달' 비율(단위: %)

연도	비율
2017	9.9
2018	10.4
2019	9.0
2020	13.5
2021	14.2
2022	15.0
2023	16.6

자료: 한국교육과정평가원(국가수준 학업성취도 조사 3% 표집)

윤석열 정부는 학생의 기초학력이 떨어진 것을 문재인 정부 탓으로 돌리다가 3년의 세월을 허송했다. 사교육은 역대 최고로 치솟고 입시는 불안정한데도 제대로 된 처방을 하지 않았다. AIDT로 수포자와 영포자를 없애겠다는 이 장관의 공언은 몸만들기도 안 한 상태에서 '해트트릭' 하겠다고 허풍떠는 축구 선수와 다름없었다.

▮ 탄핵 당한 AIDT

에스토니아는 동유럽 발트 해안의 끝에 있는 국가다. 인구가 135만91명이다(UN, 2022 인구통계). 에스토니아가 갑자기 교육 모델로 등장한 무대는 국회다. 2024년 12월 17일 국회 법제사법위원회. 이주호 부총리는 인공지능 디지털교과서(AIDT) 도입에 대한 야당 의원들의 거센 질문에 다음과 같이 답변했다.

> "학부모님들의 우려 사항도 결국은 과몰입이나 그런 중독의 문제입니다. 최근에 저희가 발견한 에스토니아 사례 같은 경우를 보면 디지털 교과서 제도를 우리보다 먼저 도입했는데 수학, 과학 읽기 성적 등이 약진했습니다. 그 비결이 AI 디지털 교과서 같은 체제를 도입해서라는 분석이 나오고 있습니다. 속도 조절이나 여러 부작용은 국회와 협의하겠지만 지금 단계에서 바로 교과서 지위를 교육자료로 격하시키면 현장의 혼란이 굉장히 클 것입니다."

이 부총리는 에스토니아 사례를 들며 AIDT 도입의 효과성을 주장했다. 에스토니아는 2018년부터 AI 교과서를 학교 수업에 무상으로 도입한 나라다. 2022년에는 경제협력개발기구(OECD)가 정기적으로 발표하는 국제학업성취도평가(PISA)에서 핀란드를 제치고, 유럽에서 학생들의 학업 성취도가 가장 높은 국가로 조사됐다. 유럽의 신흥 교육 강국으로 주목받기 시작한 계기다. 에스토니아는 학교에 디지털 기반 학습 환경을 조성했다. 학교와 가정 간 커뮤니케이션을 지원하는 플랫폼 'e-스쿨백'을 사용한 것으로 알려졌다.

이 부총리가 에스토니아 사례를 들었지만, 이는 견강부회다. 인구가 135만 명이고 초·중·고생을 다 합쳐도 30만 명이 안 되는 나라의 사례를 어떻게 모델로 소개했는지 의아하다. 더욱이 에스토니아가 AI 교과서를 활용해 PISA 성적이 올라갔다는 설명은 논리가 궁하다. OECD에 따르면, 우리나라 학생의 PISA 성적은 현재도 에스토니아를 앞선다. 2022년 기준 읽기는 한국과 에스토니아가 2~12위로 같고, 수학은 한국이 3~7위이고 에스토니아는 6~9위, 과학은 한국이 2~9위이고 에스토니아는 4~8위다. 교육부는 궁색하게 에스토니아 사례를 제시했지만, 면밀한 논거를 제시하지 못했다.

사실 지난 2년 동안 교육부의 AIDT 독주는 맹렬했다. '세계 최초의 인공지능 디지털 교과서'라며 밀어붙였다. 아무리 취지가 좋고 시대 흐름에 적합한 제도라고 해도 학생과 교사의 반응도 살피고, 교육계 의견도 다각적으로 수렴했어야 하는데 아쉬움이 많다. 2022년 11월 교육부로 복귀한 이주호 부총리는 이명박 정부 때처럼 착각했는지도 모른다. "나를 따르라"라며 호령하던 시절은 지났는데 말이다.

이 부총리는 2023년 2월 AI 디지털 교과서를 핵심 과제로 내놓고 4개월 후인 같은 해 6월에는 'AI 디지털 교과서 추진 방안'을, 같은 해 8월에는 'AI 디지털 교과서 개발 가이드라인'을 연거푸 내놨다. 그러더니 같은 해 11월에는 시행령인 '교과용 도서에 관한 규정'을 개정해 AIDT를 '교과서'로 규정했다. 속전속결이었다.

당초 2025년 AIDT 도입 과목도 수학, 영어, 정보, 사회, 과학, 국어, 기술·가정(실과)까지 광범위했다. 이 장관이 얼마나 과몰입했는지를 보여준다. 그러다가 현장에서 논란이 일자 도입 과목을 2025년에는 초 3~4, 중1, 고 1은 수학, 영어, 정보로 후퇴했다. 그리고 2026년으로 예정했던 초등학교 3~4학년 사회, 과학과 중학교 1학년 과학은 도입 시기를 1년 미루고, 국어와 기술·가정(실과) 교과는 AIDT 도입을 취소했다.

이 부총리는 "국어는 문해력 저하 문제, 기술·가정(실과)은 실습 부족 문제로 도입 과목에서 제외하거나 시기를 연기해야 한다는 의견이 많았다. 시·도교육감협의회도 AIDT 적용 과목을 조정하자고 제안해 이를 검토했다"고 해명했다.

그런 우여곡절을 겪었지만 결국 AIDT는 정책의 완결성이 미흡했다. 졸속 정책으로 교과서 업체만 피해를 보게 됐다. 전체 심사에 제출된 교과서 146종 가운데 52.1%만 검정을 통과한 데다 갑자기 국어와 실과 과목은 도입을 제외하니 날벼락이었다. 그간의 난마(亂麻)는 오롯이 교육부와 이주호 부총리 책임이다.

▮ 유보통합, 국민 체감 '시계 제로'

윤석열 대통령은 2024년 11월 7일 임기 중반을 맞아 대국민 담화문을 발표했다. 그때까지만 해도 12·3 계엄은 상상도 못 한 일이었다. 탄핵 정국 한 달 전에 윤 대통령은 "교육개혁은 이제 본궤도에 올랐다. 늘봄학교를 계획대로 확대하고, 융합형 미래 인재 양성을 위한 새로운 교육의 틀을 세우겠다"고 강조했다. 윤 대통령은 뜻밖에 교육 분야에서 늘봄학교를 치켜세웠다. 교육부 역시 유보통합과 늘봄학교를 가장 좋은 치적이라며 자랑했다.

하지만 현실은 그대로다. 그간 보건복지부가 담당했던 어린이집 업무가 2023년 12월 정부조직법 개정을 통해 30년 만에 교육부로 넘어가 어린이집·유치원 지원 부처가 일원화됐다. 물론 진일보한 것이지만, 일반 국민과는 상관이 없다. 어린이집과 유치원 지원 업무를 교육부가 맡든, 복지부가 맡든 교육 수요자로선 상관이 없다. 그걸 가지고 진일보했다고 자찬하는 것 자체가 겸연쩍다. 정부는 제 할 일만 하면 된다.

유보통합의 핵심 과제는 교사다. 0~5세 영유아를 담당할 유치원과 어린이집 교사의 자격 문제, 처우, 명칭, 재원, 설립·운영 기준이 핵심이다. 그런데 한 걸음도 나가지 못했다. 특히 교사 자격이 걸림돌이다. 전국 국공립유치원 교사 노동조합이 2024년 10월 7~25일 유치원 교사 2,409명을 대상으로 진행한 설문조사를 보자. 전체의 88.2%(2,124명)가 '통합 교원'에 대한 질문에 "영아(0~2세) 정교사와 유아(3~5세) 정교사를 구분해야 한다"라고 응답했다. 영아 보육과 유아 교육은 각각의 전문성이 다르므로 구분해야 한다는 것이다. 영유아 교육과정과 통합 교원 양성 과정도 부정적이다. 이는 유치원 교사와 어린이집 교사의 양성 과정 자체가 다르기 때문이다.

윤석열 대통령은 늘봄학교를 자랑했지만 길은 멀었다. 교육부는 돌봄 공백을 해소하기 위해 기존 방과후학교와 돌봄교실을 통합·개선한 늘봄학교를 2024년 도입했다. 초등학교 1학년 희망자 29만3,000명에게 하루 2시간 이상의 늘봄프로그램을 제공하고 있다. 교육부는 프로그램의 적정성도 제대로 살피지 않았다. 그러다가 '리박스쿨' 사태가 터졌다. 이재명 정부가 출범하자 교육부는 리박스쿨의 늘봄학교 참여를 위탁업체의 책임으로 돌리고 있다. '유체이탈' 교육 아닌가. 사실 어린이를 아침부터 밤늦게까지 학교에서 돌보는 게 교육적으로 맞는지, 과연 저출생 해결의 해법이 될 수 있는지는 동의하기 어렵다.

380조 원을 쓰고도 전 세계 최하위 출생률 국가로 전락한 게 근시안적 행정에 책임이 있다는 것을 먼저 반성해야 한다.

차라리 어린 자녀를 둔 젊은 부부에게 파격적인 탄력근무제를 시행하자. 오전 7시, 8시, 9시 출근하고 오후 3시, 4시, 5시 퇴근해 자녀를 돌보게 하자는 의미다. 근무 결손에 따른 인건비를 국가가 지원하는 것이 '템플 스테이'를 저출생 대책이라고 우겼던 정부보다 백배 낫다.

▌유야무야 교육전문대학원

2023년 4월 21일, 교육부는 2024년부터 교육전문대학원(교전원)을 시범운영 하겠다던 계획을 철회했다. 2024년 4월 교전원 시범 운영계획을 발표하고 대상 학교 선정에 들어가겠다며 공언했다가 갑자기 계획을 접었다. 교육부가 교전원을 도입하려는 계획이 알려지자 2023년 3월 26일 전국의 교대생은 서울 중구 세종대로에서 교전원 도입 철회, 기간제 교사 확대 중단을 촉구하는 집회를 했다. 교육부가 학령인구 감소 추세에 맞춰 교원 감축 계획을 내놔야 하는 상황에서 교전원까지 꺼내 들자 예비교원이 반발했다.

교전원 도입은 이주호의 구상이었다. 그는 윤석열 정부 입각 전부터 "교원의 전문화를 위해 교전원 도입이 필요하다"라고 주장했다. 그리고 다시 장관이 되자 정책으로 발표했다. 글로컬과 라이즈사업, 인공지능 디지털교과서(AIDT) 등 중요한 정책을 사회적 담론이나 국민 의견 수렴 없이 일방적으로 밀어붙인 것과 비슷했다.

교육부는 2023년 4월 21일 언론 참고 자료를 배포하면서 "교육전문대학원 시범운영 방안 논의를 당분간 유보하되, 시급한 과제인 현

교원 양성기관의 커리큘럼 개선과 새로운 교육프로그램 개발 논의에 집중하고자 한다"고 했다. 당시 오승걸 교육부 책임교육정책실장(현재 한국교육과정평가원장)은 "사회적인 숙의를 거치고 현장이 좀 더 수용할 수 있는 여건이 됐을 때 이 문제에 대해 논의하자는 의견이 많았다"고 설명했다.

이런 해명은 교육부가 졸속행정을 시인한 거나 다름없다. 교육부가 2023년 1월 5일 발표한 '2023년 주요 업무 추진계획'을 보면 알 수 있다. 교육부는 "4월까지 대학원 수준 교원양성 및 교·사대 혁신 지원을 위해 교육전문대학원 시범운영 방안을 마련하겠다"고 발표했다. 2023년 신년 업무추진계획에 넣고 대통령에게 보고했던 내용을 유보한 것은 그만큼 준비가 덜 돼 있고 사회적 여론 수렴도 하지 않았다는 '고백'이다.

교전원은 두 가지 안이 거론됐다. 일반대학을 졸업한 뒤 교전원에서 2년간 교육 관련 석사과정을 이수하는 방안(로스쿨과 유사 형식), 사범대 출신처럼 교육 관련 전공자가 석사과정까지 이어 밟는 학·석사 5~6년제 형태다.

하지만 이런 방안은 설익은 데다 현실적이지 않다는 지적이 많았다. 우선, 가성비다. 4년제 대학 졸업, 2년제 석사과정까지 밟으려면 학비가 많이 드는데 현재와 같은 교사 급여 체제로는 흡입력이 약하다. MZ세대에게 매력적인 직업이 아닌 게 현실이다. 게다가 현재 사범대생은 단 4주간 교생실습이 현장 체험의 전부다. 한 학기 정도는 현장실습을 해야 교원의 역량을 키울 수 있는데 사회변화를 따라가지 못했다.

교육부는 2023년 교전원 관련 예산을 105억 원 배정했다. 시범

대학원 2곳에 50억 원씩 100억 원, 정책연구비 5억이다. 교전원 시범 운영이 백지화하자 여기저기 용역연구에 돈다발을 뿌렸다는 설이 나돌았다. 이 돈을 교·사대 교육과정 개편과 정책연구에 활용했다면, 대체 어떤 연구 결과가 나왔는지 궁금하다. 교육부는 공식 브리핑도 하지 않고 언론에 짤막한 참고 자료만 배포하고 교전원에서 후퇴했다. 더 이상 논의도 없었다. 국민 세금을 참 우습게 본다.

■ 지역대학 살리기-글로컬과 라이즈 사업의 운명

언론은 지방에 있는 대학을 '지방대학'이라고 지칭했다. 그러다가 '지방'이란 말이 열패감을 불러온다는 논란이 있었다. 서울과 지방, 수도권과 비수도권의 이원화는 지방 소재 대학생이나 지방 주민에게는 거슬리는 용어였다. 어느 순간부터 언론은 '지역' 명칭을 사용하기 시작했다. 그럼에도 언론은 지방대학과 지역대학을 여전히 혼용하는 게 현실이다. 역대 정부는 더 둔감했다. 대학의 위기를 극복한다는 명분으로 시행한 정책의 명칭이 대부분 지방대학이다. 정부조차 아무 생각 없이 지방대를 지방의 틀 속에 가둬놓았다.

명칭을 보자. 노무현 정부는 '지방대학 혁신역량 강화사업(NURI)', 이명박 정부는 '광역경제권 선도산업 인재양성사업'과 '지방대학 교육역량 강화사업', 박근혜 정부는 '지방대학 특성화사업', 문재인 정부는 '지자체-대학 협력기반 지역혁신 사업(RIS)'을 펼쳤다. 사실 정부만 다를 뿐인데 대부분 지방대학이란 명칭을 달았다.

국내 대학 열 곳 중 여섯 곳 이상이 지역대학(비수도권)이다. 일반대학, 교육대학, 산업대학, 전문대학교를 합친 325개 중 210개(64.6%)가 지역에 있다(교육부 통계자료, 2024). 325곳 중 사립대는 279곳(85.8%)으로 사학이 국내 고등교육의 중추인 점도 주목할 만하다. 전체 고등교육기관의 80%가 사학인데도 정부가 입시부터 일반 학사까지 좌지우지한다.

그 결과는 어땠나. 지역대학의 체질은 더 허약해졌고 교육부 통제는 더 강화됐다. 저출생 시대의 학령인구 급감 현상에 대비하지 못했고 대학의 부실은 심화했다. 그런 가운데 윤석열 정부는 "혁신 가능한 지역대학 30개를 선정해 집중적으로 육성한다"라며 '글로컬대학 30' 사업을 도입했다. 더불어 지역대학 육성 주체를 중앙정부에서 지방자치단체로 넘기겠다며 '라이즈(RISE)' 사업도 꺼내 들었다. 라이즈는 지자체가 주축이 돼 지역발전 전략과 연계해 대학에 재정을 지원한다는 의미에서 '지역혁신중심 대학지원체계'라고 부른다.

▮ 글로컬대학, 걸음마는 시작했는데

교육부는 2026년까지 지역대학 30곳을 글로컬대학으로 선정해, 대학당 5년 동안 총 1,000억 원을 지원할 계획이다. 지역대학 한곳에 연간 200억 원씩 지원하는 것은 전례가 없는 일이다. 글로컬대학에는 규제 완화 혜택과 행·재정 지원도 우선한다. 2023년과 2024년에 각각 10곳씩 모두 20개 대학이 글로컬에 선정돼 현재 사업이 진행 중이다.

글로컬 대학 선정 현황

구분	국공립대(10)	사립대(10)
충청(2)	충북대·한국교통대	건양대
전라(4)	순천대 전북대 국립목포대(전남도립대와 통합 계획)	원광대·원광보건대
부울경(5)	경상국립대 부산대·부산교대 국립창원대·경남도립거창대·경남도립남해대·한국승강기대	울산대 인제대 동아대·동서대
대경(5)	경북대 안동대·경북도립대	포항공대 대구한의대 한동대
강원(2)	강원대·강릉원주대	한림대
기타(1)	-	대구보건대·광주보건대·대전보건대

자료: 교육부

하지만 표에서 보듯 글로컬 사업은 국립대와 사립대, 4년제와 전문대가 혼재되어 있다. 통폐합형, 연합형, 독립형이 있는데 과연 이런 방식으로 지역대학이 글로벌 대학으로 거듭날 수 있을지 의문이다. 더구나 지원 예산과 기간도 짧다. 글로컬이란 거대한 목표를 이루려면 교훈을 생각해야 한다. 바로 '세계 수준의 연구중심대학(WCU, World Class University)사업'이다. WCU는 이명박 정부가 융합 분야의 새로운 전공 분야 및 지식기반 서비스 분야를 집중투자 해 세계 수준의 연구중심대학을 육성하겠다는 명분으로 당시 교육과학기술부(현 교육부)와 한국연구재단이 2008년 12월부터 추진한 사업이다.

이 사업은 공교롭게 당시 교육과학기술부 제1 차관(2009년 1월~2010년 8월)과 장관(2010년 8월~2013년 3월)을 지낸 이주호 장관이 주도했다. 시행 첫해부터 노벨상 수상자 등 288명의 해외 학자가 WCU 사업에 참여해 공동연구를 진행했다. 그중 일부는 영구 귀국해 연구 풍토 조성과 연구 역량 강화에 공헌했다. 하지만 2008년부터 2012년까지 총 8,250억 원(연평균 1,650억 원)을 투입한 한시적 프로젝트는 준비 부족, 단기적 성과 압박, 현실과 동떨어진 지원 구조로 실패했다. 세계 수준의 연구중심대학은 나오지 않았고 국내 대학의 국제 경쟁력은 더 떨어졌다. 세계 대학평가에서 국내 대학의 현실이 그걸 말해준다.

그런데 15년 후에 WCU의 데자뷔인 글로컬이 등장했다. 사업 첫해인 2024년에 지원금이 제때 집행되지 않아 대학이 애를 먹는가 하면, 국민 세금으로 운영하는 국립대를 몇 개 통합한다고 국민 세금을 더 지원하고 있다. 특성화는 대학의 생존과 직결된다. 자발적인 특성화가 아닌 국민 세금을 쏟아 붓는 인위적인 특성화가 지속 가능한지 의문이다.

■ '돈맥경화' 라이즈, 라이즈 할 수 있나

라이즈 사업은 2025년 출발했다. 라이즈는 '지역혁신 중심 대학지원체계(Regional Innovation System & Education)'의 약자다. 역시 명칭은 현란하다. 교육부는 라이즈 체계 출범과 관련, "2조 원의 예산을 편성함으로써 지역이 주도하는 대학 재정지원 체계 변화를 전폭적으로 뒷받침할 수 있게 됐다"고 밝혔다. 관련 예산이 2024년보다 8,000억 원 증액됐다고 했다. 내용을 뜯어보면 이상하다. 2조 원 중 2025년 라이즈 체계에 확정 편입된 예산은 1조7,000억 원이다. 나머지 3,000억 원은 이행 준비를 거쳐 2026년부터 라이즈에 통합된다.

엄밀하게 보면, 2025년 라이즈 예산 1조7,000억 원은 2024년과 비교해 동결과 마찬가지다. 라이즈의 핵심은 5개 사업이다. 지역혁신사업(RIS), 링크사업(LINC 3.0), 고등직업교육거점지구사업(HiVE), 평생교육사업(LIFE), 지방대학(전문대학)활성화다. 5개 사업의 총 예산은 1조 2,000억 원으로 2024년과 동일하고 3,000억 원은 기존의 재정지원 사업을 조정해 이관하는 몫이다.

결과적으로 순증액은 2,000억 원 규모다. 그나마도 552억 원은 국·사립 의과대학 교육혁신과 지역·필수 의료인력 양성에 지원할 '의대 교육혁신' 몫이다. 더구나 212억 원은 '지역협력기반 늘봄지원' 예산으로 초등 몫이다. 결국 라이즈 체계에 쓰일 순증 예산은 1,000억 원이 될까 말까다.

재정이 늘지 않았는데 인건비와 지원 체계는 더 복잡하다. 광역 자치단체별로 라이즈센터를 만들어 없었던 인력을 새로 채용하고, 대학지원 예산을 광역 자치단체를 통해 배분하도록 했다. 즉, 재정 배분 방식이 교육부나 한국연구재단 같은 기관을 거쳐 대학으로 가던 것이 교육부→광역 자치단체→지역 라이즈센터→각 대학으로 바뀐다. 어차피 국민 세금인데 '돈맥경화'가 우려된다. 각 대학이 자치단체에 머리를 조아리고 단체장은 선거용으로 대학을 이용할 소지도 있다.

자치단체의 자립도가 낮은 상황에서 국고 지원액에 20% 이상을 자치단체가 더 얹어 지원하라는 방안도 모호하다. 어차피 다 국민 세금이다. 배고픈 자치단체가 재정의 20%를 대학에 헐어 쓴다 해도 다 세금이다. 생색만 내고 단체장 표에 유리한 사업을 벌일 가능성을 배제할 수 있나.

실효성도 걱정이다. 굳이 한다면 수도권, 충청권, 영남권, 호남권처럼 권역별로 해야 했다. 그런데 17개 광역시도별로 잘게 썰었다. 우리의 자치단체가 미국의 주 정부와 같나. 대구에는 4년제 대학이 2개고 나머지는 경북도에 있고, 부산과 울산, 경남도도 제각각이다. 광주와 전남도, 대전과 충남도 마찬가지다. 이런 획일적인 정책이 과연 먹힐까.

지역별 뿌리산업이 취약한 상황에서 지역 연계형 맞춤 전략도 포장만 요란할 듯하다. 울산을 제외하면 사실상 지역에 기업체가 적어 인력 흡수를 기대하기 힘들다. 현실적 한계가 명확해 주요 성과지표인 정주 취업률의 잣대가 객관적이기 힘들다. 지역 산업에 취약한데 어떻게 특정 지역 대학을 나와 그 지역에 취업할 수 있을까. 획일적인 평가지표 개선이 먼저다. 영어로 현란한 사업 명칭을 붙였던 사례의 반복일 뿐 효과가 미미할 것 같아 걱정이다.

사실 2023년부터 지방대학 재정이 그나마 개선될 수 있었던 것은 고등·평생교육지원 특별회계가 신설됐기 때문이다. 초·중등 예산 1조5,000억 원이 고등교육 예산으로 이관됐다. 2024년과 2025년에도 비슷하다. 2025년 교육부 고등교육 예산은 국가장학금 6,000억 원 증액과 의대 교육여건 개선비 5,000억 원을 제외하면 2024년과 다를 바 없다. 예산 확보 없는 명칭만 요란한 라이즈사업은 2025년 출발했다. 그리고 2026년은 지방선거다.

▮스터디 코리아 300K 프로젝트

교육부는 2023년 8월 유학생 교육경쟁력 제고 방안인 'Study Korea 300K Project(스터디코리아 30만 명 프로젝트)'를 발표했다. 현재 17만 명 수준인 유학생을 2027년까지 30만 명으로 확대한다는 게 핵심이다. 숨은 퍼즐은 등록금이다. 정부가 16년째 등록금을 동결해 대학이 아우성 치자 외국인 학생을 유치해 등록금을 충당하자는 의도가 숨어 있는 것은 부인하기 어렵다.

전체 외국인 유학생의 절반이 넘는 8만2,684명(54.2%)이 수도권 대학에 있다. 일부 대학은 외국인 학생이 6,000~7,000명이다. 이를 두 배로 늘리면 등록금 수입도 배로 늘겠지만, 교육이 제대로 될지는 그 누구도 장담하기 어렵다.

그럼에도 교육부는 기준을 완화했다. 지역대학 학위과정 유학생은 재정능력 심사기준을 1만 8,000달러(2024년 9월 3일 기준, 한화 약 2,400만 원)에서 1,600만 원(수도권은 2,000만 원)으로 낮췄다. 지역대학 어학연수생은 800만 원의 재정 능력을 입증하면 된다.

그러나 2024년 12월 3일의 계엄 사태 이후 한국의 여러 제반 상황이 가변적이어서 2025년 1학기가 어수선했다. 환율마저 요동쳐 외국 학생에게 매력적인 요소가 반감했다. 코로나19 때도 유학생 모집을 포기하지 않았던 대학으로서는 상당한 부담이 아닐 수 없다.

더 큰 과제는 교육의 질이다. 무작정 유학생을 많이 받는다고 능사가 아니다. 서울의 일부 사립대는 현재도 외국인 유학생이 7,000명을 넘는다. 과연 학생 관리를 제대로 하고 있는지 의문이다. 외국인 학생을 '돈주머니'로 생각하면 '스터디 코리아'를 '러브 코리아'로 만들 수 없다. 자칫 '헤이트 코리아(hate Korea)'가 될 수도 있다.

선진국과의 경쟁도 필수다. 영국은 2030년까지 유학생 60만 명 유치를 목표로 350억 파운드를 투입하기로 했고, 프랑스는 2027년까지 50만 명 확보를 위해 비자 취득을 간소화했다. 일본은 2033년까지 유학생 40만 명 유치 계획을 발표했다.

국내 외국인 유학생 수(명)

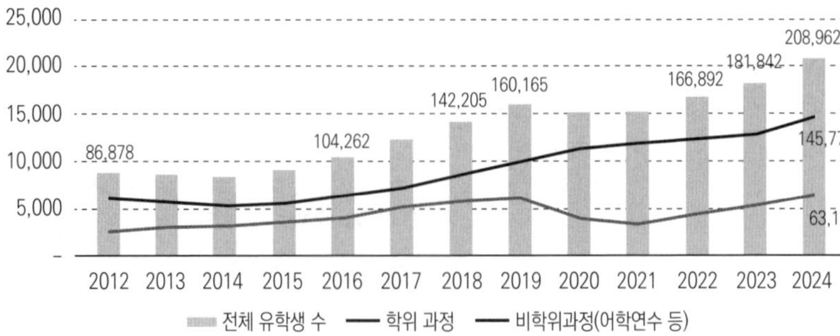

자료: 교육부(2024년 9월 4일 발표)

이들 국가와 경쟁하려면 교육과정을 다양화하고 우리 대학의 경쟁력을 끌어올리는 게 당연한 책무다. 국내 외국인 유학생의 90%는 아시아 국가에 집중돼 한계를 드러내고 있다. 중국 34.5%, 베트남 26.8%, 몽골 5.9%로 국가 편중이 심하다. 전공 또한 인문 사회계열이 66.7%이고 공학은 13.7%에 불과하다(교육부, 스터디코리아 300K 보도자료). 각 대학이 교육과정을 확대하고 다양한 국가와 전공계열별 우수 인재를 유치하는 방안 마련이 필요한 근본적인 이유다.

▮ 의대 정원 파동의 실책

2024년 2월 6일, 조규홍 보건복지부 장관이 의대 정원 증원 계획을 발표했다. 조 장관은 의사 인력 확대 방안' 긴급 브리핑에서 "19년간 묶여 있던 의대 정원을 과감하게 풀고 2025년부터 2,000명을 증원한다"며 "2025학년도부터 2,000명이 추가로 입학하게 되면 2031년부터 배출돼 2035년까지 최대 1만 명의 의사 인력이 확충될 것"이라고 강조했다. 3,058명인 의대 정원을 5,058명으로 늘리는 '2024년

판 의대 파문'의 시작이었다.

2024년 3월 20일, 이주호 장관이 정부 서울청사에서 '2025학년도 의과대학 학생 정원 대학별 배정 결과'를 발표했다. 이 장관은 "우리나라 의대 정원은 27년 동안이나 늘지 않았고 오히려 2000년 의약분업 이후에는 감축됐다. 2023년 기준 우리나라 고령인구 비중은 18.4%로 2025년에는 초고령사회로 진입할 것으로 전망되고 지방 의료의 붕괴가 더욱 가속화될 것이라는 경고를 고려할 때 향후 의료인력에 대한 사회적 수요가 더욱 증가할 것으로 예상된다"고 말했다. 교육부는 2,000명 중 82%인 1,639명은 비수도권에, 18%인 361명은 경인 지역에 배정하고 서울에는 신규 정원을 배치하지 않았다.

이처럼 의대 정원 파문의 두 책임자는 조규홍과 이주호 장관이다. 두 장관이 윤석열 대통령의 2,000명 증원을 밀어붙였고, 결과적으로 2025년까지 의정 파문을 몰고 온 당사자다. 탄핵 정국 속에서도 의정 갈등은 봉합되지 않았다. 의대 증원은 결과적으로 실패했다. 너무 많은 걸 잃었다. 그 누구도 책임지지 않았다. 탄핵 정국 덕분에 조규홍과 이주호는 장관직이 연장됐다.

의정 갈등 1년 동안 의료계는 망가졌다. 1만3,000명에 달했던 수련 전공의는 1,100명 대로 급감했다. 고령·중증 환자의 피해가 컸다. 정부는 통계도 잡지 않았다. 신규 배출 의사는 이전의 10분의 1, 전문의 시험 응시자는 5분의 1로 쪼그라들었다. 의대생 휴학이 장기화하면서 2025년 1학기에도 수업은 정상화하지 못했다.

의대 증원은 곧 대입 문제다. 의대 증원은 치대·약대·한의대·수의대는 물론 대입 전체에 파급을 미친다. 의대생의 반수, 역대급 N수생의 증가가 그 파급을 증명한다.

자식 교육을 해보지 못한 대통령의 몽매를 깨려면 '지부상소(持斧上疏)' 했어야 옳다. 그런데 이주호 장관과 조규홍 장관은 손뼉을 쳤다. 자리에 연연했다. 의사들은 강경했다. '의사 필패'의 전통은 이번에도 깨지지 않았다. 결론적으로 윤석열 정부의 의대 정책은 실패했다. 의료 시스템도, 의대 교육도, 대입도 만신창이가 됐다.

전국 의과대학별 정원 배분 현황(명)

<table>
<tr><th colspan="2">지역</th><th>대학명</th><th>현정원</th><th>신청</th><th>배정</th><th>'25학년도 정원</th></tr>
<tr><td rowspan="16">수도권</td><td rowspan="8">서울</td><td>서울대</td><td>135</td><td rowspan="8">365</td><td rowspan="8"></td><td>135</td></tr>
<tr><td>경희대</td><td>110</td><td>110</td></tr>
<tr><td>연세대</td><td>110</td><td>110</td></tr>
<tr><td>한양대</td><td>110</td><td>110</td></tr>
<tr><td>고려대</td><td>106</td><td>106</td></tr>
<tr><td>가톨릭대</td><td>93</td><td>93</td></tr>
<tr><td>중앙대</td><td>86</td><td>86</td></tr>
<tr><td>이화여대</td><td>76</td><td>76</td></tr>
<tr><td colspan="2">서울</td><td>826</td><td>365</td><td>0</td><td>826</td></tr>
<tr><td rowspan="3">경기</td><td>성균관대</td><td>40</td><td rowspan="5">565</td><td>80</td><td>120</td></tr>
<tr><td>아주대</td><td>40</td><td>80</td><td>120</td></tr>
<tr><td>차의과대</td><td>40</td><td>40</td><td>80</td></tr>
<tr><td rowspan="2">인천</td><td>인하대</td><td>49</td><td>71</td><td>120</td></tr>
<tr><td>가천대</td><td>40</td><td>90</td><td>130</td></tr>
<tr><td colspan="2">경기·인천</td><td>209</td><td>565</td><td>361</td><td>570</td></tr>
<tr><td colspan="2">수도권 소계</td><td>1,035</td><td>930</td><td>361</td><td>1,396</td></tr>
</table>

지역		대학명	현정원	신청	배정	'25학년도 정원
비수도권	강원	강원대	49	2,471	83	132
		연세대 분교	93		7	100
		한림대	76		24	100
		가톨릭관동대	49		51	100
	경북	동국대 분교	49		71	120
	대구	경북대	110		90	200
		계명대	76		44	120
		영남대	76		44	120
		대구가톨릭대	40		40	80
	경남	경상국립대	76		124	200
	부산	부산대	125		75	200
		인제대	93		7	100
		고신대	76		24	100
		동아대	49		51	100
	울산	울산대	40		80	120
	전북	전북대	142		58	200
		원광대	93		57	150
	광주	전남대	125		75	200
		조선대	125		25	150
	제주	제주대	40		60	100
	충남	순천향대	93		57	150
		단국대(천안)	40		80	120
	충북	충북대	49		151	200
		건국대 분교	40		60	100
	대전	충남대	110		90	200
		건양대	49		51	100
		을지대	40		60	100
	비수도권 소계		2,023	2,471	1,639	3,662
합계			3,058	3,401	2,000	5,058

자료: 교육부(2024년 3월 20일 브리핑)

이재명 정부의 교육정책: 원칙에 충실하자

이재명 정부가 2025년 6월 4일 출범했다. 이재명 대통령은 5남 2녀 중 다섯째로 어린 시절 가난 때문에 중고등학교를 다니지 못했다. 어린 시절을 소년공으로 보내 중·고교생의 까까머리 추억이 없는 것은 개인적으로도 아쉬움이 많을 것이 분명하다. 중학교와 고등학교 졸업 인정 검정고시에 합격해 1982년 중앙대 법학과에 들어갔으니, 그의 주경야독 뚝심은 말 그대로 형설지공이었다.

국가 지도자의 교육철학은 중요하다. 지도자가 어떤 경험, 어떤 철학, 어떤 비전을 갖고 있느냐에 따라 교육정책의 방향과 미래가 달라질 수 있어서다. 아쉽게도 2025년 6·3 대선에서 교육 공약은 별 쟁점이 되지 않았다. 탄핵 정국에 치러진 선거라 공약 대결, 특히 교육 분야는 큰 관심을 끌지 못했다.

오히려 이재명 대통령이 3년 전인 2022년 대선 후보 때 한 말이 더 선명하게 기억에 남는다. 이 대통령은 당시 "대한민국에서 더 이상, 금수저 흙수저라는 말이 대물림 돼서는 안 된다. 우리 사회의 불평등과 격차의 시작은 교육의 양극화에서 비롯된다고 해도 과언이 아니다. 많은 분이 저를 두고 '개천에서 용 났다'라고 말씀하신다. 가난한 소년공이 검정고시를 통해 성장한 성공스토리가 더 이상 우리 사회의 모범이 돼선 안 된다"고 강조했다.

3년 전 얘기는 지금도 유효할 것이다. 이 대통령의 검정고시 성공스토리는 옛 시절의 신화로 그쳐야 한다. 초·중·고 무상교육 시대의 대한민국, 저출생 디지털 키즈(kids) 시대, 챗GPT로 상징되는 인공지능(AI) 시대의 교육 현실에 보면 이 대통령의 교육 스토리는 드라마 '전원일기'에서나 볼 법한 뭉클한 장면이기 때문이다.

그만큼 대한민국은 발전했고 대한민국 교육은 성장했다. 분명한 것은 이재명 정부의 교육정책도 다양한 변화가 있을 것이라는 점이다. 이재명 대통령은 AI 인재 양성 강국 도약, AI 디지털 교과서 전면 개편, 국가교육위원회 정상화, 서울대 10개 만들기, 지역 실정에 맞는 다양한 학교, 대학생 등록금 부담 완화, 정부책임형 유보통합 등을 교육 공약으로 내걸었다. 보수 정부에서 진보 정부로의 전환은 '교육 레짐(education regime)'의 변화를 예고하고 있다. 민생의 어려움으로 온 국민이 겪는 고통 못지않게 교육 수요자인 학생과 학부모가 겪는 '교육 고통'도 상당한 만큼 세밀한 실행 플랜이 필요하다.

이와 더불어 AI 학습시스템, 고교 시스템, 대학입시, 의대 정원, 교육재정 재구조화, 고등교육체계 대전환은 글로벌 인재양성 전쟁과 학령인구 감소 시대에 이재명 정부가 직면한 현안이다. 이들 현안을 조율하고 조정해 국민이 안심하고 자녀 교육을 할 수 있는 새로운 교육 생태계를 만드는 것이 중요하다. 이재명 정부는 역대 정부의 '실패 교육사'에서 교훈을 얻어야 한다. 새 교육부 장관도 '교육부 장관'의 수난사를 거울삼아야 한다. 실패를 거듭하지 않으려면 교육 거버넌스의 구축이 중요하다. 교육 거버넌스는 예나 지금이나 고민거리다. 교육부 폐지론과 국가교육위원회 무용론, 교육감 직선제 문제가 핵심이다.

교육 거버넌스가 제대로 정립돼야 '교육 백년지 대계(大計)'는 아니어도 '십년지, 오년지 소계(小計)'라도 가능하다. 이재명 정부의 교육 방향이 곧 학생의 개성과 창의력을 살려주는 글로벌 인재를 키울 수 있는 교육이어야 하는 까닭이다. 그런 인재는 저절로 나오지 않는다. 마이크로소프트의 빌 게이츠, 구글의 에릭 슈밋, 애플의 스티브 잡스는 모두 1955년생이다. 아날로그 시대에 태어난 이들이 세계 디지털 혁명의 프론티어가 될 수 있었던 것은 창의력과 끼를 살려준 교육과 사회 환경 덕분이었는지 모른다. 그만큼 자율성과 창의성, 사회적 환경은 중요하다.

대한민국 역대 정부는 분절적, 한시적, 대증요법적 교육정책을 시행했다. 사회 환경 또한 학력과 학벌주의의 고착화를 벗어나지 못했다. '교육부·교육청·자치단체' 3두 마차는 한 몸이 되어 본 적이 없다. 정권 성향에 따른 중앙정부의 거버넌스는 현장 교육을 책임진 교육청과 하모니를 이루지 못했고, 자치단체는 방관적 태도를 보여왔다. 이재명 정부가 이런 폐습을 말끔히 청소한다면 대한민국과 아이들의 미래는 희망이 부풀어 오를 것이다. 이 모든 요소의 전제 조건은 원칙에 충실하기다.

▮ 원칙 1. 교육 레짐은 정권 레짐과 무관하다

대한민국은 정치(politics)가 교육(education)을 지배하는 '에듀폴리틱스(edu-politics)'의 연속이었다. 초정권적·초당파적 교육정책이 실종됐다. 보수와 진보, 진보와 보수 정부에 따라 '교육 나침반'이 요동쳤다. 그런 가변성과 불규칙성을 제거하기 위해 국가교육위원회를 설치했지만, 제 기능을 발휘하지 못했다. 특히 전국 17개 시도교육청을 이끄는 교육감은 정파성이 제각각이었다. '국교위-교육부-교육청' 삼두마

차는 시너지를 내지 못했다.

이재명 정부는 교육 레짐의 일관성, 연속성, 예측 가능성을 담보해야 한다. 정치가 행정을 지배하면 '에듀폴리틱스'의 늪을 빠져나오기 힘들다. 정치와 상관 없이 교육 레짐은 오로지 국가와 학생의 미래가 제1 원칙이어야 한다. 그러려면 교육 거버넌스의 재정립이 시급하다.

교육부와 국가교육위원회의 역할, 교육감 직선제 존속 여부 등 전국 시도교육청의 기능을 교육 수요자 입장에서 고민할 필요가 있다. 이재명 정부가 그 초석을 마련해 개헌 논의와 함께 진행하는 것이 현실적인 방안이다.

▮ 원칙 2. 교육부 재정비하자

교육부 폐지·축소론이 도마에 오르는 것은 해묵은 논거다. 그만큼 국민의 불신이 크다는 방증이다. 교육부가 초·중·고 교육을 지배하고, 대학입시에 '완장'을 차고, 대학을 좌지우지한다는 비판을 외면하는 한 국민의 불신은 사라지지 않는다. 일각에서는 교육부를 폐지하고 교육 담당 주체를 시도교육청과 자치단체에 넘기자는 주장도 나온다. 사실 그런 주장은 교육청과 자치단체의 실상을 잘 몰라서 하는 얘기다. 지방정부와 시도교육청의 역량과 전문성, 인력 운영은 여전히 허약하다. 현장의 실체를 들여다보면 생각이 달라진다.

결국 교육부는 존속하되 그 역할과 기능을 조정할 필요가 있다. 국가교육위원회와의 기능과 역할 분담도 고민해야 한다. 의대 정원 사태만 봐도 교육부 역할이 모호했다. 특히 교육부가 입시와 관련된 의대 정원 문제를 주체적으로 책임지지 않고, 보건복지부의 하부조직처럼 움직인 것은 치욕이다. 게다가 의대 증원은 중장기 정책의 중요한 이슈였다. 그런데도 교육부는 국교위와 긴밀하게 협의하지 않았다.

교육부의 초중등 업무도 개편해야 한다. 미래 정책 수립과 창의적 인재 양성 방안에 매진하고, 그 실행은 교육청에 맡기는 업무 분장을 명확히 해야 한다. 지금도 그러고 있다고 주장하지만, 성과는 미흡하다. 대입 개편은 교육부의 당면 과제다. 입시에서 손을 떼고 규제를 확 풀어야 한다. 대학 완전 자율화를 선언하고 자율과 책임 원칙을 천명해야 한다.

더 중요한 역할은 안정적인 재정 확보다. 초중등 재정과 함께 고등교육 재정을 선진국 수준으로 확충하는 데 교육부의 명운을 걸어야 한다. 그간의 교육부보다 열 배 스무 배 더 뛰어야 한다.

▮ 원칙 3. 국가교육위원회 재정립하자

국가교육위원회의 설립 목적(제1조)은 '교육정책을 사회적 합의에 기반하여 안정적이고 일관되게 추진되도록 함으로써 자주성·전문성 및 정치적 중립성을 확보해 교육 발전에 이바지하자'라는 데 있다. 이 취지를 살리면 된다. 국교위 위원장을 포함한 21명의 위원 구성 원칙부터 고민해야 한다. 현재는 대통령 5인 추천, 여야가 각각 8명씩 추천하게 돼 있다. 결과적으로는 13대 8의 구조다. 위원 구성만 봐도 정치적 중립성이 없었다. 전문성보다는 기관이나 단체, 진영의 극단 논리가 충돌할 수밖에 없는 구조다.

이런 모순을 해소하려면 현재 '대통령 소속 국가교육위원회'를 헌법기관으로 독립시켜야 한다. 독립적인 기구여야 대통령은 물론 정치권에 종속되지 않는다. 현재는 사회적 합의를 대원칙으로 내걸면서도 정치권의 논리를 국교위에 강요하는 형식이다. 민주당과 국민의힘이 서로 국교위 설치 과정에서 여야가 바뀌어 계륵처럼 이상한 구조를 만들었기 때문이다.

이런 구조를 개선하려면, 국교위의 독립기관화와 위원회 구성의 중립성을 대원칙으로 삼아야 한다. 사실 대통령 추천과 정당 추천은 교육의 중립성에 원천적으로 맞지 않는다. 마침, 국회에 국교위 관련 개정 법안이 여럿 상정돼 있다. 머리를 맞대고 합리적인 방안을 도출해야 한다.

국교위 조직도 재정비가 시급하다. 30여 명의 직원과 연간 100억 원의 예산으로는 10년 단위의 중장기 교육발전계획을 제대로 수립하기 어렵다. 적정 인원과 적정 예산을 재조정해 국교위를 리모델링해야 한다. 국교위의 연구기능도 강화해야 한다. 현재는 연구기능이 거의 없다. 한국교육개발원(KEDI)과 한국교육과정평가원을 국교위 산하 연구기관으로 흡수하는 방안은 검토할만하다. 현재는 두 기관이 국무총리실 산하 경제인문사회연구회 소속이다. 교육의 시너지 효과가 크지 않다.

▮ 원칙 4. 교육감 선출제 틀 다시 짜자

현행 교육감 직선제의 병폐는 적나라하게 드러났다. 진보와 보수로 양분된 교육감 선거는 사실 명백한 헌법 31조 위배다. 정치적 중립성이 없다. 중도 후보가 설 땅이 없는 선거 자체가 모순이다. 정당 없이 선거에 나서 국민 세금만 축내고 자칫 득표율이 저조하면 패가망

신한다. 유권자도 별 관심이 없다. 교육감에 당선된 후 선거법 위반 등으로 옷을 벗은 교육감이 대체 몇 명이란 말인가. 교육감 선출 제도 자체가 오염됐다.

그렇다면 처방하고 정화해야 한다. 직선제 폐지, 간선제 부활, 임명제, 시도지사와의 러닝메이트 등 다양한 방안이 나와 있다. 어떤 제도든 장단점이 있다. 그런데 교육감제도에도 정치의 손이 작용한다. 정치권은 자신의 유불리에 따라 제도의 존속과 폐지를 주장한다. 이 역시 '에듀폴리틱스'의 병폐다.

이재명 정부는 교육감 직선제 전면 재검토 담론을 펼쳐야 한다. 당장 2026년 선거 때 적용하기 어려운 물리적 시간이라면, 국민 여론 수렴을 통한 공론화도 검토해 볼 만하다. 개헌을 한다면 교육감 직선제 찬반 여부를 국민 투표에 함께 붙일 수도 있다. 현행 교육감 직선제는 국가와 아이들의 미래를 위해 바람직하지 않다.

▌원칙 5. 저출생 시대 패러다임 전환하자

인구구조가 급변하고 있다. 아기 울음소리는 줄고 노인 인구는 급증한다. 행정안전부가 2025년 1월 3일 발표한 '2024년 주민등록 인구통계 분석 결과'에 따르면, 2024년 출생 등록자 수는 24만2,334명이다. 0~14세 유소년 인구는 546만4,421명으로 2023년 대비 3.52% 감소했다. 15~64세 생산연령 인구는 3,549만6,018명으로 전년보다 1.21% 줄었다. 65세 이상 고령인구는 1,025만6,782명으로 전체 인구의 20.03%를 차지했다. 65세 이상이 전체 인구의 20%를 넘는 '초고령 대한민국 사회'에 진입했다. 2025년 1분기 기준으로 합계출산율이 0.82명으로 10년 만에 소폭 증가했다고 안심할 일이 아니다.

이재명 정부는 저출생, 고령화 시대 흐름에 맞춰 교육정책의 방향을 바꿔야 한다. 교육부는 맞춤형 교육을 강조한다. 물론 좋은 방안이다. 아이 한명 한명의 상황에 맞는 교육, 얼마나 멋진가. 하지만 맞춤형은 수동적이라는 한계를 내포한다. 마치 몸이 불거나 빠지면 안 맞는 맞춤 양복처럼 말이다. 디지털 시대에는 좌충우돌 '탐구 교육'이 필요하다. 남과 다른 생각, 다른 시도를 해보는 용렬한 '도전 교육'이자 '실패 교육'이다. 맞춤형은 좌충우돌을 허용하지 않는다. 그러면 창의성을 발현하기가 쉽지 않다. 인공지능 시대에 창의성은 그 가능성이 무한대다. '딥 시크(Deep Seek)'를 계기로 중국에 대한 경각심을 갖는 것은 호들갑에 불과하다. 중국은 이미 저만치 앞서가고 있다. 고등교육만 보더라도 우리보다 앞선 지 오래다.

고령화 시대의 재교육과 평생교육은 필수다. 코페르니쿠스적 발상의 전환이 시급하다. 대학 문을 활짝 열고 지역 주민의 교육·문화·예술·스포츠의 산실로 탈바꿈해야 한다. 성인 학습자는 목마르다. 배우고 싶고 경험하고 싶어 한다. 1년에 넉 달 이상 텅텅 비는 대학 강의실을 활용하자. 캠퍼스를 지역 메카로 만들자. 그게 바로 혁신이다.

원칙 6. 교육재정의 새판을 짜자

초중등 교육에만 재정을 과(過) 투입하는 나라는 후진국이다. 이제 우리도 국가 위상에 맞게 교육재정을 내실화해야 한다. 초중등 교육은 대학 교육으로 완성된다. 그런데 대학은 늘 정부 재정지원에서 뒷

순위다. 선진국이 고등교육 투자에 힘을 쏟는 이유는 결국 대학이 국가 경쟁력을 좌우하는 인재 배출의 최종 창구이기 때문이다.

역대 정부는 '고등교육 투자비 OECD 수준'을 내걸었지만 모두 공수표(空手票)가 됐다. 반면 유치원과 초·중·고에는 내국세의 20.79%인 지방교육재정교부금이 내려갔다. 저출생 시대에 초·중·고는 여유가 있고 대학은 배를 곯는 모순이 계속됐다. 정부와 정치권은 뒷짐을 졌다. 정치공학적 유령이 수십 년을 지배했다.

이재명 정부는 교육재정의 판을 다시 짜야 한다. 국내총생산(GDP) 대비 고등교육 재정을 OECD 평균인 1.0% 이상으로 높이고, 지방교육재정교부금의 효율성을 점검해야 한다. 중장기적으로는 고등교육 재정 교부금과 미래 인재 육성 펀드를 신설하고, 대학의 수익사업 영역을 확대하는 대책이 필요하다.

이 중에서도 이재명 정부가 고등교육 재정을 OECD 평균 수준인 1.0% 이상으로 늘리는 단 한가지만 실행해도 역사에 남을 것이다.

▮원칙 7. 학생 중심의 교육이 미래다

이전 정부의 의대 증원 파동, 인공지능 디지털 교과서(AIDT) 혼란, 대학 등록금 동결은 우리 교육이 관치에 갇혀 있다는 것을 방증했다. 학생은 가만히 있는데 정권이, 정치권이, 행정관료가 제 마음대로 한다. 학생 의견을 단 한 번만이라도 들어 정책에 반영했는지 우리 사회가 성찰해야 한다. 윤석열 정부에서 2024년 사교육비가 역대 최고인 29조2,000억 원을 찍었다. 학생이 행복한 교육, 학생이 원하는 교육, 학생이 선택하는 교육이 아니라는 사실을 다시 입증했다. 교육부는 또 '사교육비 경감'이라는 대국민 사기극을 펼쳤다.

디지털 '골드 키즈(Gold Kids)' 세대의 교육을 아날로그 베이비붐 세대 정치인과 공무원이 재단하는 시대는 지났다. 이제는 교육 수요자의 목소리를 적극 담아야 한다. 교육철학자 존 듀이(1859~1952)가 설파했듯 "어제 가르친 대로 오늘도 그대로 가르치는 것은 아이들의 미래를 빼앗는 것(If we teach today as we taught yesterday, we rob our children of tomorrow)"이다. "어제의 정책 관습을 오늘도 그대로 따라 하는 것은 대한민국의 미래를 빼앗는 것"이라는 점을 가슴 깊이 새겨야 한다. 그 원칙은 오로지 학생 중심이다.

학생 중심의 교육은 어려운 게 아니다. 학생이 공감하는 교육을 펼치면 된다. 학생들이 왜 미국과 유럽의 학생들을 부러워하는지를 생각해 보면 된다. 이재명 대통령과 교육부 장관이 밤 10시에 학원가를 가 본다면 느낌이 상당할 것이다.

에필로그

교육은 소통이다. 부모의 자식 교육, 조부모의 손주 교육, 선생님의 학생 교육, 교수의 대학생 교육은 서로 간의 커뮤니케이션을 통해 이뤄진다. 가르치는 사람은 배우는 아이들과 공감해야 한다. 배우는 아이들은 가르치는 분들의 뜻을 헤아려야 한다. 교육은 끊임없는 질문과 답변, 사고와 창조가 오가는 소통과 공감의 현장이다.

교육은 '야누스(Janus)'와 같다. 내 자식과 남의 자식, 기대와 좌절, 사랑과 시샘, 시작과 끝, 화해와 갈등이 상존한다. 대한민국 교육은 늘 그래왔다. 역대 정권마다 교육은 희망의 대상이었고 좌절의 희생양이었다. 야누스의 두 얼굴을 가진 교육은 국민에게 시시각각으로 고통을 안겨줬다.

기자로 일하면서 여러 상황을 경험했다. 정권에 따라 바뀌는 교육 관료의 태도 또한 야누스였다. '공무원은 영혼이 없다'지만, 교육에는 영혼이 있어야 하는데 아쉬웠다. 정권이 바뀌면 성실하고 능력 있는 공무원이 한직으로 밀려나는 현실은 안타까웠다. 정치가 교육을 지배하는 '에듀 폴리틱스(education politics)'는 그렇게 꿈틀거렸다.

다양한 현장과 사람, 정책을 보아 온 터라 책을 정리하면서 많은 생각을 했다. 특히 잘 나갈 때는 대학을 호령하고, 관직에서 물러나면 대학을 기웃거리는 교육 관료의 현실을 쓰는 것은 고통스러웠다. 고쳐 쓰고 고쳐 쓰고 다시 익명으로 바꾸는 비겁함의 연속이었다. 역대 교육부 장관의 스토리는 더 그랬다. 역시 고민과 고민의 연속이었다.

* * *

그래도 멈출 수는 없었다. 미력하나마 우리 교육계에 도움이 되는 말을 전하고 싶었다. 전직 교육기자의 '돈키호테 같은 망상'이라고 생각하셔도 좋겠다고 판단했다. 오롯이 필자가 감당해야 할 몫이다. 너그럽게 혜량해 주시기를 바란다.

언론계를 떠난 뒤로도 교육에 관한 관심의 끈을 놓지 않았다. '교육 커뮤니케이션(education communication)'이 중요하다는 나름의 소신 때문이었다. 교육과 커뮤니케이션을 결합한 교육커뮤니케이션은 교육정책, 교육인식, 교육현실, 제도실행의 4개 요소의 메커니즘을 파고드는 연구 분야라고 할 수 있다. 하지만 교육학자는 커뮤니케이션에, 커뮤니케이션 학자는 교육에 관심이 적은 게 현실이다. 그런 실상이 아쉬웠다.

틈틈이 쓴 원고가 많았다. 절반은 빼야 했다. 언론사에서 데스크를 제법 했지만, 이번에는 자르고 빼는 일이 쉽지 않았다. 게다가 대학 총장 스토리는 다음을 기약했다. 언론사 재직 시 만난 총장, 외국대학 총장, 대학에 온 뒤로 만난 현직 총장들의 격정적인 담론을 다시 컴퓨터 파일에 가뒀다. 책에 등장 예정이던 총장들에게 고백했더니 "천천히 빠르게 다음을 기약하라"며 격려해 주셨다.

* * *

이재명 정부 출범 이후 교육 분야는 상대적으로 국민적 관심이 덜하다. 민생이 어렵고 외교·안보 등 현안이 산적하니 그럴 만도 하다. 그럼에도 새 교육 거버넌스를 역동적으로 가동해 앞으로 나아가야 한다. 늘봄학교 파동, 의정 파국, 인공지능 디지털 교육, 글로컬과 라이즈 사업 등 다듬고 다듬어야 할 난제가 많다.

현역 교육기자의 촉이 더 중요해졌다. 교육기자도 소속 언론사의 정향성에 영향을 받는다. 예를 들어 보수언론은 수월성 교육을, 진보언론은 평등성 교육을 강조한다. 보도 프레임도 다르다. 보수언론은 자율 시장경제와 성장 중심 프레임을, 진보언론은 통제적 경제와 분배 프레임을 강조한다. 특정 언론이 자신의 이념에 부합하는 의제를 부각하는 과정에서 프레임을 가동하고, 그 프레임은 지지층을 결집한다. 언론마다 독자의 성향이 다른 이유다.

언론의 정향성은 "누구를 위한 보도인가"라는 근본적인 고민으로 귀결돼야 한다. 사교육비, 대입 개편, 학생인권조례 같은 보도는 결국 "교육 잘 돼라"는 고민의 산물이다. 현역 시절, 기자실에 마주 앉아 똑같은 정부 브리핑을 듣고 똑같이 1면 기사를 썼는데 소위 '야마'가 정반대로 나왔던 일이 기억난다. 타사 후배 기자에게 물었다. "방향이 우리와 다른데 무슨 이유가 있나요?" 그랬더니 "저도 똑같은 질문을 드립니다"라고 말했다. 소속 언론사의 성향에 기자 성향이 맞춰지고, 데스크 지시에 기자가 따르면서 같은 사안이라도 논조가 확연히 달라지는 걸 숱하게 경험했다.

* * *

정향성은 언론의 숙명인지도 모른다. 꼭 새겨야 할 말이 있다. 조지 오웰은(1903~1950) "정치적 목적의 글쓰기는 세상을 특정 방향으로 밀고 가려는, 어떤 사회를 지향하며 분투해야 하는지에 대한 남들의 생각을 바꾸려는 욕구를 말한다"라고 강조했다. 하지만 교육적 목적의 글쓰기는 "세상을 특정 방향으로 밀고 가려는, 어떤 사회를 지향하며 분투해야 하는지에 대한 남들의 생각을 바꾸려는 욕구가 아닌 국가의 미래를 위한 진솔한 욕구가 선행돼야 한다"고 생각한다. 교육 기사는 교육 기사여야지 정치 기사여서는 안 된다.

책 끄트머리에 뚱딴지처럼 언론 얘기를 한 것은 아직도 '기자 물'이 빠지지 않았음을 고백한 거나 다름없다. 평생 언론인으로서의 책무감, 어설픈 학자로서의 한계는 야누스가 되어 가슴을 파고든다. 이재명 정부에서는 교육기자들이 건강한 기사로 건강한 정책을 이끄는 정론(正論)의 무대를 펼치기를 응원한다.

책을 엮으면서 많은 도움을 주신 교육계 선후배께 깊이 감사드린다. 워낙 많은 분이 조언해 주셔서 존함을 생략함을 양해드린다. 역대 교육부 장관의 사진을 정성껏 골라 주신 한국대학신문에도 감사드린다. 더불어 숲을 가리는 나무를 깔끔하게 정리해 준 성두현 팀장을 비롯한 출판미디어운영팀 동료에게 고마움을 전한다.